World Heritage
Top-Secret

世界遺產機密檔案

張翅、王純◎編著

好讀出版

亞洲

歐洲

非洲

World Heritage Top-Secret

世界遺產機密檔案

非洲

南美洲

北美與
中美洲

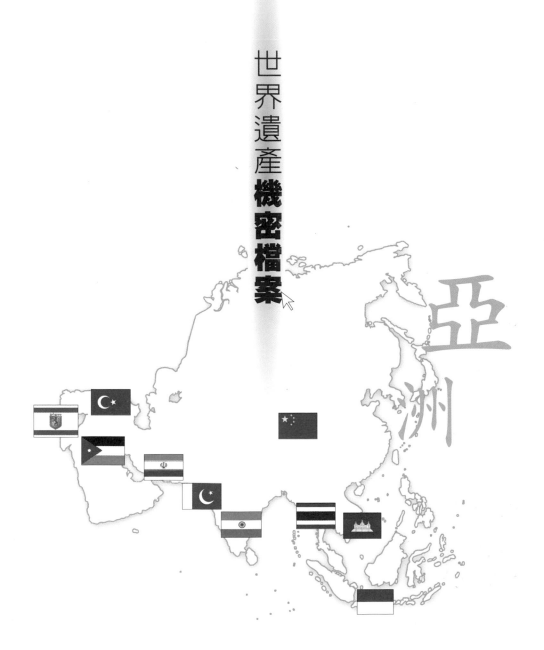

世界遺產 **機密檔案**

亞洲

中國│周口店北京人遺址
「北京人」的故鄉

英文名　Peking Man Site at Zhoukoudian
所在地　北京西南房山區周口店鎮龍骨山北側

　　周口店北京人遺址位於北京西南房山區周口店鎮龍骨山北側，是世界上發現文物最豐富、最具系統的舊石器時代早期階段的人類遺址。一九八七年，聯合國教科文組織將周口店北京人遺址列入《世界遺產名錄》中。

　　「北京人」是生活在距今五十至二十萬年前的一種猿人，牠的化石發現於周口店龍骨山的洞穴中。這裡有一些屬石灰岩地區喀斯特地形中的石頭洞穴，居住此地的村民，經常在此開山採石、燒製石灰。他們將石灰洞穴和縫隙中發現的一些難以辨認的動物化石，統稱為「龍骨」，龍骨山的名字便由此而來。

▷ 首次發現北京人頭蓋骨的考古地點。

　　「北京人」遺址是一九二一年由瑞典學者安特生首先發現。一九二一、一九二三和一九二七年曾先後在龍骨山的裂隙堆中發現了三枚古人類牙齒化石，同時還發現了大量石器、用火遺跡和哺乳動物化石。後來這三枚牙齒化石被命名為「北京中國猿人化石」，這種猿人被稱為「北京中國猿人」，簡稱「北京人」。從此，周口店開始了大規模的挖掘。一九二九年二月十二日，中國古生物學家裴文中在這裡發現了一個完整的北京猿人頭蓋骨化石。此次發現震撼了世界考古學界，並引起了各國古人類學家的關注。一九三六年十一月，我國生物學家賈蘭坡又在周口店連續發現了幾個北京人頭蓋骨化石，創造了古人類化石發現史上的奇蹟，沉寂六年之久的

▷ 北京人頭蓋骨的部份化石

周口店也再次成為中外考古學家矚目的焦點。

正是因為有了裴文中、賈蘭坡以及眾多默默無聞的考古學家的科學探索和無私奉獻，才使得周口店的「北京人」名揚四海。「北京人」的發現，為人類起源提供了大量的、富有說服力的證據。大量事實表示，「北京人」生活在距今五十萬年前到二十萬年前之間，是屬於從古猿進化到智人的中間環節，這一發現在生物學、歷史學和人類發展史的研究上有著極其重要的價值。

在「北京人」居住過的洞穴裡，發現了厚度達四到六公尺、色彩明顯的灰燼。這表示「北京人」不僅懂得用火，而且會保存火種。這是人類由動物界跨入文明世界的重要指標。經有關人員檢測，這些灰燼、骨頭和種子的年代可追溯到更新世中期。同時，遺址中還出土了數以萬計的石製品。

科學家們對洞穴堆積層出土的動物骨骼構成進行了測定，結果顯示，在五十萬到二十三萬年前，這裡的氣候曾出現由冷轉暖並再次由暖轉冷的變化。

發現「北京人」的意義還在於，它使我們瞭解到早期人類的活動和生活方式，使我們知道，早在舊石器時代的初期，「北京人」已懂得選取岩石製作石器，用它作為武器或原始的生產工具，學會使用原始的工具從事勞動，這也是人和猿的根本區別所在。

同時，「北京人」的發現和研究，還解決了十九世紀爪哇猿人化石發現以來圍繞科學界近半個世紀關於「直立人」究竟是猿還是人的爭論。事實表示，「直立人」是人類最早的始祖「南猿」的後代，也是以後出現的「智人」的祖先。「直立人」處於從猿到人進化序列中重要的中間環節。

經過對遺址多年的挖掘，人們發現了一批重要的「北京人」化石，共出土頭骨六具、頭骨碎片十二件、下頜骨十五件、牙齒一百五十七枚、股骨七件、脛骨一件、肱骨三件、鎖骨以及一些頭骨和麵骨碎片。這些「北京人」

▷ 北京人居住過的山洞。

遺骨化石分屬四十多個個體。可以說,這些化石對研究人類起源和進化史都具有特殊的意義,可謂無價之寶。

但萬分遺憾的是,絕大多數「北京人」化石,竟然在第二次世界大戰期間的運輸途中被丟失了,只有石膏模型留了下來。

那麼,這又是怎麼回事呢?

原來,正當周口店的「北京人」化石挖掘工作順利進行之際,一九三六年十一月二十五日,日本法西斯與希特勒簽定了《日德反共協定》。一九三七年七月七日,日本帝國主義發動了「盧溝橋事變」,對中國不宣而戰。不久,北京失陷,戰火也燒到了周口店。兩天後,周口店考古被迫停止。一九四一年秋,考慮到戰火的威脅已迫在眉睫,有關人員把過去歷年已發現的「北京人」化石標本全部裝進了兩個大木箱,封好後,送至北京協和醫院總務長辦公室,當天又轉送到 F 樓四號保險室內,擬暫時運往美國保管。第二天,兩個木箱又被運走,誰知這一走,竟不知運往何處。從此,「北京人」化石神祕失蹤,至今下落不明。

對於化石的去向,雖經過中、美、法、日等多國相關單位將近七十多年的調查,但仍是眾說紛紜,沒有一個可靠的結果。

有人說在日本人占領秦皇島後,美軍將保管的化石從火車上卸了下來,裝船運往天津,途中船隻遇礁覆沒,這些化石沉入了海底。

有人說,輪船沒有沉沒,而是中途為日軍所截獲,化石落入日軍之手,後來下落不明。

也有人說,這些化石根本就沒有出北平城,它被埋在美國駐京公使館的後院裡。

還有人說,裝化石的箱子在天津疏散後,最終落入了日本人之

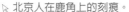北京人在鹿角上的刻痕。　　　　　　北京人使用的石砧、石槌和石片。

手。一九四二年八月，有兩個日本考古學家到北京協和醫院尋找「北京人」化石。得知化石被轉移的消息，日本華北駐屯軍司令部曾指派專人進行跟蹤搜尋。

後來又有報導宣稱，「北京人」化石在日本東京被發現，但中國政府在抗戰勝利後接收的物品清單中卻沒有「北京人」化石。

一九七二年，美國巨賈詹納斯懸賞十五萬美金，尋找化石下落。世界各地提供了三百多條線索，但最終一一被否決。

半個多世紀過去了，「北京人」化石至今無影無蹤。這一無價之寶的失落，不僅對考古專家在探討人類早期文明，原始人類對石器、骨器及對火的利用等方面造成了巨大的損失，而且對我們中華民族古老的文化也是一個重大損失。

　　一九八七年之前，「北京人」遺址是中國迄今為止唯一一個沒有申請便被聯合國教科文組織列為「世界文化遺產」的人類遺跡。

　　據有關媒體報導，二○○四年九月三十日至十月十四日間，北京人頭蓋骨化石首次公開展示，目前世界僅存的兩塊北京人頭蓋骨化石之一的北京人頭蓋骨（枕骨）化石真品在周口店北京人遺址博物館展出。這是它一九六六年出土以來首次面對公眾。

　　與這塊枕骨同期發現的還有一塊額骨、一枚牙齒、一百七十三件石器、用火的遺跡以及大量動物化石。而額骨和枕骨是目前世界僅存的兩塊北京人頭蓋骨化石，真正見過其真容的只有極少數專家。

　　在展出的當天上午，北京人頭蓋骨枕骨被移出「藏身」三十八年的保險庫，隨後，在荷槍實彈的武警保護下，被運送到周口店北京人遺址博物館。

　　到達目的地之後，頭蓋骨將被放置在防彈玻璃罩中。玻璃罩的上方，博物館還安裝了一個遠紅外線探測器，探測器連接到保安室內的電視螢幕，保安將全天監視頭蓋骨的情況，如果有人觸碰玻璃罩，監控系統就會發出尖銳的警報聲。

　　另外，展示櫃也是專門訂製的。看似平常的木頭底座的內襯是非常厚的鋼板。展臺可以升降，一旦發生危險，頭蓋骨將降入展示櫃內躲避危險。在展覽期間，頭蓋骨將二十四小時有人看守。

　　「經技術鑑定，一九六六年發現的這塊枕骨為男性，腦容量約為一一四○毫升。牠具有北京人的典型特徵：一些部位明顯與猿相似，有些則更接近現代人，其餘則多介於二者之間。」

　　周口店北京人遺址從一九二七年正式挖掘到一九三七年，在猿人洞裡共發現五個完整和較完整的頭蓋骨化石。但是第二次世界大戰以前挖掘出來的北京人化石除了三顆放在瑞典實驗室的牙齒之外，其餘全部神祕失蹤。

　　看到這樣的報導，每個中國人都應該知道「北京人」是多麼的珍貴，然而，作為舉世無雙的周口店北京人遺址，它目前的現狀為何呢？

　　讓我們看一下近兩年關於它的報導。

　　據有關媒體二○○三年十二月三日報導，周口店「北京人」遺址坍塌過半：

◎據報導，七十四年前的十二月二日，著名考古學家裴文中先生在猿人洞發現震驚世界的「北京人」頭蓋骨；七十四年後的今天，猿人洞和另一化石發現地——山頂洞，卻面臨全

部坍塌的危險。在關於周口店遺址保護的專家研討會上，中科院公布了對遺址地質病害調查結果：「北京人」的老家——周口店遺址目前面臨全面危機。

◎二○○三年十月九日，中科院地質與地球物理研究一行四人開始對周口店遺址進行為期一個多月的全方位地質調查，這是周口店被確立為世界文化遺產後進行的首次大規模地質病害調查。在回答記者遺址現狀時，他們說：「周口店遺址群共發現有學術價值的地點二十七處，這次勘查發現其中二十一處存在危險隱患，其中特別危險的隱患有八處。」

　　而負責保護周口店「北京人」遺址委員會的負責人在接受記者採訪時表示，由於長期以來周口店遺址保護工作僅停留在呼籲階段，長期的資金匱乏使保護工作一直處於停滯階段。根據聯合國《世界遺產公約》規定，凡由於保護不力或過度開發等人為原因損壞的自然與文化遺存，將被取消「世界遺產」資格而列入「瀕危遺產名錄」。

◎二○○三年十二月八日，媒體報導周口店北京人遺址面臨坍塌，因此緊急搶修計畫上報，啓動《山頂洞緊急搶修計畫》以拯救「北京人」遺址。

　　據報導，十二月三日，中國科學院地質與地球物理研究所一位元教授帶頭制訂《北京人遺址搶修計畫》，並將之呈交有關部門。他們表示：「這只是個臨時性的搶修計畫，我們希望能儘快得到批覆，最好能在明年雨季來臨前動工修繕，因為岌岌可危的遺址已經禁不起等待了。」

　　據悉，在這次提交的方案中，中科院提出了兩套保護方案：一是在猿人洞和山頂洞加蓋大棚，用以防止風吹、日曬、雨淋等自然因素的侵襲；另一種是保護遺址原貌，將局部加固、重點剖面保護處理和日常維持相結合，對許多已經出現裂縫的堆積岩，則採用灌漿結合錨杆加固的方法。專家們目前比較傾向於第二種方案。

◎二○○四年七月二十二日，媒體報導《周口店北京人遺址保護規劃》定案有望：

　　《周口店北京人遺址保護規劃》初稿審議會二十二日在此間舉行。這部周口店遺址有史以來第一部保護性法規，有望在年底前定案。根據《保護規劃》初稿，周口店北京人遺址範圍將在現有基礎上擴大保護區域。

◎二○○四年七月二十七日，媒體報導「搶救周口店北京人遺址緊急行動全面展開」：

　　一場搶救周口店北京人遺址的緊急行動日前全面展開。七月二十二日，周口店北京人遺址加固保護工程正式啓動。承擔該工程的施工人員，已向周口店遺址的鴿子堂搬運施工設備。

　　這是自一九二九年挖掘出第一枚「北京人」頭蓋骨化石以來的首次加固保護工程，稱為「百年大修」。

英文名　Goreme National Park and the Rock Sites of Cappadocia
所在地　土耳其的卡帕多西亞省

▷ 卡帕多西亞石窟群的奇特岩洞外形。

　　格雷梅國家公園及卡帕多西亞石窟群，位於土耳其的卡帕多西亞省，距首都安卡拉東南約兩百二十公里。一九八五年聯合國教科文組織將格雷梅國家公園及卡帕多西亞石窟群定為文化與自然遺產，列入《世界遺產名錄》。

　　土耳其共和國地處歐亞兩洲之間，有「東西方橋樑」之稱，不僅是東西方文化的結合點，也是東西方地理的結合點。所謂地理上的結合點，是指溝通黑海與地中海的博斯普魯斯海峽，和世界上唯一地跨歐亞兩大洲的歷史名城伊斯坦堡。

　　土耳其在歐洲的一小部分稱為色雷斯，在亞洲的大部分稱為安納托利亞。遠古時代的安納托利亞曾湖泊遍佈、樹木繁盛。然而，隨著歲月流逝，氣候變遷，這裡的大部分地區已成了乾旱少雨的莽莽高原，有些地方甚至成了人煙稀少的不毛之地。

　　土耳其百分之八十的土地在安納托利亞高原。一九二三年土耳其共和國成立後，土耳其「國父」凱末爾高瞻遠矚，他沒有把首都定在歷史名都伊斯坦堡，而是遷移到了安納托利亞腹地的高原城市安卡拉。自此，這個城市不僅成了土耳其的政治中心，而且離它不遠處的卡帕多西亞地區因其獨特的自然風光，也被土耳其政府開發為格雷梅國家公園。

　　格雷梅國家公園及卡帕多西亞石窟群，距首都安卡拉東南約兩百二十公里，是由遠古時代的火山噴發熔岩構成的火山岩高原，面積近四千平方公里。數百萬年前，卡帕多西亞火山大爆發，火山灰覆蓋了整片卡帕多西亞地區，岩漿冷卻後，就形成了這種極為奇特的地形地貌。放眼望去，懸崖、深谷、岩石遍地，火山岩尖上的沉積物好像被切削成了幾百座奇形怪狀的古堡、石筍、斷岩和岩洞，它們是由火山熔岩硬化後，經過了千百年的風雨侵

蝕而形成。山體上寸草不生、岩石裸露，與光禿的山體成鮮明對比的是林木茂盛的山間峽谷。格雷梅的村鎮、道路、古建築遺址也大都沿著峽谷分布。

東南部的格雷梅谷地，氣候反差極大，嚴寒和酷暑並存。冬天白雪皚皚，時常處於攝氏零下三十度的嚴寒。夏季卻熱得像蒸鍋一樣酷熱難忍，氣溫高達攝氏四十度。生存環境之惡劣令人望而卻步，因此人煙稀少，一片荒蕪。

由於這個地帶是由大量的火山灰堆積而成的凝灰岩，凝灰岩與一般的岩石不同，質地較軟、空隙較多，稍微用力即可挖成洞穴。後來，人們偶然發現，在河谷兩旁的懸崖上、山岩下，竟隱藏著成百上千座古老的岩穴教堂、不計其數的洞穴式住房和規模宏大的地下建築遺址，亦即舉世聞名的卡帕多西亞石窟建築。

據記載，兩千多年前，土耳其先民西臺民族就曾在此鑿洞而居，而大規模在此挖掘洞穴則始於西元四世紀，當時的基督徒在此地挖掘棲身的洞穴、修道院和教堂。也許是因為洞裡冬暖夏涼，既能躲避山岩上面的嚴冬酷暑，又可防備猛獸和敵人的侵害，這裡的每座小尖岩幾乎都被挖空，每座岩山就是一座教堂，岩石被巧妙地鑿成拱門、圓柱、拱頂。修士們甚至把他們的住所挖到幾乎無路可上的山岩頂尖上。這種建築活動一直持續到十二世紀。因此，今天的卡帕多西亞山岩上佈滿了古代的修士們留下的大量宗教遺跡。這些古代洞穴如今有些已被居民胡亂當做儲藏雜物的倉庫。從外表上看，這些修道院和教堂有些粗陋不堪，然而當你走到裡面時，才會發現，教堂內精美的聖畫、優雅的圓形廊柱和雕刻細膩的壁畫，華麗的裝飾令人肅然起敬，它們千年來沉睡在卡帕多西亞奇幻孤絕的岩洞裡，保持著與世無爭的澄澈與寧靜，使人簡直無法將它們的精美和洞外荒涼貧瘠的山岩聯繫起來。由於歷史上這裡屬於東羅馬帝國，這些宗教畫大多帶有羅馬藝術風格。

其中，被現代人稱之為「蘋果教堂」的石窟教堂規模雖小，但處處典雅華貴。其內部天井以拱門支撐，上面繪有聖像畫，由於教堂位於直立的岩石上，因此沒有大門，必須通過狹窄的岩棚始可進入。

而被稱為「黑暗教堂」的石窟教堂由於窗戶很小，白天的光線照不到教堂內，繪畫不易褪色，因此裡面的壁畫色澤鮮豔，保存良好。

拜訪露天博物館時，需上上下下穿梭攀爬狹窄的岩窟，每一轉身，就有更幽深的洞窟在眼前

古代的土耳其人在卡帕多西亞山坡上挖的山洞。

等著你，若是沒有導遊在前引路，在這些洞窟中迷路是很可能發生的事。

卡帕多西亞真正引起世界轟動的，是人們偶然發現，在山岩下還隱藏著一座足可容納一萬五千人居住的遠古地下城市。其中最為著名的一座坐落在今天的代林庫尤村附近。

一九六三年，卡帕多西亞高原上的代林庫尤村驚爆一條大新聞：一名農民掘地時，在自家院子底下偶然發現一個洞口。剛開始，這個農民望著深不可測、像井一樣的入口，說什麼也不敢下去。後來，在其他村民的幫助下，他沿著梯子進了這個洞口，竟發現了一處巨大的地下城。

根據後來有關人員的挖掘資料顯示，這座地下城規模宏大，共有一千兩百間石屋，可居住一萬五千人。它上下共分八層，其迂迴曲折的走廊又低又窄，人在裡面需彎腰行走，走在這樣的走廊和石屋裡，好像進入了螞蟻窩。通往地下城的通道隱藏在村子各處的房屋下面。這些古城從地面往下層層疊疊，深達數十公尺，縱橫交錯。這個地下城無所不包，房間、居室、禮拜堂、釀酒坊、牲畜圈、倉庫等設施可謂應有盡有。城市邊緣還有一些隧道，通向別的地下城。現在已勘測到的最長隧道達九千公尺。每個地下城的規模大小不等，有的僅能居住幾十人，有的可容納超過上萬人。

地下城的通風設施設計也很完美，在地下城中心有通氣孔與地面相連，通風道在地下城密如蛛網，其兩壁人工開鑿的鑿痕清晰可見。據勘測，從地面通風口算起，最深的地下通風井竟達八十六公尺深。

地下通道每一層的入口都用一塊巨大的石門堵住，以防外面的入侵者進入，裡面的住戶則可以通過地道在各層之間自由出入而不被人發覺。這種防範敵人的石門為圓盤形，直徑約一公尺半。石門的石質非常堅硬，並非當地所產的凝灰石。在地下城內，人工開鑿的石梯抬頭可見，每層之間都以石梯相連。地下城的古代居民很注意相互傳遞資訊，牆上鑿有通話孔。這裡甚至還有學校，教室中間的講臺及兩排課桌都是以原石鑿成。

地下城易守難攻，當初的建造者巧妙地利用地形，窄而複雜的通道只容一人進或出，垂直開口的通氣孔和循環系統可以讓最底層跟最上層的空氣一樣清新，而利用槓桿原理推動的兩噸重大圓石門，更是地下城最堅固的屏障。

兩年之後，同樣規模的另一座地下迷宮在凱梅克里附近被挖掘，有一條長十公里的地道連接著這兩個地下城鎮。更令人驚異的是，在以後的十年中，有關人員在這裡發現的地下城已達三十六座，而且，目前發現的所有地下城相互之間都能通過地道連接在一起。現在人們已繪製出這些地下城的俯

瞰圖，僅僅在代林庫尤的地下城，就有五十二口通風井和無數條小型通道。

此外，格雷梅公園內還有許多山中、地下的教堂和房屋，因地震引起的洞口坍塌而尚未被挖掘。因此，有人估計，地下城的數量可能遠不只這三十六座，其總數可能達到一百座之多。

面對著如此龐大恢弘的地下城市群，人們不禁要問：「它們是誰建造的呢？」

◁ 卡帕多西亞的地下城市

有人認為，這些石窟是基督徒建造的。因為基督教初創時，在中東地區備受打壓和追殺，於是安納托利亞高原就成了基督教傳道和喘氣的窗口，卡帕多西亞更是基督徒重整隊伍的關鍵要地。

也有人認為，土耳其從西元前起就是不同民族和文化的熔爐，在歷史上曾先後被西臺、高盧、希臘、馬其頓、羅馬、帕提亞和蒙古人入侵並統治。而這些地下古城的年代遠比基督教建築要早得多，在歷史上也沒有任何文字記載。

據有關報導，近年來，考古學家已經在地下城最底下的一層中，發現了閃米特時代的器物。閃米特族是一支古老的神權民族，大約在西元前一千八百年到前一千年間曾在這裡生活過，其都城哈圖薩離代林庫尤大約有三百公里。人們據此判斷，這些地下城市早在西臺人以前的時代就已經存在了。有人甚至認為它的建造可以追溯到新石器時代，因為人們早已在卡帕多西亞西南發現了新石器時代用來製造石斧、石刀的黑曜石石場，而卡帕多西亞不遠處就有九千年前的人類古城遺址。也就是說，持這種觀點的人認為，這些地下城建造於三千年前。

於是又有人提出質疑：這麼宏大的工程，絕非一年半載可完工，經現代工程師們推算，僅僅鑿通城市與城市之間一條九千米長的隧道，就要一千人連續工作十年以上。至於整個工程，不僅需要極大的勞動量和大量的工具，而且還需要精密的整體性規劃設計和嚴密的組織工作。新石器時代的人們僅憑原始的石刀、石斧、草繩等簡陋工具，要完成勘測、規劃、設計、挖掘、運輸、後勤等工作，再加上他們的工程多是在地下和石頭打交道，實在令人

難以置信。

　　另一個令人深思的疑問是：這麼龐大的城市為什麼要建造在地下？如果說是出於安全的考慮，既然城市的建造者們能夠建造出容納一萬五千人居住的龐大城市，那麼把它們建在地面上同樣可以起防禦的作用，而工程難度要遠遠小於建在地下。如果說是為了隱蔽，那麼他們在躲避什麼呢？還有，這裡土地貧瘠、水源匱乏，就連樹木也難以生長，生存條件極為惡劣。在這種人煙稀少的岩石之下，這座一萬五千人居住的城市，需要多少的糧食、水源及必需品，他們是靠什麼去獲取，又靠什麼來維持生存呢？

　　還有一種觀點：有些研究者注意到，在遠古時代卡帕多西亞一帶可能發生過某種原因不明的大爆炸，這些古建築的廢墟與亂石都顯示出劇烈爆炸後的痕跡。在地下城所挖掘的古代文獻中，也曾提到「飛行的敵人」。這樣看來，地下城也許是用來防備「飛行的敵人」。但是，這些「飛行的敵人」又是誰呢？

1.安納托利亞古代文明

　　哈圖薩城廢墟遺址位於土耳其喬魯姆省的博茲科伊村，城內有西臺國王的王宮。古城附近的阿拉加霍於克，是西臺人最早的居住地，一九八六年，聯合國教科文組織將其定爲人類文化遺產，列入《世界遺產名錄》。

　　中東是人類最古老的文明搖籃，土耳其是中東古文明的搖籃之一，也被人們稱爲連接古今文明的紐帶。英國歷史學家把人類六千年文明劃分爲二十六個文明，其中巴比倫、古埃及、西臺、拜占庭、古希臘、基督教、東正教、阿拉伯、波斯和鄂圖曼等文明都在這片古老的土地上留下了深深印跡，不同時期文明的古蹟遍佈土耳其。

　　古代的小亞細亞，也稱安納托利亞，就是現在土耳其的亞洲部分。

　　據考證，早在西元前九千年至前七千年之間，安納托利亞人已經開始種植原始小麥，飼養山羊、綿羊等動物。迄今所知，世界最早的部落遺址就是在安納托利亞南部的恰塔爾霍尤克，歷史上最早的風景畫現存於該遺址的古屋牆上。

　　考古學家發現，在新石器時代，占地十三公頃的恰塔爾霍尤克大約有六千人居住，那時的人們不僅能熟練地耕作，還用從附近兩座火山上採集來的黑曜石製成匕首和鏡子，並用黑曜石來換取貝殼和燧石等貨物。他們還掌握了冶煉金屬的技術，用銅和鉛製成了所需的物品。古代的安納托利亞人可能是世界上最早使用鐵的人，時間可能在西元前五千年。

> ⚑ 圖中的「大紅公牛」繪於西元前6000年左右，是恰塔爾霍尤克遺址中發掘的壁畫。有人認爲，這幅畫是當時神殿的裝飾品。

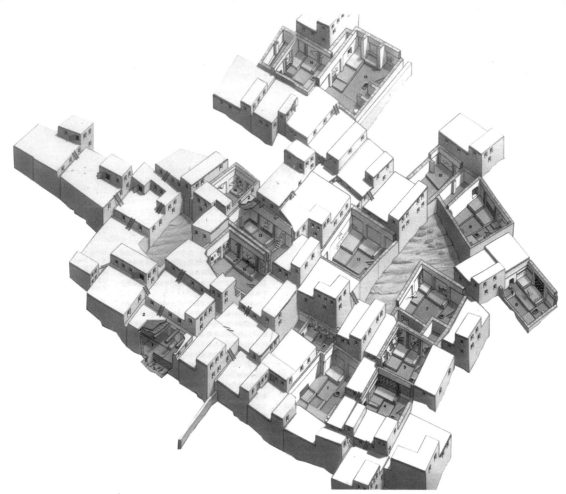

這尊塑像出土於恰塔爾霍尤克，已有8000多年的歷史，為世界上最早的女性雕塑之一，雕塑表現的是一位母神在豹座上產子，表示在當時的安納托利亞，婦女有著很重要的地位。

英國考古學家莫拉特發現恰塔爾霍尤克遺址，最後更挖掘出14層住層。挖掘發現，這座古城由1000多間用曬乾的土磚建造的小三角形房構成，這些住宅內的房屋很狹小，許多牆壁上裝飾著壁畫。它們像蜂窩似地緊靠在一起。古城基本上沒有街道，要到任何地方只有藉助在平坦的屋頂上架梯子這種方法。梯子把許多屋頂連成一片，構成這座古城的公共場所。經考古學家科學鑑定，這處遺址的年代為西元前6250年。

在古代世界七大奇蹟中，有兩個在安納托利亞，分別是伊茲密爾埃菲古城的月亮女神神廟和位於哈力卡尼斯的卡里亞王陵。

安納托利亞相傳也是最早的基督教聖地，聖經中的伊甸園灌溉水據說源於一條大河，河水流出伊甸園後分成了四條河流，其中兩條分別是發源於土耳其東部山區的底格里斯河和幼發拉底河。安納托利亞的亞拉拉特山，據說是諾亞方舟的停泊地。

在聖保羅一生中，大部分出使之行都是在安納托利亞，並在此地寫下了《聖經》中的大部分內容。相傳出生在耶路撒冷的聖母瑪利亞失去愛子基督後，離開家鄉北上，就是在這裡逝世的。而基督教七座天啓教堂都建於安納托利亞，它們位於埃弗斯、士麥那、佩爾默姆、錫亞蒂拉、薩爾迪斯、費拉德爾菲亞和拉奧迪申。

無論從地理、種族還是歷史方面來說，安納托利亞都是一個極具多樣性的地區，這種地形上的生態環境，使安納托利亞成為不同文化的萬花筒，來自亞洲和中東的許多民族接連不斷地在這些山地、平原和河谷相遇，進行無止無休的貿易和征戰。

在這片土地上，有文字記載的最古老文明當屬西臺文明。目前史書中關於安納托利亞的歷史，幾乎都與西臺人有關。西臺文明誕生於西元前兩千年初葉，發祥於安納托利亞高原，歷時五百餘年的繁盛，是古代近東文明的重要組成部分。西臺文明雖然屬於人類文明史中相對獨立的一支，但是它深受起源於底格里斯河和幼發拉底河流域，由蘇美人創造的美索不達米亞文明的影響。據考證，《舊約全書》中所載赫人即是西臺人的祖先。不過，直到十九世紀後半葉，西臺人的歷史雖然在安納托利亞、美索不達米亞兩河流域、巴勒斯坦和埃及等地的考古發現中，得到浮雕、象形文字、楔形泥板文書和其他雕刻品的佐證，但它仍然僅限於《聖經》的提示，難以取得突破，人們並不知道它的確切位置。

那麼，這個神祕的古帝國究竟位於何處？又是怎麼被發現呢？

2.發現哈圖薩城

一八三四年，有個法國建築師和文物古董商來到了土耳其的安納托利亞。此人名叫查理・特克思爾，他想看看能否找到希臘和羅馬人留下的一些文物。在安納托利亞北部一個叫博茲科伊的小山莊，當地村民們告訴他村後邊

▷ 這尊坐姿金質神像同樣為西元前15世紀至西元前13世紀的作品。據說此神像為天氣之神的妻子——太陽女神亞利娜。

亞洲 ▼ 土耳其 哈圖薩城

21

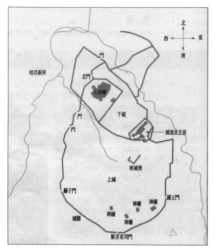

哈圖薩古城地圖，城中最古老的地方是下城。下城中有幾座神廟和城堡，王宮就在城堡之中。

哈圖薩古城內靠近南門的是神廟和城堡的建築群和一些住房。往下就是「大城堡」的堡壘，此堡壘坐落在石山上，裡面有國王的宮殿和以柱子支撐的通道。從山坡再往下就是「大神廟」，圖為大神廟遺址。

的山中有個要塞，那裡就有一處古代遺址的廢墟。他半信半疑地讓村民帶他去看看。讓他驚訝的是，原來，這裡的要塞是個天然堡壘，它雄踞於陡峭的山脊上，俯瞰著北部一片肥沃的山谷，背後有荒山護持著。事實上，特克思爾至死也未想到，他在這一荒僻地點偶然發現的是一個偉大的帝國——西臺王國，而這個遺址正是他們壯麗的首都哈圖薩。

哈圖薩廢墟占地一百六十二公頃，充滿著猙獰的峭壁和崎嶇的山坡。古城所在的地方有很多溪流從山坡上潺潺流下。西臺人將堅固的巨石雕刻成蓄水池以蓄水。看得出來，當年建造這座古城的建築師並沒有將街道排列成有規律的格子形式，而是因地制宜，利用了每一塊可以利用的土地。甚至，為了在崎嶇的山坡上鋪出平坦的地面，他們竟然將山坡改造成梯田。

令人驚訝的是，現代人看到的哈圖薩古城依然氣勢磅礴，環繞著古城的是長達六公里的高牆，圍牆底部是防禦牆，上面疊著堅固的石牆。疊牆的巨石中有的非常厚重，以至於讓來自世界各地的遊客不敢相信這是三千多年前的西臺人所建，而寧願相信這是「巨人」所建。城牆下面是一條長而隱蔽的隧道，表示防守者隨時可以向來犯的敵人進行反攻。城門兩旁有塔樓護衛，現在遊客們所看到並保存最好的是靠近山頂的南門。城門上都裝飾著雕刻在巨石上的雕塑。守衛著斯芬克斯門的是兩座獅身人面獸雕塑，而守衛著獅門的是一對仰天咆哮的石獅。

看到這樣的古城遺址，特克思爾興奮不已。村民們又對他說，附近還有一處更大的廢墟遺址，並且領他沿著一條山道朝東北方向走去。大約一個小時的路程，特克思爾望見前方高大的石灰岩山頭上出現深深的天然裂縫，沿著這些裂縫

進去，六十六座氣勢雄偉的雕像沿著兩排顯然是天然的柱廊，正列隊闊步前進。有的身攜巨大的彎劍，頭戴錐形冠；有的身著鬆垂的長袍。近前審視，他辨認出大量從前未見過的象形文字。當地人通常把此地稱為畫窟，意為「刻有文字的岩石」。特克思爾試圖弄明白刻在岩石上的人物是誰，但他實在無法確定。他一直以為這個廢墟遺址可能是古代歷史學家赫諾和塔斯曾經提到的安納托利亞古城浦特利亞。根據赫諾和塔斯的說法，浦特利亞在西元前五四七年毀於戰火之中。特克思爾在安納托利亞的這次偶然發現後來轟動世界，無意中打開了古西臺文明的大門，並探尋到一個在三千年前就已消失的帝國。

▷ 勇猛的西臺人戰士像

3.打開古西臺文明的大門

自從特克思爾於一八三四年發現博茲科伊之後，引來了更多的人來到這一地區考察、挖掘。一八六九年的最後一天，鐵路工程師約翰・伍德帶領的挖掘隊在以弗所發現了大神廟，他們在地表之下近十英尺處掘出神廟的大理石鋪面。同時，德國人施里曼在一八七〇年發現了特洛伊遺址，儘管一些在特洛伊被發現的文物屬於青銅時代早期。一八九三年在博茲科伊出土了首批泥版文，總共數千塊，上面刻有某種形式的楔形文字。對這些泥版文的研究最終揭示，安納托利亞的歷史比古希臘羅馬時期要早許多。

一八七二年，一位名叫威廉・萊特的愛爾蘭傳教士得到了五塊從敘利亞城哈馬斯採得的雕刻石頭，雖然萊特本人看不懂這些石塊上的符號，但作為傳教士，萊特對《舊約》非常熟悉。《舊約》中曾幾次簡單地提及西臺人，以色列人來到應許之地時發現居住在巴勒斯坦的幾個民族中就有西臺人；還有，亞伯拉罕也從「西臺人以弗侖」手中買來埋葬其妻撒拉的岩洞；此外，無名的「西臺國王」從所羅門那裡買馬，所羅門的眾多妻妾中也有西臺人。同時，還提到敘利

▷ 被稱為「刻有文字的岩石」的神廟，城牆上覆蓋著西臺神的浮雕神像，長廊上刻有60多座西臺人的神像。圖為西臺人的浮雕。

◁ 西臺人是當時世界上舉世無雙的工匠，圖為西臺人製作的金像，為西元前15世紀至西元前13世紀的作品，至少有3000多年的歷史。

亞洲▼土耳其　哈圖薩城

23

這個小小的銀質印章為破譯西臺語打開了大門，印章上既有楔形文字符號（外環），亦有西臺象形文字（內環），是兩種語言寫成的雙語銘文。1880年，考古學家譯出其中的楔形文字，意為「塔庫穆瓦厄姆國君主」。

亞國王如何集合一支大軍包圍以色列王國的都城，一段時間過後城中糧盡，人們只能以驢頭和鴿糞為食。正當被圍困的人們要放棄希望時，奇蹟出現了：「上帝使敘利亞軍隊聽見戰車和戰馬的聲音——一支大軍發出的聲音。」敘利亞人以為以色列國王召來了西臺和埃及聯軍，於是驚惶而逃。

根據這些記載，萊特認為，如果《聖經》中給予這支軍隊和埃及軍隊同等的地位，顯然不是支沙漠游牧部落。於是他推測，西臺人曾經威風凜凜，他們很可能曾在哈馬斯的石頭上刻上自己的歷史，而這些石塊上的文字可能就是西臺人所留下。

萊特把這五塊石頭交給大英博物館的專家，希望他們能破譯石塊上刻下的符號。

一八七九年，一位名叫阿奇波爾德·舍斯的英國學者把特克思爾在博茲科伊和亞塞尼亞卡拍下的照片和哈馬斯的石頭照片做了比較，舍斯發現兩處照片上的符號有相同之處。於是，他想到，這是否意味著同一文明從安納托利亞中北部遷移到了幾百英里以南的敘利亞。舍斯認為這可能就是《聖經》裡提到的西臺人，並進一步推測他們可能就是在博茲科伊附近修建山頂城堡的民族。

在一八八○年倫敦舉行的《聖經》考古學會大會上，舍斯再次宣布了愛爾蘭人威廉·萊特六年前寫下的評論：「哈馬斯銘文是西臺人的作品。」

萊特也出書記錄這個久被遺忘的民族——《西臺人的帝國》。它為全新的西臺學研究開闢了道路，永遠改變了史學家對古代世界的看法，可以說，西臺人藉著尚無法破譯的文字，開始要求恢復他們在歷史中應得的地位。與此同時，其他一些研究亞述和埃及文明的科學家也從文獻中找到了一些有關西臺人文明的線索。

最終，打開西臺神祕大門的鑰匙不是在土耳其被找到，而是在千里迢迢之外的埃及被發現。一八八七年，在開羅南部兩百英里處，尼羅河畔的泰勒·阿瑪爾納村附近發現了一批密藏泥版。這些刻有數行整齊楔形文字的泥

版，原來是埃及法老埃赫那吞的外交和行政信函，這位法老以古埃及歷史上的宗教改革而聞名，西元前十四世紀，他另建新都埃赫塔吞，埃赫塔吞的意思為「阿吞光輝照耀之地」（值得一提的是，這位埃及法老埃赫那吞與其第二個夫人所生下的兒子，就是後來赫赫有名的圖坦卡蒙，圖坦卡蒙不到二十歲即離奇死亡，原因至今不明）。其中許多泥版文提到一位傑出的西臺君主，並詳細描述其軍隊的動向。其中一塊泥版文是西臺君主蘇比魯利烏瑪以宮廷方式，祝賀年輕的埃赫那吞登上埃及王位的書信。大多數書信是用巴比倫的阿卡德語——當時的外交通用語寫成。

　　然而有兩塊泥版卻與眾不同，它們是用一種沒人知道的文字所寫成，而這兩塊泥版上面寫的到底是什麼呢？

　　一八九三年，一位法國人類學家在安納托利亞的博茲科伊挖掘出兩塊泥版。他心細地發現，這兩塊泥版上刻的楔形文字，和埃及阿瑪爾納村那兩塊泥版上無法破譯的楔形文字相同，這一意外的發現將古埃及文明和西臺文明聯繫了起來。

　　一九〇五年，寫有這種楔形文字的一塊博茲科伊泥版到了德國亞述學家胡戈·溫克勒手中。溫克勒和一組助手於十月下到博茲柯伊的挖掘坑內，挖掘出三十四塊泥版，其中大多數是用這種無法翻譯的楔形文字寫成。

　　這些泥版文及博茲科伊巨大的遺跡範圍似乎顯示，此一遺址乃是西臺人一座重要城市，而這種楔形文字可能就是西臺人的文字。

　　為查明這一點，他決定次年再度對其進行挖掘。這一次，溫克勒和他的手下早早來到這裡，他們在一般稱為大城堡的附近很快挖出了排列整齊、保存完好的泥版文，溫克勒意識到，這個地方顯然不是普通的居住點，他猜測：「博茲科伊很可能是一個重要的中心。」讓他疑惑的是，這處遺址與西臺人之間究竟是什麼關係呢？看來，要想揭開這個謎，只有耐心繼續向下挖掘，第二十天後，一位挖掘工人為溫克勒帶來一塊保存得非常好的阿卡德語泥版文。溫克勒回憶道：「它使我以前所有的經歷都相形見絀。」

　　他看到了什麼呢？

4.人類歷史上第一個和平條約

　　一九〇六年八月二十日這一天，令這位德國人終生難忘。有名挖掘工人交給他一塊刻有阿卡德楔形文字的泥版。這個工人交給他的泥版，就是後來轟動世界、人

↗ 刻有楔形文字的泥版

類歷史上的第一份戰爭和約，即埃及法老拉美西斯二世和西臺國王哈圖西里三世於西元前一二七○年簽署的一項和平協定！原來，這些泥版是西臺人的編年史，上面記載歷史上著名的卡迭石戰役，這也是人類歷史上記載的第一場重要戰爭，是埃及法老拉美西斯二世與西臺人之間的戰爭。

這場戰爭發生於西元前一三一二年，它也是有史以來第一次以締結和約的方式宣告結束的戰爭。

埃及是世界上歷史最悠久的文明古國，其疆域位於非洲東北部的尼羅河谷地，並一直擴展到西亞的巴勒斯坦和敘利亞一帶。當時埃及的法老時代已經歷了一千五百多年，正處於第十九王朝統治之下。

西臺在西元前兩千年左右出現於安納托利亞，他們最先發明了鐵製的武器，常常攻掠周邊國家和民族。西元前十六世紀，他們打垮了強大的巴比倫帝國，攻陷其首都巴比倫。西元前十五世紀，西臺帝國進入鼎盛時期，占領了腓尼基並侵入敘利亞、巴勒斯坦。為了樹立在西亞的霸權，西臺人步步逼近，與駐紮在西亞的埃及軍隊關係極為緊張，已到了劍拔弩張的地步。

西元前一三一七年即位的埃及法老拉美西斯二世的父親塞提一世依靠南征北戰而取得王位。拉美西斯是一位雄才大略的君王，他看到西臺的勢力嚴重威脅著埃及的利益，雙方遲早必有一戰。經過五年的整頓內政，積蓄財力軍力，他集結了四萬鐵騎，準備討伐西臺。

西臺安插在埃及的諜報人員得知此一消息後十分吃驚，連夜用木棒在泥版上以楔形文字刻下祕密情報，派人帶回西臺帝國的都城哈圖薩，呈給國王穆瓦塔利，國王連忙召集部下商議。他們趕到西臺帝國南部的要隘卡迭石城，只見山腳下左邊是一條通向大海的大道，右邊是深不可測的茫茫山谷，其中有條水勢湍急的河流，名叫奧倫特河。國王仔細觀察了地形，當即下令手下將領分頭準備。

這時，埃及法老拉美西斯二世正率領著他那威震四方的阿蒙神軍團、拉神軍團、普塔軍團、蘇太哈軍團，浩浩蕩蕩向北挺進。大軍接近卡迭石高地，法老見前方山路曲折，便下令部隊暫停前進，布下崗哨，就地安歇。半夜，埃及哨兵發現灌木叢裡有兩個人影在探頭探腦，便立即衝上前去，把這兩人抓了起來。法老親自審問，得知是沒來得及撤退的西臺士兵。他們招供道：「西臺國王為了躲避貴國的軍隊，已命令卡迭石駐軍撤退到遠處去了。」

法老感到機不可失，不等天亮，就率領身邊的阿蒙神軍團渡過奧倫特河，向卡迭石衝去。當時埃及軍隊大部分還未趕到，法老派人通知後續的拉神軍團火速進軍，到卡迭石城堡會師。

誰知他們抓到的那兩個西臺士兵是奉命來提供假情報的。西臺國王穆瓦塔利見埃及人已經上當，便調撥兩千五百輛戰車，包抄到法老後面，突擊正在行進中的埃及拉神軍團。拉神軍團猝不及防，很快就被西臺人擊潰。隨後，西臺戰車部隊調轉車頭，包抄了法老所帶領的阿蒙神軍團的後路。這時拉美西斯二世正在和部下商議如何攻城，萬萬沒想到西臺軍隊從後面殺來，頓時亂了陣腳。西臺大軍向埃及人發起猛攻，潮水般衝進了埃及軍營。

西臺國王下令發動進攻，他把所有的戰車和士兵全部派了上去。

眼看著西臺人勝利在即，突然他們的軍陣背後開始騷動。原來是埃及的普塔軍團和蘇太哈軍團聞訊趕來。被圍的法老和埃及士兵見援軍到了，頓時勇氣倍增。一陣內外夾擊，終於殺出重圍。西臺軍隊也無力再戰，只好收兵退入卡迭石城堡。

卡迭石惡戰使雙方都遭到慘重損失，只好各自罷兵。但是雙方都心有不甘。

在此後漫長的歲月中，雙方展開了拉鋸戰。你攻我守，我打你防。互有勝負，又都不肯甘休。連年戰火，使西臺大傷元氣，埃及也被戰爭拖累得疲憊不堪。

西元前一二七三年穆瓦塔利去世。西臺首都哈圖薩再次發生政變。穆瓦塔利之弟哈圖西里三世篡奪了侄子的王位，並將他的侄子放逐。然而，這位篡權的國王卻在歷史上青史留名，這不是因為他的惡行，而是因為他的權術和作為政治家遠大的謀略。在卡迭石之戰過後十六年的西元前一二五九年，哈圖西里三世派使者帶著一塊銀製的字版去了埃及。

▷ 拉美西斯二世的戰車

▷ 古埃及19王朝拉美西斯妻子陵墓的壁畫，現存於埃及著名的王后谷。

▷ 拉美西斯二世的木乃伊

△ 西元前14至13世紀時的西臺王國，女性處於優越地位。王后的頭銜和名字常與國王的刻在一起或單獨出現，圖為西臺國王哈圖西里三世與其妻子的印章。

△ 西元前13世紀中葉的《卡迭石條約》帶來了西臺人和埃及人之間的和平。這塊泥版文殘片上刻有條約的部分內容。文本所說的銀質字版迄今未能找到，有人猜測亦可能這種金屬許久以前就已被熔化。幸而埃及人把條約全文刻在卡爾納克神廟和底比斯的拉美西厄姆神廟牆壁上，也是《卡迭石條約》存在的證據。

△ 拉美西斯神廟中的戰車浮雕

此時，滿頭白髮的埃及法老拉美西斯正準備向西臺發動第二十八次進攻。士兵們向他報告：「西臺人來了！」當法老遠遠看見西臺使者手裡捧著閃閃發光像磨盤一樣的東西時，馬上想到：「難道西臺人又造出了什麼新的武器？」

等西臺人向法老恭敬地敬禮，遞上那塊字版時，法老吃了一驚。原來這是西臺人刻在銀版上的戰爭和約，開頭刻有「偉大而勇敢的西臺人領袖哈圖西里」、「偉大而勇敢的埃及統治者拉美西斯」等字樣，下面刻著兩國之間的和約：確立兩國間的和平；互相信任，永不交戰；一國若受到其他國家的欺凌，另一國應出兵支援；此外，任何一方都不許接納對方的逃亡者，彼此保證互有引渡逃亡者的義務等共十八條。埃及法老深受感動地接過了這塊銀製字版，表示接受西臺人提出的和平條約。

考古學家在博茲科伊發現了四十五封與此條約相關的信函。哈圖西里三世是位高明的政治家，他後來又讓自己的兩位公主嫁給了拉美西斯。

拉美西斯隨後在埃及的神廟裡以浮雕形式紀念這一聯姻。儘管浮雕已受到嚴重侵蝕，但可以看得出身著高雅服裝的哈圖西里三世和他的女兒，兩人走向寶座上的法老，舉著雙手表示敬意。

「埃及──西臺聯盟」持續半個多世紀。埃及人也把卡迭石之戰的記載與

和約全文刻在卡爾納克神廟和底比斯的拉美西斯二世神廟牆壁上，至今這些文字還保留著。

作為一個優秀的考古學家，溫克勒對此當然不會陌生。而他的助手此時拿給他的泥版，正是用阿卡德語寫成、關於這次戰役與雙方和約的西臺版本！看到這項文物，溫克勒怎能不激動，他終於找到了在《舊約》和古埃及神廟中提到的西臺人和他們創造的帝國，認識到博茲科伊就是考古學家們長期尋找的西臺首都。至此，西臺人那不易捉摸的歷史終於被確定認——他們原來就在土耳其這塊古老的土地上。

▷ 拉美西斯的神廟

直到一九一二年溫克勒逝世之前，他一直在博茲科伊廢墟遺址上從事挖掘，一共發現了一萬塊泥版及碎片。遺憾的是，儘管他根據許多寫有阿卡德語的泥版文能夠確定零零散散的西臺君主姓名和功績，為重新描述西臺歷史奠定了基礎，但大多數的泥版文卻仍然倔強地保持著沉默。溫克勒未能如願地破譯西臺人的語言，他只能從古巴比倫人所用的阿卡德語泥版中窺測西臺人的歷史。有許多情況仍然未明。這對他來說是終生的遺憾。

那麼，西臺語又是如何破解的呢

5.捷克學者赫羅茲尼破解西臺文字

破譯西臺人語言這一榮耀最終歸屬於捷克亞述學教授貝德里希‧赫羅茲尼。這位天才的學者終於讓那些寫在泥版上的西臺楔形文字吐露了一部分它們隱藏了三千多年的祕密。一九一五年，赫羅茲尼對西臺楔形文字語譯讀成功，並將泥版文書翻譯出來。

赫羅茲尼是古代閃族語專家，他並不能理解西臺語本身，卻能熟練地讀出楔形文字。他從語音方面進行研究，挑出彷彿是專有名稱的詞語，然後再鑑定出直接從巴比倫楔形文字中借用的表意詞，也就是圖形字，西臺人正是從這種文字中發展出自己的書寫系統。

他宣布，西臺語不是中東語言的一支，而是與起源於歐洲和印度的亞歐語系相連的印歐語言，其結論是根據名詞和動詞的詞形變化。例如：名詞主格以 -s 結尾、賓語以 -n 結尾；現在式動詞的第三人稱單數字尾為 -ti ，複數字尾是 -nti ……等等，這些特徵都充分證明它們出於印歐語源。

直到此時，人們才知道，印歐語系的安納托利亞諸語言包括西臺語、巴萊語、盧維語、象形文字盧維語、呂底亞語、呂西亞語。前三種是一九〇五年以來在博茲科伊（哈圖薩）出土的楔形文字泥版文獻中發現的。其時間約為西元前兩千年。象形文字盧維語主要是安納托利亞南部和敘利亞北部的碑銘、印記等，約可溯至西元前一二〇〇年到西元前七〇〇年。用字母文字書寫的呂西亞語和呂底亞語，可溯源到西元前六〇〇年到西元前二〇〇年。

　　在西臺語出現之前的哈梯語，在西臺語楔形文字文獻中寫作hattili，常被誤認為西臺原始母語，實際上卻是底層語言，與西臺語及其姊妹語言無關，也與同樣通行於安納托利亞地區的胡里語和烏拉爾圖語無關。很難斷定哈梯人在安納托利亞有多久的時間，但是可以肯定，在西臺新王國時期（1400～1190），哈梯語已經佚失。

　　在赫羅茲尼的研究基礎上，到了本世紀四〇年代中期，學者們對西臺人文字的所有形式都有了相當的瞭解和把握，並逐漸瞭解到西臺語的發展，根據西臺王國的歷史，可分為：古西臺語，相當於古王國時期（1700～1500 B.C.）；中西臺語，相當於「黑暗時期」（1500～1400 B.C.）；新西臺語，相當於新王國時期（1400～1190 B.C.）及西臺新國家時期（1190～約700 B.C左右）。

　　二十世紀初，另一支德國的考古隊也在博茲科伊開始考古挖掘，他們的挖掘重點主要放在測量繪製西臺古城的城牆、廟宇和宮殿上。這項工作，後來因兩次世界大戰而中斷，從本世紀五〇年代起，博茲科伊地區的考古工作得以恢復。至今，考古人員在此地發現的泥版總數達兩萬五千塊，這其中包括了德國考古學家彼德‧涅夫於一九九〇年至一九九一年間在一間西臺皇室檔案館中發現的三千多塊泥版。

　　透過世界各國考古學家、歷史學家和語言學家的共同努力，人們終於瞭解到，安納托利亞豐富而複雜的歷史可以追溯到波斯人、希臘人和羅馬人之前的幾千年，這高地上的廢墟遺址是世界上已知的遠古文明之一，可以追溯到西元前七千年甚至更早。在西臺文明出現之前，安納托利亞高地上就有人定居過。西臺人在這裡建立了輝煌的帝國，然後又消失在歷史的長河之中。他們的活動，構成了安納托利亞文明壯麗的一頁。

　　如今，這一切的遺跡已被收藏在安納托利亞的西臺文明博物館中。走進這裡，人們可以看到這一地域文明的興衰，感受到歷史的沉重腳步。

△ 圖中的浮雕可以看出手持長矛和盾牌、頭戴護盔的西臺步兵，他們手中的長矛可能是以青銅製成。

△ 圖為雕刻在墓碑上的西臺夫婦。考古發現，當時西臺女子選擇婚姻主要以財富為標準，但她們也可以拒絕父母的選擇。

△ 西元前8世紀末，新西臺人建造了大量宏偉的建築，這塊獅牌樓殘片浮雕即出土於此。

△ 這三塊鑲嵌的浮雕描繪著統治卡赫美士的君主及其家庭成員，附有象形文字銘文。浮雕中一位王子領著君主前行，君主拉著王子的手臂；王后抱著孩子、牽著山羊跟在後面。畫面富有生活氣息，自然親切。

6.走進西臺文明博物館

　　安納托利亞博物館（也稱西臺文明博物館）是世界上最著名的博物館，這裡展示了人類四大古文明之一及巴比倫文明的一部分：西臺文明和亞述文明。

　　這個博物館坐落在安卡拉市一座僅存殘垣的古堡內，這棟以立柱支撐圓形拱頂的建築始建於西元一四六四年（也有建於十二世紀之說），曾是鄂圖曼帝國時期的商業客棧，後因火災廢棄。一九二一年土耳其政府奠基爲博物館，並於一九六七年正式對外開放。

　　博物館的展品陳列大體是按照年代排列，它展示了西臺文明的發祥、發展和衰落的歷史過程，表現西臺文化承襲哈梯文化、吸收美索不達米亞文化、帕萊克文化、迦南文化以及古埃及文化影響的痕跡。這些影響體現在西臺人的政治、經濟、語言、楔形文字泥版、宗教信仰、文學藝術、石雕、浮雕等社會生活的諸多方面，同時，西臺人建立的法典更堪稱人類古代文明的重要成就。

　　博物館的展覽分四個部分：

　　第一部分展覽是從西元前七五〇〇年到西元前五五〇〇年的石器時代。當時的安納托利亞住著一批今天已不存在的部落，這些部落的先民儘管尚處於穴居社會和新石器時代之間的早期農業社會，但從展出從山洞中取下的岩畫來看，其生活的內容已經多姿多彩。岩畫上描繪有各種色彩、人、動物及打獵的情景，並且已經有以火成岩敲製的工具。

　　第二部分是從西元前五五〇〇年到西元前三〇〇〇年的銅器時代。這時小亞細亞人已經會冶煉青銅。青銅技術並不是獨立發展的，它總是與強勁的經濟和社會進步聯繫在一起。曾經有一點令考古學家疑惑不解，因爲他們沒有發現一個主要的錫礦源或用來熔化錫礦石的火爐，這個謎到二十世紀仍未解開。安納托利亞又一次爲此提供了答案。原來，人們在安納托利亞南部城市塔爾蘇斯以北六十英里處發現了一座錫礦，還發現了大量的錫礦石殘留物，和數以萬計的小型陶瓷熔化鍋，其中最大的有飯鍋大小。這一切表示，大約從西元前三二九〇年至西元前一八四〇年，這裡曾是青銅冶煉中心。

　　第三部分是從西元前三〇〇〇年到西元前二〇〇〇年。小亞細亞人已經到了後銅器時代，當時就有了「卍」字型的銅器裝飾物，尤其是到了西元前二三〇〇年左右，各種銅製用品和武器的使用已十分普遍，裝飾品如出土的銅鹿、銅羊已鑄造得十分精緻。

亞述人給予安納托利亞的無價之寶——書寫的知識。考古顯示，西元前1950年，亞述商人在安納托利亞東部和中部建了至少10個永久性的商業聚居地。圖為在當時的商業聚居地留下的遺物。

這塊浮雕也是新西臺人的作品，出自土耳其東南部，為西元前9世紀。描繪了一位西臺小姑娘左手執隼，右手執筆，站在她媽媽的膝上。

哈圖薩的大神廟中間石版上雕刻著主神和西臺國王會晤的情景。西臺人在征戰周圍的民族時，會把被征服的地方神祇吸收過來，在西臺帝國的鼎盛時期，西臺人信奉的神達1000位。圖為畫窟裡的浮雕。

亞洲 ▼ 土耳其　哈圖薩城

出土於哈圖薩附近，是著名的青銅鼓上的青銅旗，製作於西元前2300年左右的青銅器時代早期。

現代人看到的哈圖薩古城依然氣勢磅礴，環繞著古城的是長達6公里的高牆，圍牆底部是防禦牆（屏障），上面疊著堅固的石牆。疊牆的巨石中有的非常厚重，有些人寧願相信這是「巨人」所建。

第四部分是從西元前一九五〇年到前一七五〇年。西元前十九世紀中葉印歐人種的西臺人進入小亞細亞，博茲科伊廢墟遺址上就已經矗立起城堡和定居點了。最初的居民稱之為「哈梯息」，意為「哈梯人的土地」。西元前十八世紀晚期，哈梯人和另一支遷徙而來的好戰部落之間發生了戰爭，哈梯息在戰火中被毀滅。現代考古學家仍然不大清楚新來的民族從何處而來，也不知道他們是突然大舉遷徙而來，還是一批一批，積少成多。總之他們之中的一支突然向哈梯人發難，將哈梯息夷為平地，接著他們重建了哈梯息，並重新命名為哈圖薩，使它成為自己的首府。這個部落的領袖把自己的名字改為哈圖薩里，意為「哈圖薩人的國王」，由此建立了一個王朝，這就是西臺王國的開始。他的臣民被稱為西臺人。

7.哈圖薩的興盛與衰落

與最初的哈梯人不同，西臺人喜愛征戰，他們很快將自己的王國擴展到了安納托利亞中部的大部分地區，現代考古學家在這裡發現了大量他們留下的廢墟遺址，但西臺人的軍事擴張行動不只這一地區。

哈圖薩的心臟是一個建於山丘上的城堡，由於兩面有陡峭的峭崖保護，極為易守難攻。西臺人在城堡的另外兩面修築了又厚又高的斜牆來防範可能侵犯的敵人。

從安卡拉東行約一百五十公里，便可到達喬魯姆省的博茲科伊村，這裡便是歷史上著名的西臺帝國首府哈圖薩古城。現在的遺跡還有城牆、塔樓、城門等建築，以及近年來挖掘出的衛城、五座神廟和數以萬計的楔形文字泥版文書。這些泥版使用的語種主要是西臺語、巴比倫語和阿卡德語等，內容涉及政治、經濟、宗教等各方面。

西臺人在泥版上曾記載其歷史的三個時期，並提到西臺國王哈圖西里一世統治期間在哈圖薩建造了繁華的都城。其孫莫爾西里又擊敗胡里人，摧毀阿勒頗，並乘勝攻占了巴比倫城。

至今，據說當年莫爾西里的頭骨仍在安納托利亞博物館中陳列著。

為了保衛安納托利亞的家園和對外進行擴張，西臺歷代國王保持著一支人數多達三十萬的軍隊，他們使用短斧、利劍和弓箭等武器。西臺人在冶鐵方面頗具名氣，據說他們是世界上最早使用鐵器的人。哈圖薩城堡裡曾出土高品質的鐵製工具、武器和盔甲。然而西臺人打擊敵人最有效的武器是戰車，在戰場上，他們驅趕披著鐵甲的馬拉戰車衝鋒陷陣，所向披靡，使來敵聞風喪膽。

西臺人的社會被嚴格地分成了幾個等級：最上層的自然是國王和王后，王室之下是貴族階層；這一階層下面是將軍和朝廷的官吏；再往下則是商人和手工藝者，諸如鐵匠和陶匠；他們之下則是那些耕種小麥、大麥、經營蜂蜜和果樹、為城堡提供食糧的農民；處於最下層的是奴隸。所有這一切都由一個已形成文字，又極為詳盡的法律條文來約束，該條文對謀殺、強姦、叛國和其他罪行的懲罰做了詳細的規定。

如果說西臺人的法律相當嚴厲，那它也非常公正，反映了社會間的一種平衡。酷刑之類的野蠻懲罰甚少，取而代之的是讓大多數的罪犯向受害人提供某種形式的賠償。例如，一名謀殺犯必須向受害者家屬提供巨額賠償。與那一時期出現的其他文明一樣，西臺人也有奴隸，通常都是捕獲來的戰俘。但是在西臺社會裡，奴隸也享有某些權利，他們被允許擁有財產和贖買自身的自由。

西臺人信奉神祇，但與歷史上其他文明不同的是他們也容忍別的宗教信仰。他們被稱之為「萬神的民眾」。考古學家在哈圖薩廢墟遺址上曾找到三十一座神廟的遺址，其中最宏大的，也是保存最完好的被稱之為大殿。它占地五英畝左右，是一座建築複雜、四通八達的廟宇，可能曾經擁有兩百多名僧侶、神職人員、樂師以及其他供奉神祇的人。考古學家們曾於一九六二年在大殿的一間貯藏室裡發現一塊泥版，其文字顯示此廟宇是為供奉風雨雷電之神和太陽女神而修建的。他們是西臺人供奉的最高神明。在西臺王國最後的幾個世紀裡，西臺的國王也被視為眾神之一。

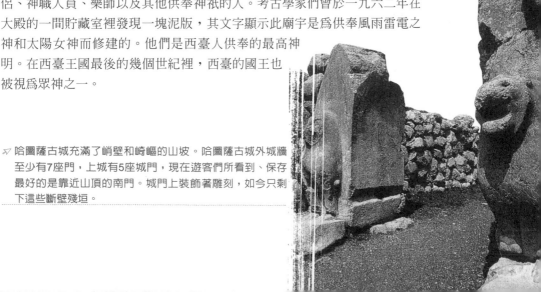

哈圖薩古城充滿了峭壁和崎嶇的山坡。哈圖薩古城外城牆至少有7座門，上城有5座城門，現在遊客們所看到、保存最好的是靠近山頂的南門。城門上裝飾著雕刻，如今只剩下這些斷壁殘垣。

西臺文明繁榮了五個多世紀，但到了西元前一千兩百年，災難降臨了。科學家們已找到證據證明大約在短短幾年內，哈圖薩和其他許多西臺城市就被夷為平地。在他們那繁華的首都哈圖薩，到處是被燒毀的遺物碎片和燒焦的瓦礫，儘管考古學家目前尚不清楚毀滅哈圖薩的神祕敵人到底是誰，但從遺跡中可以看得出來，哈圖薩的敵人是以大火燒毀了這座城市，從被火焰熏黑的城牆內壁上仍可看出他們所放的火勢之烈，整座哈圖薩竟沒有一座建築物依然聳立。

　　同時考古發現，災難不僅僅發生在西臺人的首都哈圖薩，在目前已辨認出的零零散散其他西臺城市中，有大量的證據顯示那些城市也遭受了類似的

破壞。一九九三年德國考古學家在西臺首都東方一二五英里的庫薩克裡，挖出了一座土磚牆壁已被大火燒毀的巨大建築群，在該建築物的五十四個房間裡到處都是散落的巨大西臺陶器堆，其中有些陶器因受大火高溫烘烤而熔化。總之，西臺人遇到了滅頂之災，所有的西臺城鎮都變成為廢墟。

　　雖然西臺王朝的覆滅來得迅猛而突然，但致使它遭此滅亡的各種條件因素卻已孕育了好幾十年。儘管考古學家對西臺王國在極短的時間內突然消亡的原因看法不一，但總結來說，有以下幾種：

一、有人認為是長達一個世紀，影響整個中東地區的乾旱和莊稼歉收，嚴重地削弱了西臺王國的實力。民眾開始遷徙，尋找更好的生活環境。於是，由於自身臣民的不穩定，再加上北部遷徙而來的擄掠性游牧部落和西部入侵民族的合力，把西臺王國推向了覆滅的深淵。

二、有人認為是由於「海上民族」對中東的侵略。考古學家發現，在拉美西斯三世於西元前一一八○年左右寫的一份文本中有這樣的紀錄：「這些異邦在它們的島國本土密謀策劃，沒有一個國家能擋其鋒，哈梯首當其衝……他們繼續前行……來到埃及。」但也有許多史學家很難接受西臺帝國獨毀於航海者之手這一觀點，他們傾向認

▷ 圖中的青銅小神像製作於西元前1300年至西元前1200年。它為已消失的西臺民族提供了容貌方面的一些印象，它們共同的特徵包括高顴骨、方下巴、顯著的眼睛和大耳朵。

◁ 1986年在斯芬克司門西方不到100英尺處，出土了一塊青銅書版及鏈條，裡面的內容涉及圖德哈里亞四世和與其爭奪王位的表兄德倫塔薩在庫倫塔簽訂的一項國事協定，圖德哈里亞警告說：「要是你想奪取哈圖薩斯的王位，願你和你的子孫都被眾神毀滅」。

為還有其他劫掠者參與其中，並且國內的敵人也起了作用。

總之，到了西元前一一五〇年，西臺王國已經徹底不復存在。那些在城市毀滅時倖存的西臺人四散奔逃，在許多年之後最終為別的民族所同化，然而西臺文化在歷史上卻留下了自己的一頁。在西臺王國覆滅兩百年以後，在安納托利亞東部和敘利亞北部又崛起十五個小王國。考古學家們相信這些王國的人民不會是西臺人的後裔，但是他們卻選擇了西臺人的語言，繼承了西臺人的一些宗教和風俗習慣。學者們把這些王國稱之為新西臺人。

在敘利亞，新西臺人建立起了城邦，並持續到西元前八世紀左右。正是這些敘利亞的新西臺人雕刻了後來在哈馬斯找到的石頭；而《聖經》裡提到的也是這些新西臺人。哈馬斯石頭和《聖經》上得到的零散資訊僅是第一手線索中的一部分，這些線索幫助現代學者解開了西臺文明之謎。

8.印歐語言到底起源於何處？

自從西臺楔形文字的神祕密碼被解開之後，西臺人才開始抖落那三千多年來，掩蓋在他們身上的塵土，他們那神祕的面容逐漸清晰地出現在世人面前。

哈圖薩（博茲科伊）挖掘及楔形文字的譯讀成功，奠定了一門新的學科——西臺學的基礎。西臺學的主要內容是研究從遠古到西元前十世紀中葉小亞細亞（即土耳其亞洲部分）居民的歷史、文化和語言。

前面我們已經提到，一九一五年，捷克學者赫羅茲尼對楔形文字西臺語

▷ 西臺人在巨石上雕鑿出來的神像，這尊浮雕具有西臺神廟的典型特徵。

譯讀成功，他宣布西臺語不是中東語言的一支，而是與起源於歐洲和印度的亞歐語系相連的印歐語言。從那時起，現代人才真正認識了西臺文化，也認識了西臺人的首都哈圖薩城（博茲科伊）。

然而，西臺歷史仍有一小部分令人無法瞭解，其中包括一樣用西臺象形文字寫成的文本。一八八○年代末期，一位名叫阿奇波爾德·舍斯的學者破譯了六個象形符號。其中一些是當他發現了一枚所謂的雙語銀質印章時破譯的（見p24圖），印章上包含西臺象形文字和一種已知的胡里方言寫的楔形文字。一九四六年，這一不解之謎有了新的突破，在土耳其南部的一座新西臺要塞遺址，伊斯坦堡大學的一位教授在兩座相同的門兩側發現了楔形文字。每座門右側的飾版上刻的都是西臺象形文字，左側飾版上則是用可讀懂的閃族語文字寫的腓尼基語。由於各塊飾版上的內容幾乎相同且文本很長，學者們正好可以利用這些長長的銘文，編寫西臺象形文字的釋義用詞和語法。從此，史學家終於有了進入西臺王國的兩把鑰匙。

在如何能讀懂西臺語言這一困惑了無數語言學家多年的難題之後，又一個不解之謎隨之而來。即如果西臺人確實使用印歐語言，而印歐語言並非源自安納托利亞高原本地，那麼，印歐語言又是從哪裡來的呢？這種語言到底起源於何處？起源於何時？再進一步問，西臺人的族源到底來自哪裡？他們來自何處？他們遷徙的路線為何？他們又是什麼年代來的呢？

這些令考古界長期迷惑的問題，至今仍無定論。

關於西臺民族的起源，有的人認為他們來自黑海西部，也有人認為他們原來就居住在安納托利亞東北方。

關於印歐語言，有人認為印歐語系發源於大西洋到中國的西域。但有人持否定觀點，認為這樣定位史前時期的語言實在過於廣泛，它大大超過了任何語言可以跨越的地區範圍。

有人認為，印歐語系語言的發源地位於從南極到北極、從大西洋到太平洋之間的地域。

目前正在討論中的印歐語系的起源可以分爲三種模式。一種解釋認爲，原始印歐語可能產生於新石器時代以前，大概在舊石器時代或者中石器時代，橫跨整個歐亞大陸的廣大地區。但另一些人認爲，這是最不能接受的模式，因爲它沒有解釋我們從原始語中發現的新石器時代共同辭彙，更準確地說，是新石器時代晚期的辭彙。

　　還有一種觀點認爲，印歐語系語言是隨著農業的傳播而擴展。也就是說，印歐語系語言是隨著新式的、生產力更高的經濟向外擴展。講印歐語言的農民逐漸地占據了歐洲，取代了那些早期以打獵採集爲生的人。提出這些模式的專家認爲最早的印歐語系語言就是在安納托利亞的博茲科伊一帶。

　　還有一種觀點認爲，從新石器時代到青銅時代，大多數歐洲人與西亞人所講的語言曾發生過重要的變化。按照這種理論推斷，專家一般認爲，最早的印歐語系語言產生於黑海與裏海以北的草原與森林草原地帶。而這些語言的擴展，是由半游牧或至少騎馬駕車到處移動的民族完成。由於他們死後大都葬於一種俄語裡叫做「庫爾幹」的土墩之下，所以這種理論經常被稱作「庫爾幹理論」。根據這種理論，在西元前五千年至西元前三千年，流動人口開始離開草原遷到中歐東南部，逐漸同化了當地的民族，使他們也接受了印歐語言。

　　那麼，到底印歐語言起源於何處，又起源於何時呢？儘管目前眾說紛紜，莫衷一是，但藉由西臺首都哈圖薩的發現，我們相信，在不久的將來，這個問題也可以透過考古研究揭開謎底。

英文名　Archaeological Site of Troy
所在地　土耳其恰納卡雷以南40公里處的西薩爾立克

▷ 特洛伊考古區入口前重建的巨大
　木馬，今日已成為土耳其最重要
　的文化景觀之一。

▷ 圖為後人想像的特洛伊戰爭。

特洛伊考古遺址，位於土耳其達達尼爾海峽主要港口恰納卡雷以南四十公里處的西薩爾立克。一九九八年聯合國教科文組織將其定為文化遺產，列入《世界遺產名錄》。

今日的西薩爾立克已完全不是一八七〇年施里曼開始挖掘的那個泥土覆蓋的小山丘了。如今，特洛伊考古區入口前重建的巨大木馬，已成為土耳其最重要的文化景觀之一，每年吸引著來自世界各地成千上萬的遊客。

西元前八世紀，希臘詩人荷馬寫下了兩大史詩《伊利亞德》與《奧德賽》。這兩大史詩是世界文化的瑰寶，也是古代希臘人留給後世的一份重要的精神財富和文化遺產。《伊利亞德》寫的就是特洛伊戰爭，而戰爭是由於普里阿摩斯國王的兒子帕里斯誘走了希臘斯巴達國王米尼勞斯的妻子、希臘最著名的美女海倫而引起。斯巴達國王為了奪回愛妻，告訴了他的哥哥、邁錫尼國王阿伽門農，於是阿伽門農出面組織希臘各城邦盟軍，親自擔任統帥，率領一千多艘戰船組成的龐大艦隊，渡海進攻特洛伊城，從此爆發了特洛伊戰爭。

希臘士兵把特洛伊圍困了十年，卻始終不能攻占這座城池。後來，希臘軍中最有智謀的英雄奧德修斯想出一條妙計，他們造了一隻巨大的木馬，內藏伏兵，然後全軍撤退，待特洛伊人將木馬拖入城內後，半夜木馬內的伏兵悄悄殺出，打開城門，希臘人裡應外合，攻破了特洛伊城，臨走又將繁華的特洛伊城燒個精光。

在古希臘文明的全盛時期（700～200 B.C.），特洛伊戰爭被視為希臘人早期的一段歷史，特洛伊也被譽為古希臘人獲得輝煌勝利的地方。在後來著名的希臘歷史學家中，希羅多德和修西底德都認為荷馬所講的故事完全屬實。他們相信，正如《伊利亞德》中所描寫的那樣，

真正的特洛伊城位於達達尼爾海峽。後來，當羅馬人興起，統治了地中海沿岸國家時，對特洛伊故事十分感興趣，還興建了一個叫新伊利昂的城市（新特洛伊），該城位於小亞細亞西北部他們所認為的古特洛伊所在地，然而到西元六世紀羅馬人離開小亞細亞之後，新特洛伊被廢棄不用，迄今為止，沒有人能確切知道它當時究竟位於何處。

歲月悠悠，滄海桑田，隨著時光的變遷，世人對這些歷史傳說漸漸忘卻。到了十九世紀，《伊利亞德》和《奧德賽》雖然仍被視為人類文學的初期經典之作，但只是被當作虛幻的神話或傳奇。而歷史學家只能將古希臘文明追溯到西元前八世紀，特洛伊戰爭不再被認為是歷史，人們不再相信它們曾真實存在，而認為那是根據西元前一五○○年到西元前一二○○年間發生的多次戰爭所編纂，不足為信。

惟獨從小著迷於荷馬史詩的德國考古學家亨利·施里曼並不這樣認為。

一八七○年，經過多年的準備，四十七歲的施里曼帶著新婚的妻子來到了西安納托利亞的愛琴海岸和今天土耳其的西薩爾立克，尋訪他為之魂牽夢縈四十年的古城堡遺址。

他的「嚮導」不是別人，正是史詩作者荷馬！他已經把《伊利亞德》和《奧德賽》看成歷史，而不是單純的文學傳記。令世人驚奇的是，憑著荷馬史詩的指引，施里曼不僅證明了希臘人用木馬計攻陷特洛伊城是歷史事實，挖掘出湮沒兩千多年的特洛伊城遺址，找到了「普里阿摩斯寶藏」，而且又在伯羅奔尼撒半島的一條山谷中發現了邁錫尼王阿伽門農的墳墓，打開了埋藏三千年之久的地下寶庫，由此揭開了世界考古史上最輝煌的一幕。

一八七○年四月，施里曼在西薩爾立克小山上開始挖掘。很快他在土壤表層下四米半處發現了一段由巨石構築的古城牆。一年之後，他回到這裡，有了更多的發現。一八七二年，施里曼在當地找了一百多個工人來協助他。他們挖掘出的不是一座古城，而是一些城市的遺跡，這些城市彼此重疊。很明顯地，一座城市被毀之後，另一座城市在它的廢墟上又建造起來。挖掘者們找到了更多的城牆、缸和陶器的碎片。這就是特洛伊城嗎？

一八七三年六月，施里曼在靠近特洛伊王宮的環形牆附近，發現了一批寶貴的器物，其中最珍貴的是兩頂華麗的金冠，另外還有金鐲、高腳金杯、高腳琥珀金杯、金耳環、金鈕子、穿孔小金條以及銀、銅的花瓶與青銅武器。施里曼喜極而泣，他確信自己已經找到了傳說中特洛伊最後一位國王普里阿摩斯的寶藏。

施里曼去世之後，他的同事、德國考古學家威廉·德普菲爾德繼續在此

特洛伊城門與城塔

施里曼像

西元前8世紀，希臘詩人荷馬寫下了兩大史詩《伊利亞德》與《奧德賽》。這兩大史詩是世界文化的瑰寶，也是古代希臘人留給後世的一份重要精神財富和文化遺產。圖為荷馬筆下的特洛伊古城。

第九世→
第八世→
第七世→
第六世→
第五世→
第四世→
第三世→
第二世→
第一世→

特洛伊遺址中的 9 個重疊古城

這個耳環是普里阿摩斯寶藏中大量金首飾中的一件。但是，它的真正年代要追溯到大約西元前2300年，比特洛伊戰爭早1000年。

地挖掘，根據最新的挖掘材料推斷，這層城市形成於西元前二五○○年至前二二○○年；這比傳奇中的特洛伊戰爭年代要早一千年。

再後來，美國考古學家卡爾‧布萊根以及最近的科夫曼等著名專家都花費了多年的工夫，做了進一步的挖掘研究工作。經過長期的挖掘，人們發現，在特洛伊的遺址中，竟然重疊著分屬九個時代的古城：

第一到第五層相當於青銅時代早期，第六和第七層屬青銅時代中期和晚期，第八和第九層屬早期鐵器時代。

最初的特洛伊城為一直徑九十多公尺的小城堡。它有石築城牆和城門，是當地的農民和村民在危險的時候躲避災難的一座設防城堡。

第二層特洛伊城建在第一個特洛伊城上面，被歷史學家們稱為「特洛伊二城」，它是一個更大、更富有、直徑達一百二十多公尺的城堡，城中有王宮及其他建築，在一座王家寶庫中，考古人員還發現了許多金銀珠寶和青銅器、石器和骨器。這座古城毀於大火，也正因此使得施里曼錯誤地認為這就是荷馬所描述的特洛伊城。

隨後三層的城池都比原來的大。第六層有許多新的居民，城牆堅固，曾經多次擴建，總長五百四十公尺，至少有四座城門，城內有許多貴族住宅的建築台基。西元前一三○○年這座城市毀於地震。

再上一層即特洛伊七層甲城，於西元前一二五○年被掠奪並燒毀。歷史學家知道這個時間，是因為他們可以精確地判斷出當時進口的邁錫尼陶瓷的年代。大多數歷史學家認為特洛伊七層甲城就是傳說中普里阿摩斯國王時發生特洛伊戰爭故事的那座城。後來的特洛伊乙城存在的時間不長，於西元前一一○○年被捨棄，在隨後的幾個世紀裡，這裡成了一座空城。

第八座特洛伊城建於西元前七世紀初，那時它附近利姆諾斯島上的希臘人重新占領了它，並且繁榮了很多年。

最終，羅馬人於西元前八五年劫掠了這座城市並建造了特洛伊九城，也就是考古學家們所認定的最後一座城。西元四○○年左右，這座城市被離棄，直到施里曼重新發現它之前，一直沒有被打擾過。

雖然多數學者認為施里曼判斷他挖掘出的特洛伊城的年代不夠準確，但毫無疑問這個遺址是他最先認定並挖掘出來的。特洛伊古城重見天日，他的功勞應居首位。

然而，據說施里曼在挖掘出「特洛伊寶藏」之後，並沒有報告土耳其當局，而是把它們運到了希臘。這個消息一傳出，頓時引起軒然大波。土耳其政府強烈地要求歸還這批寶藏，而希臘政府在土耳其人的壓力下，也不敢接

受這批寶藏。最後，施里曼只得把它們送到自己的祖國——德國，存放在柏林國立博物館中。

第二次世界大戰後期，蘇軍逼近柏林，德國的藝術珍寶（包括特洛伊的黃金寶藏）被統統打包，藏進了地下碉堡。但等到二戰結束時，這些無價之寶卻神祕地消失了。

於是，有的考古學家開始懷疑施里曼所描述的尋寶經過是否真實。有人研究施里曼的文章後發現，他的妻子當時並不在挖掘這些寶藏的現場。還有的學者認為這批藏寶並非一次挖掘，而是施里曼把遺址不同層次和位置所挖掘出的許多少量的珍寶，日後統整在一起，當做「普里阿摩斯寶藏」宣布，以便更強烈地渲染這次稀世考古發現的效應。

直到一九九六年四月，「特洛伊寶藏」在莫斯科普希金博物館重見天日。為保證這些珍寶的安全，博物館採取了嚴密的保護措施，這些珍寶被放在十九顆子彈都穿不透的櫥窗裡展出，每個櫥窗旁還安排一名警衛，每天只接待八百到一千名參觀者。

目前，土耳其、希臘、德國和俄羅斯均宣稱擁有這批財寶的所有權。看來，這場被稱作第二次「特洛伊之戰」的寶藏之爭將是曠日持久的。

從世界遺產的角度來看，特洛伊之謎依然沒有揭開。

不論考古學家們把特洛伊考古遺址認定為第幾層，施里曼和以後的其他任何人都沒有找到能夠證明它就是荷馬史詩中特洛伊城的可靠證據。從考古學家蒐集到的證據來看，第六層與第七層在某些細節上與荷馬對特洛伊的描寫頗為一致。但這兩層的遺跡極其貧乏，遠不像荷馬在《伊利亞德》中描寫的那麼宏偉。荷馬筆下的特洛伊是一個宏大的城市，有高大的城牆和城門，他還特別提到特洛伊城的西城牆建造得不好。後來的考古發現，第五層特洛伊的城牆有四公尺厚，有幾段城牆超過九公尺高，但是西段城牆建造得確實較差。因此又有人懷疑荷馬史詩中的特洛伊是在第五層。

但不論是第五層、第六層還是第七層，都可以說施里曼挖掘出的「普里阿摩斯寶藏」並非真正荷馬史詩中的寶藏。那麼，這些寶藏的主人到底是誰？而真正的普里阿摩斯寶藏又在何處呢？

05

柬埔寨｜吳哥遺跡群
熱帶叢林中發現的古城

英文名　Angkor
所在地　柬埔寨西北部，暹粒市以北一帶

在柬埔寨王國國旗的正中，有三個金色佛塔組成的寺廟建築，這就是被譽爲東方四大古蹟之一的吳哥窟。這座建於中世紀的寺廟建築，是柬埔寨國家的象徵，也是人類建築史上具有極高藝術價值的珍品。一九九二年，聯合國教科文組織將吳哥遺跡群定爲文化遺產，列入《世界遺產名錄》。

柬埔寨國旗，中央的佛塔寺廟即是吳哥窟的代表建築。

講到吳哥窟，就不能不提到法國博物學家亨利·穆歐。

一八六〇年，亨利·穆歐爲了尋找珍稀的植物標本而鑽進了柬埔寨密林深處。在一個人跡罕至的地方，他意外地發現，在濃密的樹影之中，竟突然出現了一批巨大的石雕佛像、寶塔和寺廟——整體就是一座古城。

眼前的景象令穆歐和他的嚮導驚訝不已，極目望去，他們好像走進了一個神話世界：到處是雄偉莊嚴的廟宇，到處是精美絕倫的石刻和浮雕，有形態各異的大象、飄逸優美的仙女和慈眉善目的大佛。幾百座風格奇特的寶塔，龐大得驚人的水利灌溉系統和寬闊筆直的大道。但這裡卻杳無人煙，這是一座荒廢的古城——這就是吳哥。穆歐後來寫道：「那比古希臘和古羅馬留給我們的任何東西都更壯觀。」然而，這麼輝煌的古城，這麼多精美的建築，爲何被人遺棄，隱沒在莽莽林海之中？穆歐深感不解，而且至死也沒弄

玲瓏剔透，像珍珠一樣晶瑩的吳哥古城。

△ 原始密林中被樹根纏繞的石像

△ 古吉蔑帝國國力鼎盛時期疆域遼闊，擁有現今柬埔寨大部、越南、寮國和泰國的部分地區。這一大片疆域的中心就是吳哥高原。

△ 耶戎跋摩一世在西元893年建造的巴恆廟。

清楚，因為他在發現吳哥的第二年就得熱病去世了。三年後，穆歐的所見所聞由他的兄弟在歐洲發表，吳哥的名字從此轟動了世界。

由於這一地區周圍人煙稀少，到處是參天大樹，藤蔓密布，高大的榕樹和木棉樹四處延伸的樹根已把那些巨大精美的石刻雕像層層纏繞，古寺廟宇群、蓄水池、運河等已長滿雜草，難於辨認。經過多年來考古學家們的清理，才使大量寺廟恢復了本來面目，陽光再次照射到沉睡達幾個世紀的吳哥古城，人們總算揭開了這座古城的一些祕密。從此，吳哥與中國長城、埃及金字塔、印尼婆羅浮屠，並稱為東方四大奇蹟。柬埔寨國旗上的金色三塔聖寺圖徽，畫的就是吳哥寺。

吳哥在高棉語中意為「城市」，有關古吉蔑帝國（吉蔑即今高棉）的傳說始於西元一世紀扶南王在湄公河三角洲建立之時，扶南疆土的開拓者是國王范蔓（在位期間約205～225 A.D.）和范旃（在位期間約225～240 A.D.）。由於扶南的地理位置極為優越，湄公河地區正處在連接印度和中國的商路上。四世紀到五世紀時，扶南進入了鼎盛時期，扶南王國的祖先大力推廣和印度的貿易往來，使該國商業繁盛達幾百年之久。

扶南王國後被真臘征服。第一個統治真臘和扶南的國王是巴法互爾曼（598 A.D.即位）。八世紀下半葉高棉藝術臻於全盛時期，闍耶跋摩二世（802～850 A.D.在位）統一了高棉，創立了一種新國教，經由特定的儀式封自己為神王，此後，國王被奉若神明。

闍耶跋摩二世登基不久，就宣布在金邊湖北部建立新都，這就是吳哥。這裡後來成為不斷擴張的帝國之核心。在接下來的兩百年裡，

高棉帝國向北延至中國，向南擴展至馬來半島，占據了
今柬埔寨、寮國、泰國和越南的大片地區。

　　其後蘇耶跋摩一世（1002～1050 A.D.在位）統治高
棉時期，建造了吳哥殿皇宮。一百年後，柬埔寨歷史上
最偉大的人物之一蘇耶跋摩二世（1113～1150 A.D.在
位），爲了供奉毗濕奴而建造了吳哥窟這座世界上最大
的宗教建築。最後一位建造高棉寺廟的國王是闍耶跋摩
七世，他建造了與吳哥窟相等的吳哥通王城，其功績可
與蘇耶跋摩二世媲美。

　　經過五個世紀的營造，吳哥終於建成了世界上最華
麗的廟宇和城市。高棉人在吳哥城周邊地區建起了大約
六百座寺院，鋪設了多條寬闊的大道以連接首都及帝國
其他地區，還爲旅行者夜宿準備了棲身之地。

　　現在的吳哥遺跡群包括九世紀到十五世紀的多處遺
跡，其四面延伸四百平方公里。在建廟的同時，還挖掘
了當時世界上最大的兩座人工湖，其城市居民至少在一
百萬以上。

　　吳哥遺跡的精華是吳哥窟。吳哥窟又稱吳哥寺，梵
語意爲「寺之都」，歷時三十多年才得以建成。吳哥窟
是按照事先做好的設計圖建造，其布局非常合理，莊嚴
勻稱，比例和諧，無論是建築技巧還是雕刻藝術，都達
到極高水準。

　　吳哥窟正門向西，與大吳哥王城南門外大道連接，
有兩重石砌牆，占地長爲一千五百公尺，寬爲一千三百
公尺，包括一座由逐漸縮減的三段石頭平臺組成的金字
塔形建築物。第一、二層均爲長方形，每層的四邊，各
有左中右三條石階梯連接上一層。在最高一層的平臺
上，建有五座蓮花形狀的塔，那是支配宇宙萬物的彌樓
山的縮影，分別代表彌樓山的五座山峰。根據印度教信
仰，彌樓山是眾神的家園，而平臺則代表著環繞世界的
群山。廟宇周圍是寬一百八十公尺的護城河，代表著在
世界邊緣山脈之外的海洋。

　　吳哥窟規模宏大，是錯綜複雜的宗教建築群，包括

▷ 巴容神殿上宣揚闍耶跋摩七世愛
民事蹟的浮雕。

▷ 闍耶跋摩七世爲紀念他的母親而
建造的塔波隆廟。

▷ 金碧輝煌的吳哥廟內部

▷ 建在水鄉的吳哥文明

▷ 班提斯雷廟是吳哥最美麗的建築之一。

▷ 佛祖的笑臉從吳哥一座門樓上望著四面八方。

台基、迴廊、磴道、寶塔，全部建築都用砂石砌成，石塊之間無灰漿或其他粘合劑，全靠石塊表面形狀的規整以及本身的重量彼此結合在一起，細部裝飾瑰麗精緻。

吳哥窟的藝術傑作，不僅表現在吳哥窟的建築本身，還在於它處處精雕細琢的浮雕石刻。據說，吳哥窟全部的浮雕、塑像超過一萬八千件，堪稱人間珍寶。吳哥窟的浮雕極其精緻，且富有真實感，是高棉王朝時代藝術的精華。寺廟迴廊的內壁及廊柱、石牆、基石、窗楣、欄杆之上都有浮雕。這些浮雕的內容都以王室和宗教為題材，有關印度教大神毗濕奴的傳說，也有戰爭、舞蹈、皇室出行、烹飪、工藝、農業活動等世俗情景。裝飾圖案則以動植物為主題，也有顯示蘇耶跋摩二世在世時的情景，有的表現了他檢閱士兵和接受觀見的場面，有的是武士乘著戰車或騎著大象作戰的情景，也有揚帆出海的艦隊，還有軍隊和旗幟招展的凱旋場面。在幾百米長的牆壁上，還有二百多尊上身裸露、頸戴珠串的舞蹈者浮雕。這些浮雕手法嫻熟、場面複雜、人物姿態生動、形象逼真，當時已採用重疊的層次來顯示深遠的空間，足稱世界藝術史中的傑作，表現了高棉能工巧匠的卓越藝術才能。

吳哥的所有宮殿、寺廟都絲毫不差地建在東西走向的軸線上，坐西朝東，面向太陽。惟獨吳哥廟大門坐東朝西，與之相反。這使研究古代高棉的學者們百思不解。

在通往吳哥城中心的堤路兩旁，矗立著一排排巨大而威嚴的石像。吳哥窟不僅本身規模恢弘無比，廟宇的外面還有一條將近十公尺寬的堤路，直通廟宇大門，堤路的兩邊豎立著巨大威嚴的那伽蛇神像。那伽是印度神話中的守護神。

闍耶跋摩七世所建的巴容神殿，牆壁上所雕

▷ 吳哥廟的每個平臺都有面向四方的長廊，連接著神殿、角塔和階梯。

亞洲 ▼ 柬埔寨　吳哥遺跡群

49

▷ 這些大理石像，像守衛一樣轟立在
　通往吳哥城中心的堤路上。

▷ 舉世聞名的巴容神殿

▷ 在吉蔑王闍耶跋摩七世建造的巴容神殿
　的浮雕上，有很多描繪農民日常生活的
　情景。

▷ 吳哥湖畔，過去國王坐船都是從這裡啓程。

▷ 吳哥城巴容神殿上一塊浮雕

刻的也大都是百姓的日常生活，其中有些描繪的是農民們喜聞樂見的鬥雞場面。從遠處看，巴容神殿像是一堆不成任何形狀的亂石，然而當你走到近處，就會看到成千個石雕的面孔——它們都是佛祖寧靜自在的形貌。在這裡每一根柱子的四面都刻有佛祖的面孔，他們平靜地凝望著蒼穹大地，似乎任何東西都無法逃避他們的凝視。

離開吳哥窟向北走，沒有多遠就到達吳哥城。這是一座正方形的城池，差不多是吳哥窟四倍的面積。除了東南西北四座城門以外，在東面偏北的位置還有一座勝利之門，每座城門的前面都有一座架在護城河上的橋，橋的兩側欄杆上各有一排五十四個石雕的半身像，一邊代表神靈，另一邊代表惡魔。

但在十五世紀初，吳哥突然人去城空。在此後的幾個世紀，這座豪華壯麗的古城被莫名其妙地遺棄，變成了樹木和雜草叢生的林莽與荒原，只留下一片廢墟，隱匿在叢林之中。

歲月流逝，人世滄桑，當年緊靠湖岸的吳哥城，現在已離湖二十多公里遠，鳥兒播撒的種子，在屋頂和院牆上生根發芽，使得數以萬計的精美雕塑變得面目全非。直到十九世紀穆歐發現這個遺跡以前，就連柬埔寨當地的居民對此也一無所知。

吳哥到底遇到了什麼滅頂之災，歷史沒有記載，現代學者則眾說紛紜。有人認為，或許是當時的吳哥城流行了一場瘟疫，導致了城市的毀滅。也有人把這歸於外敵入侵，並明確地指出它是被泰國軍隊攻占所致。但瘟疫不可能使全城居民無一倖免地全部死去，而據歷史記載泰國軍隊撤離後高棉王朝還存在了相當長的一段時間，因此這兩種解釋都難以成立。還有一種較有影響力的說法是高棉的佛教徒原來信仰大乘教派，吳哥的佛教建築也是這時興建的，但後來該國僧眾改信小乘教派，於是這些大乘教派建造的寺廟就被廢棄了。這種說法看似有理，其實仍有疑問，首先大乘、小乘都是佛教內部的派別，雙方對教義的理解雖然不同，但崇拜的神佛並沒有太大的差異，因此沒有廢棄寺廟的必要。其次吳哥並不僅僅是純粹的寺廟群，它還是吳哥王朝世俗的都城。據考證，在吳哥地區最繁華時曾有上百萬人口居住。即使教派改變，這些人都到哪兒去了呢？還有人認為是因吳哥後期國王營造寺廟過甚，民眾不堪忍受導致起義，奴隸們殺死貴族之後逃離了這座城市。可是，不論是瘟疫、戰爭還是奴隸起義都是簡單的猜測，因為吳哥遺址並沒有受到任何人為或者戰亂破壞過的跡象，這裡既沒戰爭痕跡，也未見殺戮的屍骨，一切都似乎消失於自然之中。

吳哥，世界古代文化的奇蹟，也是世界古代文化的難題。

06

巴基斯坦│摩亨朱達羅考古遺址
史前被毀滅的印度古城

英文名 Archaeological Ruins at Moenjodaro
所在地 巴基斯坦信德省境內，拉爾卡納縣以南20公里處

▷ 古城的筆直巷道，足以說明
4500年前，住在這裡的人是多
麼講究秩序，多麼一絲不苟。

摩亨朱達羅城位於巴基斯坦信德省境內，是世界上已發現最古老的城市遺址之一。這座遺址的發現，徹底改變了人們對古代印度歷史的看法，從此印度河河谷文明被公認為古代世界主要文明之一，並與埃及和美索不達米亞文明相提並論。一九八〇年，聯合國教科文組織將其定為人類文化遺產，列入《世界遺產名錄》。

印度次大陸文明的曙光，究竟從何時開端？在二十世紀以前，人們一直是從亞利安人進入印度河流域算起。這是因為亞利安人到達印度後，留下了關於他們活動的文字紀錄，從此印度次大陸開始有了文字記載的歷史，學者們稱這一時代為「吠陀時代」。《吠陀》是印度最早的文獻，也是世界上最古老的文獻之一。《吠陀本集》從西元前一千年之前就已口頭流傳，婆羅門教徒將它一代又一代傳誦著。到西元前四百年左右，當印度人發明了文字後，《吠陀本集》才得以書寫下來。

可是，當人們讀到印度的《吠陀經》時，又常常發現，亞利安人初犯印度河流域後，曾與原始居民進行過無數次劇烈的戰鬥，並摧毀了他們的許多城堡。那麼，人們不禁聯想到，在亞利安人到達次大陸之前，這裡一定有過居民、城堡和高度發達的文化。可是，這種文化是什麼模樣？它是如何被毀滅的？為什麼被毀滅？

歷史的謎團吸引著考古學家的腳步。

一八五六年，當時的東印度公司在印度河谷鋪設軌道時，在屬於現在巴基斯坦的哈拉帕村附近發現了一些燒製精良的古代磚塊，隨後又發現了一些凍石刻製的印章，印章上刻有各種動物和一些陌生的文字符號。雖然當時有人意識到這是一項重大的發現，但有關部門並未立即著手組織挖掘。

一九二二年，一支由約翰·馬歇爾率領的考古隊在印度河谷下游一個名叫摩亨朱達羅的土丘挖掘一座佛塔的廢墟。但出人意料的

是，他們發現挖掘出的一些古代石雕遠比佛教的時代更古老。經過十年的挖掘，一座被塵土掩埋、沉睡了幾千年的古城遺址破土而出。這時人們才想到，這裡與哈拉帕發現的遺物屬於同一類型及同一文化，於是便將其稱為「哈拉帕－摩亨朱達羅文明」，或稱印度河谷文明，並開始挖掘哈拉帕古城的遺址。

考古學家在印度河谷地區共發現了五座古代城市，其中最大的兩座是位於今巴基斯坦信德省拉爾卡納縣境內的摩亨朱達羅城和位於龐遮普省的哈拉帕城。這兩個城市各自約有居民五萬多人，其他三個城市人口略少。

最使挖掘者們震驚的是，這兩座古城實在是太古老了，它們最初的建設始於西元前二五〇〇年，幾乎和蘇美文明和埃及文明一樣古老，比人們原來所瞭解的古印度文明還要早了整整一千多年。

考古學家們還發現，不但城市的年代異常古老，更令人驚奇的是，這兩座城市在建造之前，似乎就已經做了非常細緻的設計。不論是公共建築、住宅、街道、商業區還是倉庫，都規劃得極有條理。

摩亨朱達羅城可謂上古時代城市設計的最佳典範，整座城市布局合理，極端重視條理、秩序和計畫，頗具現代化城市特徵。每個城市都分為幾個區，每個區都有牆圍繞著。全城是四方網格設計的整齊街道，寬闊的街道呈棋盤式向四面伸延。兩條南北向和三條東西向大路縱橫交錯，四周築有城牆、塔樓和壕溝，均用燒製磚石砌成。人們居住的房屋設計風格基本相同，均是中間有天井的四合院結構。樓梯直接通往樓上或屋頂，窗戶上裝有活動的木格窗。

在摩亨朱達羅城西面，有座高高的土堆，形狀與眾不同。這本來是一處用磚搭起來的巨大平臺，這個平臺長三百六十六公尺，寬一百八十三公尺，高十二公尺。儘管它的實際用途人們至今無法弄清，但可以明顯地看出來，它似乎是舉行重大活動的場所，不是為百姓日常生活而建造。它旁邊有一座深達十二公尺的蓄水池，是

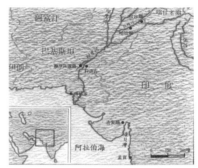

印度河文明的影響，從伊朗邊界伸展到恆河平原，又從喀什米爾伸展到洛索爾港口。

考古學家們發現，摩亨朱達羅不論是公共建築、住宅、街道、商業區還是倉庫，都規劃得極有條理。

▷ 考古人員在這座古城發掘出了一座「大浴室」。與大浴室毗鄰的是一座更大建築，人們現在把它稱之為糧倉，但事實上，這只是考古學家們的一種揣測。這座建築只剩下一排排相隔很近的方形建築群，裡面有著狹窄的通道以利於空氣流通。

▷ 摩亨朱達羅城可謂上古時代城市設計的最佳典範，整座城市布局合理，極端重視條理、秩序和計畫，頗具現代化城市特徵。

用泥磚和灰泥仔細修建。人們現在一般將這座建築稱之為「大浴室」，猜測它可能是用來舉行宗教的沐浴儀式。與大浴室毗鄰的是一座更為奇怪的建築，人們現在把它稱之為糧倉，但事實上，這只是考古學家們的一種揣測。這座建築只剩下一排排相隔很近的方形建築群，裡面有著狹窄的通道以利空氣流通。平臺另外一端的第三個建築是一座大型的方形會堂，成排的柱子將屋頂撐起，因為這樣的設計適合大批群眾聚集，所以現在被人們稱之為會館。

哈拉帕古城比摩亨朱達羅城略小，但城市總面積也達八十五萬平方公尺。該城雄偉的磚牆高達十五公尺，像一座堅固的堡壘。哈拉帕最宏大的建築就是它的港口，似乎這是個貿易發達的商業城市。城內有巨大的穀倉，還有工作坊和勞動者居住的宿舍。據估計，這些宿舍可以容納數百名雇工和奴隸居住。

令人難以置信的是，這兩個古老的城市裡的居民可能是古代最講究衛生的民族，他們在各個城市都鋪設了下水管道並挖掘了排水渠，其公共衛生設施、洗浴和講究潔淨的程度令現代人驚訝不已，居民每戶每家都設有浴室和廁所。他們不僅有著可與現代城市媲美的地下排水系統，且全城到處都是水井，共用的街井、私宅用的屋井比比皆是。寬十公尺的大道兩旁均有完整的下水道設備，能匯集各路雨水和污水，考古學家還在哈拉帕城出土了一段上有高約一點五公尺的弓形頂下水管道。另外，這裡不但有公用的垃圾道排放垃圾，每戶住宅也都有特製的垃圾滑運道，直接與地下的下水道相接。這種健全的公用衛生設施，就連當代許多不發達國家和地區的城市也望塵莫及。

藉著對遺址的挖掘，人們還發現，當時的手工藝者已掌握相當高的手工技巧。他們不但是技藝嫻熟的陶製工人，製作出大量的精細陶器，還製作了許多富有特色的商品，如金屬工具和武器、用貝殼做成的鐲子和用珠子串成的項鍊。有些精緻的項鍊其製作技術極為複雜，需要投入大量的時間，比如：一條長長的光玉髓（一種類似石英的紅色寶石）項鍊大約需要一年多的時間才能完成。

▷ 考古發現，這兩個古老的城市裡的居民可能是古代最講究衛生的民族，全城到處都是水井，共用的街井、私宅用的屋井比比皆是。寬10公尺的大道兩旁均有完整的下水道設備，能匯集各路雨水和污水，考古學家還在哈拉帕城出土了一段上有高約1.5公尺弓形頂的下水管道。

亞洲 ▼ 巴基斯坦 摩亨朱達羅考古遺址

55

摩亨朱達羅挖掘出來的人像。

考古人員在這兩座城市發現許多凍石刻製的印章。據推測,當時的每個家庭可能都有自己的印章。印章上的圖案大多是公牛、犀牛、大象、水牛、羚羊和獨角獸等一些動物,圖為體態雄壯的公牛。

在這裡還發現了一些精緻的銅質天平,以及眾多象牙和彩色小石塊製成的砝碼,說明他們已有一套完善的度量制度。這裡出土的文物塑像最多的是公牛,也有用牛拉車的陶俑,說明這裡的人們已懂得駕馭牲畜並使用車輛。

在這兩座城市遺址中也發現了一些陶製或石刻的人像,他們的服飾比較獨特,似乎與後來的印度民族服飾並不完全一致。

考古人員在這兩座城市中發現了許多凍石刻製的印章。據推測,似乎當時的每個家庭都有自己的印章。印章上的圖案大多是公牛、犀牛、大象、水牛、羚羊、獨角獸等一些動物,圖案的上方是一種陌生而獨特的文字,行文似是由右至左。考古學家還相繼發現了上百處碑刻,並且在一些陶器、銅器和用石頭、貝殼或者象牙做成的物品上,都可以看到一些簡短的文字。古文字學家們研究了這種文字,發現它是用四百多個不同的符號來代表音節和完整的詞。世界上其他一些地區的早期文字有些也是音節和單詞的複雜組合,但並未發現與哈拉帕的這種文字有所聯繫。這種文字與人們所熟知的古印度梵文完全不同,與世界上的其他文字也都不一致,至今還沒有被破譯。

更讓考古學家們困惑的是,有著高度文明的這兩座城市文明,在興盛發達了幾個世紀之後,大約在西元前兩千年左右,不知出於什麼原因,卻突然滅亡了。從此,印度河流域的文明之光熄滅了。直到五百多年後,即西元前一五○○年左右,另一種文明——亞利安文明才在印度重新興起。

與此相關的是,儘管印度是個文化淵源悠久的古國,但在古印度的所有典籍和傳記,包括最古老的《吠陀本集》之中,都從來沒有提到過這兩座城市和它的文明。有些學者認為,這只有一個解釋,就是這兩座城市的文化早在這些一切的典籍撰寫之前就已經不存在了。

那麼,這兩座城市究竟是誰創造的?為什麼突然消

失？印度歷史爲什麼在此處發生了「斷裂」？這是世人不能不關心的問題。

考古學家們透過對這兩座城市的多年考察，得出了不同的結論。

有人認爲，印度河河水孕育出來的文明，是依賴於河岸居民不斷抗洪才發展壯大，可能是一次地震引發了印度河的洪水氾濫，導致城市毀滅。但洪水可以毀滅一座城市，卻不大可能毀滅由五座城市和眾多村鎮組成的文明。因此這種看法不足以令人信服。

更廣泛的一種看法認爲是外族入侵的結果，具體地說就是亞利安人入侵，造成了印度河文明的衰落。持此說法的學者是根據摩亨朱達羅城曾遭到巨大破壞的跡象。在這座城市的街道和房屋中，人們挖掘出不少集中死亡的男女老少的遺骨，這些人有的還帶著手鐲、戒指和串環，顯然是突然死亡的。因此這種看法一度流傳甚廣。但歷史有明確記載亞利安人到達印度是在西元前一五○○年左右，而這兩座城市毀滅是在西元前二○○○年之前。這裡有五百年的差距。也就是說，在亞利安人到達的五百年前，這兩座城市已遭到捨棄。而對摩亨朱達羅居民的突然死亡，也有不同的解釋。

近年來，英國學者傑文‧鮑爾特和義大利學者欽吉又提出了與上述說法截然不同的觀點：他們推測這兩座古城之所以突然銷聲匿跡，是一次原因不明的史前核爆炸造成。這種觀點雖然有些聳人聽聞，卻在印度的古代文獻中確實找到了某些相應的記載。

其實，在此之前，有些考古學家就已經注意到，這兩座古城都曾遭到嚴重的破壞，特別是摩亨朱達羅，從挖掘的現場來看，全城居民幾乎死於同一天，因此被稱之爲「死亡之丘」。這顯然是遇到了某種不可抵抗的災難。而在該城遺址的中心，有一塊十分明顯的爆炸點，約一平方公里內的所有建築物皆化爲烏有。而在距爆炸中心較遠處，人們卻挖到許多屍體骸骨。有人認爲這極像一次核爆炸後的痕跡。這究竟是什麼原因造成的呢？

從摩亨朱達羅挖掘出來的赤陶小模型。

從摩亨朱達羅挖掘出來，負責守護家庭的母神。

亞洲▼巴基斯坦　摩亨朱達羅考古遺址

▷ 考古人員從摩亨朱達羅挖掘出的大量凍石印章。

自從哈拉帕和摩亨朱達羅重見天日以來，很快引起各國歷史學家的注意。

當年富庶繁榮、盛極一時的繁華城市，現在僅剩下一片片磚瓦殘跡和數不清的謎團。如果人們能夠破譯出這些神祕的文字，印度河流域的千古之謎也許就能真相大白，但如何破解這些文字，卻仍然沒有一點線索。至今無人能說清它毀滅的真正原因。雖然對這兩座城市的考古挖掘工作還在進行，但這一帶地下水的上升又妨礙了考古學家們的工作，古城的原始地基現在低於地下水位六公尺之多，這道難題的解決對考古學家來說，已迫在眉睫。

07

印度｜泰姬瑪哈陵
一滴愛的淚珠

英文名 Taj Mahal
所在地 印度阿格拉近郊亞穆納河畔

泰姬瑪哈陵位於印度阿格拉近郊亞穆納河畔，這座華麗壯觀、玲瓏剔透的古代陵墓，不僅是印度莫臥兒伊斯蘭文化中最完美的瑰寶，是世界遺產中的經典傑作之一，也是世界各地的遊客參觀遊覽最盛的地方。一九八三年，聯合國科教文組織將其定為人類文化遺產，列入《世界遺產名錄》。

印度莫臥兒王朝時代的古都阿格拉位於德里南方兩百四十公里處，自十六世紀成吉思汗的後裔巴卑爾立國起，阿格拉就成為莫臥兒帝國的皇都。這裡有舉世聞名的泰姬瑪哈陵，有另一處世界遺產阿格拉古堡、伊蒂邁德·阿爾－道拉陵、阿克巴陵和法塔赫布林·西格里古城（即勝利城）。這些偉大的古代建築不僅是古老的印度獻給人類的一份厚禮，也為阿格拉帶來了無盡的財富。

▷ 為紀念妃子建造泰姬陵的國王——沙·賈漢。

泰姬瑪哈陵是莫臥兒王朝第五代皇帝沙·賈漢（1592～1668 A.D.）為他的寵姬所建的陵墓。一六三一年沙·賈漢出巡，泰姬生病，沙·賈漢許下諾言，在她去世後為她建一座世界上最美麗的陵墓，並用她的封號「蒙泰姬·瑪哈」（意為宮廷中的王冠）命名，後來簡稱為泰姬瑪哈陵。

一般史書的記載是，泰姬瑪哈陵始建於莫臥兒王朝的鼎盛時期，於一六三二年動工，由來自中亞各地，土耳其、波斯、印度和歐洲各國的建築師和工匠參加。其建築材料遍及歐亞，有印度的黃大理石和紅砂岩、巴基斯坦的白大理石、斯里蘭卡的藍寶石、阿拉伯的紅珊瑚、伊朗的紫水晶、俄國的綠孔雀石和中國的翡翠等，用遍了世界的奇寶異石，歷時二十二年，才砌成了這座絢麗多彩的建築奇蹟。

對世界各地的遊客來說，對泰姬瑪哈陵印象最深刻之處，除了泰姬和沙·賈漢之間情意纏綿、生離死別的愛情故事，更多的是這座建築本身的無限魅力。泰姬瑪哈陵以它典雅的綠色庭院、雄偉的紅色門樓、聖潔的白色陵寢、湛藍的清冽水池、別緻的圓頂涼亭、高聳的四角尖塔、寬闊的講經堂和高大的清真寺，組成了一幅色彩鮮明、造型奇巧的圖畫，給世人帶來超凡脫俗的美感。

泰姬瑪哈陵全長五八三公尺，寬三〇四公尺，四周是紅砂石牆，整座陵

▷ 泰姬陵的石棺，白色大理石，寶石鑲花。

▷ 泰姬陵墓前的清真寺和講經堂。

▷ 自16世紀成吉思汗的後裔巴卑爾立國起，阿格拉就成為莫臥兒帝國的皇都。這裡有舉世聞名的偉大古代建築，不僅是古印度獻給人類的一份厚禮，也為阿格拉帶來了無盡的財富。圖為莫臥兒王朝留下的宮殿。

墓占地十七萬平方公尺。陵寢居中，東西兩側各建有式樣相同的紅砂石建築：一是清真寺，一是答辯廳，對稱均衡，左右呼應。陵的四方各有一座高達四十公尺的尖塔，內有五十級階梯。此塔專供穆斯林阿訇（意指教師）拾級而上，登高朗誦可蘭經，高呼阿拉，祈禱朝拜之用。從大門到陵寢有一條用紅石築成的甬道，兩旁是人行道，中間有水池和噴泉，池水倒影，奇花異草、灌木濃蔭、相互輝映。甬道末端即陵墓所在。整座陵墓建在一座高七公尺、長九十五公尺的白色大理石底基上。陵高七十四公尺，主體建築用雪白的大理石砌成，上部為一高聳重疊的穹頂，以蒼天為背景，輪廓優美；下部為八角形的陵壁，四面各有一扇高達三十三公尺的巨大拱門。門框上用黑色大理石鑲有可蘭經經文。其中有一句為：「邀請心地純潔者，進入天堂的花園」。

　　陵寢內還有一扇精美的門扉窗櫺，傳說是出自中國工匠的雕刻。在中央宮室裡設有一道雕花的大理石圍欄，內置放沙·賈漢和泰姬的兩座大理石棺槨，但其真棺則安放於底下的一間地下室內。棺槨上以翡翠、瑪瑙、水晶、珊瑚、孔雀石等二十餘種五顏六色的寶石鑲嵌出精緻的茉莉花圖案，其工藝之精細、色彩之華麗，可謂巧奪天工，無與倫比。

　　凡是見過泰姬瑪哈陵的人，都被它那潔白晶瑩、玲瓏剔透的身影所傾倒，難怪印度最偉大的詩人泰戈爾曾讚美泰姬瑪哈陵為「一滴愛的淚珠」。

　　由於泰姬瑪哈陵通體用雪白的大理石砌成，當初的建造者又在牆壁、門扉、窗櫺雕滿了精美的花紋，因此一日之中，隨著晨曦、正午和晚霞三個時段的不同，陽光的強弱不同，照射在陵墓上的光線和色彩就會變幻莫測，呈現出不同的奇景。它和諧對稱，花園和水中倒影融合在一起創造了令無數參觀者驚歎不已的奇蹟，使得遊客們眼中的泰姬瑪哈陵似乎在天地之間變化浮動，令人百看不厭。

　　薄薄晨霧中，它彷彿安靜地沉睡在一個美麗的童話王國中；初升的一輪紅日伴著亞穆納河嫋嫋的晨霧，彷彿要將泰姬瑪哈陵從童話王國的睡夢中喚醒；中午時分，她頭頂藍天白雲，腳踏碧水綠樹，在燦爛陽光的照耀下變成一塊光彩奪目的寶石；傍晚時分的泰姬瑪哈陵是一天當中最嫵媚嬌柔的時刻，白色的泰姬瑪哈陵開始從灰黃、金黃，逐漸變成粉紅、暗紅、淡青色，隨著月亮的冉冉升起，最終回歸成銀白色，彷彿羞澀地提醒遊客，她很快就要向遊客謝幕；花好月圓之夜，泰姬瑪哈陵恍若仙境，彷彿又成了一座景色迷人的神祕宮殿。正如沙·賈漢所說：「如果人世間有樂園，泰姬瑪哈陵就是這個樂園。」

泰姬陵遠眺

有意思的是，正因爲泰姬瑪哈陵有清晨、日落和月光之下等不同景色的差別，因此也成爲了世界上唯一一個早中晚遊覽票價不一樣的景點。即使對印度本國遊人而言，泰姬瑪哈陵的門票白天僅二十盧比，但早上七點以前或下午五點以後會升到一百一十盧比。

多少年以來，泰姬瑪哈陵幾乎已成爲印度的代名詞，由於泰姬瑪哈陵的構思和布局之美超乎人們的想像，她贏得了世界各地遊客最慷慨的讚美。

也許有人會問，這樣的稀世珍寶，其設計者和建造者是誰呢？

長期以來，圍繞著泰姬瑪哈陵的設計建造和藝術流派問題，引起了印度國內外學者們的關注和爭議。

有關這座建築物的設計者和藝術風格流派，目前有幾種說法。

一種說法爲「波斯伊斯蘭說」。數十年來，大英百科全書的作者一直認爲，泰姬瑪哈陵的建造者是沙·賈漢皇帝，而主要設計者是波斯人（一說土耳其人）烏斯泰德·伊薩，由他總攬其事，並沒有印度人參與構思。

也有一種說法爲「歐亞文化結合說」，代表人物是英國舊牛津學派的印度史學家史密斯。他認爲，泰姬瑪哈陵是「歐洲和亞洲天才結合的產物」。當時歐洲文藝復興時代的一些建築大師，如義大利人吉埃洛米莫·維洛內奧、法國建築師奧斯汀德·博爾多，他們均參與設計。

這種觀點雖然新穎，但遭到了一些印度穆斯林史學家的駁斥，他們認爲這是一座典型的伊斯蘭藝術風格的建築物，與西歐文藝復興時代的構思完全無關。

而印度著名史學家馬宗達認爲，在探討泰姬瑪哈陵的設計究竟應該歸功於誰時，不應該忘記印度自身的因素。其依據是：

（1）從泰姬瑪哈陵的平面圖來看，其主要建築風格並不完全是創新的，它與蘇爾王朝舍爾沙的陵墓和莫臥兒胡馬雍的陵墓，在建築上有師承關係。

（2）就建築材料——純白大理石及其上面的寶石鑲嵌工藝水準而言，在西印度的拉傑普特藝術中早已存在，不能把此陵的設計和

◣ 泰姬陵

建造完全歸功於波斯的影響。但是，考慮到莫臥兒時代的印度已對西方開放，不能否認西方藝術的某些因素對印度建築風格帶來影響。

一九八六年，一個名叫戈德博爾的人寫了一本小冊子——《蒙泰姬・瑪哈》。它以一問一答的對話方式，對泰姬瑪哈陵是否是沙・賈漢下詔建造一事，提出種種異議。其依據是，某些史書上記載著泰姬瑪哈陵是沙・賈漢「動用兩萬勞動力歷時二十二年建造而成」的說法，此論源出於法國珠寶商人塔維尼埃之口。此人雖然在十七世紀對印度做過五次訪問，回國後寫成《印度之行》，但他本人並沒有親眼看到泰姬瑪哈陵的破土動工等具體的建造過程，讓人懷疑有道聽塗說之嫌，難以令人信服。更何況和他同時代的一些歐洲旅行家，回國後均未提及泰姬瑪哈陵。

精美絕倫的泰姬瑪哈陵，它真正的設計者是誰？它究竟是不是沙・賈漢在十七世紀下詔建造的呢？這一切還沒有結論。

英文名　**Borobudur Temple Compunds**
所在地　印尼中爪哇日惹市西北約40公里處

　　婆羅浮屠位於印尼中爪哇日惹市西北約四十公里處，墨拉比火山的一個山丘上，以精美的浮雕聞名於世，婆羅浮屠的全部浮雕連接起來，長度可達三千多公尺，有「石頭上的畫卷」之美譽，是世界上最大的實心佛塔。它遠含青山，近擁碧翠，其東南方向的墨拉比火山，海拔三一五〇公尺，高居於群山之上，登臨塔頂可望見煙波茫茫的印度洋海面。一九九一年，聯合國教科文組織將其定為文化遺產，列入《世界遺產名錄》。

　　雖然釋迦牟尼創立的佛教產生於印度，但世界上最大的佛塔並非建在印度，而是建在印尼，也就是婆羅浮屠。

　　印尼橫跨赤道，擁有一萬七千多個島嶼，是世界上島嶼最多的國家之一。其地理位置處在亞澳兩洲之間，瀕臨印度洋和太平洋，是連接兩大洲和兩大洋的海上樞紐。在中國人的習慣用語中，「爪哇島」常常被用來形容非常遙遠的地方，而這座世界上最大的佛塔就位於印尼爪哇島的歷史名城——日惹市。

　　「婆羅浮屠」在梵文中的意思就是「丘陵上的佛塔」，俗稱「千佛塔」，又稱「印尼的金字塔」。其工程之浩大，建築之壯觀，可與中國的長城、埃及的金字塔以及柬埔寨的吳哥古蹟相媲美，被稱為古代東方的四大奇觀，也是世界上最大的佛教建築之一。

　　近代以來，隨著對古代文物的關注，婆羅浮屠這座舉世無雙的歷史遺跡，越來越受到世界各國人們的重視。一九七五年，聯合國教科文組織曾向全世界發出拯救婆羅浮屠的呼籲，先後有二十七個國家響應，並對此塔進行了比較徹底的修復。

　　婆羅浮屠是根據印度的窣堵波（寶塔之意）而建，從空中看，猶如一個立體的曼荼羅（安置佛像的土壇）。整個建築約用兩百多萬塊玄武岩石砌成，總計五萬五千立方公尺。其建築材料取自附近安山岩和玄武岩，沒有任何接合劑，完全由岩石經切割後堆砌而成。佛塔的基座呈四方形，邊長一百一十二公尺，台基上有面積依次遞減的五層方台組成，每邊都有數層曲折；方形台之上又有依次遞減的三層圓臺組成，頂端為一座巨大的鐘形窣堵波，從地面至塔尖，高近四十公尺。方形台的各層，在主壁和欄楯間有四條迴廊，迴廊兩壁上為連續的浮雕，長達兩千多公尺，有一四六〇幅敘事浮雕和一二一

二幅裝飾浮雕。

婆羅浮屠的浮雕，就像一幅幅雕刻在石頭上的史詩。遊客面對著那千年前的佛像，猶如面對著一個久遠的年代，為世界各地前來參觀的遊客提供了最為直觀的方式。其浮雕的內容可謂豐富多彩，有的描繪了佛陀生平聖蹟，佛教、佛教徒的事蹟、故事，也有民間傳說等眾多題材。

目前遊客們看到的婆羅浮屠為九層，但實際上它共有十層。在聯合國協助大規模修復時，婆羅浮屠實際上已處於瀕危狀態。為避免倒塌，專家們將底層充做地基而埋在地下。現在人們只有在東南角，還能看到底層一部分浮雕。一八八五年，有關人員在塔底發現了裝飾塔底的一百六十幅非同尋常的浮雕，這些浮雕都是根據佛經刻出來的。出於某種考慮，部分浮雕在展出一段時間後，又被重新掩蓋。

在各方形層的的欄杆上，每隔一定距離都配置著一個向外的佛龕，共四百三十二個，每個佛龕內各安置一尊佛像。圓形層各層並列著格子形鏤空小塔，計下層三十二座，中層二十四座，上層十六座，共七十二座，如同眾星拱月，圍繞著中心大窣堵波。小塔內也置有佛像，佛像按照東南西北不同方向取有不同的名稱，而且佛像的面部神情以及手臂、手掌、手指各部位也都不同，形象非常傳神。

▷ 婆羅浮屠是根據印度的窣堵波而建，從空中看，猶如一個立體的曼荼羅。

▷ 婆羅浮屠上的佛像

方形層佛龕和圓形小塔中的佛像，再加上中心大窣堵波中的佛像，婆羅浮屠共有佛像五百零五尊。浮雕和佛坐像以表情典雅爲特色，它們在接受印度佛教雕刻藝術風格影響的同時，又處處顯露著印尼爪哇古代藝術的特色，比如浮雕中的世俗人物即爲當地人打扮。因此，人們稱之爲「印度—爪哇藝術」的傑作。

　　如今的婆羅浮屠，已被印尼政府擴建爲面積達八十五公頃的遊覽勝地，每年吸引世界各地數十萬佛教徒和旅遊者來此朝拜觀光。

　　然而，這座輝煌壯麗的「千佛塔」，竟然在熱帶叢林的石塊和野草之中荒廢了八百多年，就像柬埔寨的吳哥窟和印度的阿旃陀石窟一樣，早已被當地的人們遺忘，直到近代才被西方的科學家或探險家重新發現。一八一四年，英國人湯瑪斯・史坦佛德・拉弗爾斯爵士重新發現了該塔，並清除了周圍的碎石和雜草。婆羅浮屠這才爲人們重新認識。第二次世界大戰之後，在聯合國教科文組織的援助和印尼國內各界的捐助下，進行了大規模的修復工作，整個工程耗資達二二五〇萬美元。

　　可是，即使這座偉大的佛塔被世界重新認識之後，人們也並未真正瞭解它，因爲這座巨大佛塔的建造者們雖然用了近百年的時間來雕刻這座「石頭上的畫卷」，卻沒有爲它留下任何文字記載。在印尼和印度等國的歷史典籍和

▷ 佛塔的基座呈四方形，台基上有面積依次遞減的5層方台，方形台之上又有依次遞減的三層圓臺。

◣ 修復前的婆羅浮屠

◣ 修復後的婆羅浮屠

佛教經典中也沒有任何關於它的資料。因此，婆羅浮屠本身也就成了一個巨大的歷史和文化之謎。現在人們對它的瞭解，只是根據聯合國一些學者和專家在現場及別處考古所尋獲的一些古代碑石等資料，考證和推測出來的一些看法。因此便出現了種種不同的意見。

首先，婆羅浮屠建造於什麼年代？這一點始終沒有定論。據考古學家們從跋羅婆文寫的碑銘上看，這座建築大約建造於爪哇的夏連特王朝統治時期，即西元七七二年到西元八三〇年間，但具體時間卻無法確定。人們只是知道，西元一〇〇六年發生了墨拉比火山噴發和地震，周圍的居民紛紛出逃，婆羅浮屠隨即被火山灰淹沒。再往後，這座世界上最為壯觀的佛教建築慘遭廢棄，任其悄然崩塌，被叢林蠶食。

再者，建造這座寺廟的人是怎樣的一個民族？當初建造婆羅浮屠的目的是什麼？現代人也未能徹底弄清。有人認為它是為了安奉佛陀舍利子而建造的；有人認為是作為帝王等權貴階層的陵墓；也有人認為它是佛教徒們朝拜的聖地；還有人認為它是帝王為弘揚佛教所做的功德。

還有，人們雖然知道它是一處佛教建築，因此塔內的石雕也必然屬於佛教內容的演繹。但這裡的石雕數量眾多，遠遠超出了人們對一般佛教故事的理解。實際上，婆羅浮屠的大多數佛像、石雕究竟蘊涵著什麼樣的意義，現代人至今並未真正瞭解。在眾多的佛像石雕中，世人能夠理解的僅占百分之二十，至於其餘的百分之八十人們至今未能解開。

▷ 石頭上的畫卷──婆羅浮屠

　　婆羅浮屠，這座矗立在赤道上的最大佛教遺跡，那絢麗多姿的千尊佛像，雖然每天都面對著來自世界各地的遊客，但就考古專家來看，卻好像始終啞口無言。

英文名　Persepolis
所在地　伊朗設拉子市東北60公里處

　　波斯波利斯位於伊朗設拉子市東北六十公里處，爲波斯帝國舊都。一九七九年，聯合國教科文組織將其定爲文化遺產，列入《世界遺產名錄》。

　　伊朗是個具有數千年歷史的文明古國，西元前六世紀稱波斯。波斯人是來自西亞的尚武民族，大約在西元前兩千年，他們來到伊朗高原。據亞述國王沙爾馬納塞爾三世的銘文，在西元前九世紀時，波斯人還處在游牧部落階段，當時，他們已組成以阿契美尼德氏族爲首的部落聯盟。

　　波斯帝國的創立者是阿契美尼德氏族的居魯士二世。據《居魯士文書》記載，居魯士二世的祖先曾是安桑之王。西元前五五八年，居魯士二世統治了波斯，正式在波斯稱王。居魯士是個雄心勃勃的政治家，上臺後南征北戰，大大擴充了帝國的領土。西元前五三九年，他攻陷了巴比倫城，據《聖經》記載，居魯士在巴比倫曾釋放被囚禁的猶太人，使他們返回故鄉的家園，從而贏得當地人民的好感，使得原其所屬的腓尼基、敘利亞、巴勒斯坦及阿拉伯人也都自動歸降了波斯人。

▷ 波斯波利斯石灰石浮雕，刻畫
　大流士端坐在他的寶座上。

　　西元前五三〇年，居魯士在一次戰鬥中身亡，他的兒子岡比西斯繼承了王位，並於西元前五二五年征服了埃及，在那裡建立了第二十七王朝。西元前五二二年，岡比西斯去世後，一位名叫大流士的貴族加冕爲王。

　　大流士統治時期是波斯帝國的鼎盛時期，在他稱王期間，發動了一系列大規模、旨在擴充疆域的戰爭。他先後南下征服了印度河流域的一些國家和部族，後又西進征服了歐洲東部的色雷斯和馬其頓。隨後，又虎視眈眈地瞄準希臘。

　　西元前四八六年，大流士去世，他的兒子薛西斯一世繼續擴充實力，組建了百萬大軍，企圖實施征服希臘的計畫。但在著名的馬拉松一戰中，薛西斯以失敗告終，這也標誌著波斯人在歐洲和中東擴充的結束。

大流士和薛西斯在位期間，波斯統治的區域空前龐大。當時的波斯帝國西達歐洲的色雷斯、非洲的利比亞，東至印度河流域，北抵高加索山脈和鹹海，南臨波斯灣和阿拉伯沙漠。其疆域跨歐、亞、非三大洲。

波斯人建立了這個世界性的大帝國之後，又建造了三座宏偉的都城——帕薩加第、波斯波利斯和蘇薩。這些都城被建造得富麗堂皇，其建築技術和建築材料來自帝國各地。例如蘇薩的王宮是由巴比倫和米提亞建築師設計，其建築材料自印度和黎巴嫩，黃金來自呂底亞和大夏，象牙來自非洲，而白銀、綠松石和寶石則來自更遙遠的國度。

西元前五一八年，大流士遷都波斯波利斯。這座世界上最豪華的宮殿前後共花費了六十年的時間，歷經大流士等三個朝代才得以完成。根據波斯波利斯王宮正門上的銘文，大流士一世時代只完成了都城的宮殿、寶庫、觀見大殿、三宮門等建築。薛西斯一世修建了萬國門和其餘主要部分，從此，這座象徵著阿契美尼德帝國輝煌文明的偉大城邦不僅是帝國的心臟，而且成爲了儲存波斯帝國巨大財富的倉庫，以高傲的姿態莊嚴地聳立在波斯平原上。

從遺址的廢墟可以看出波斯波利斯原是一組風格華麗的宮殿，整個王宮的建築除了石雕、浮雕外，還有釉陶磚瓦、各類壁畫及黃金、象牙等鑲嵌物。宮殿的牆雖然是土坯砌造的，但表面都貼上了黑白兩色大理石或彩色琉璃磚，大廳內部布滿色彩鮮豔的壁畫。

波斯波利斯建在拉赫馬特山西面山麓，背依山巒，居高臨下，可以俯視遼闊的法爾斯平原。全部宮殿建築總面積達十四萬平方公尺，所有的房舍都建造在人工壘成的十二公尺高的平臺上，平臺長四四八公尺，寬二九七公尺。平臺的西北端有階梯，階梯寬七公尺，共有一一一級石階，每級石階只有十釐米高，足以讓人騎馬上去。除平臺之外，最明顯的還有十三

▷ 大流士一世之墓

▷ 波斯波利斯王宮

圖為大流士國王王宮裡的釉面磚浮雕。

根依然聳立的高大的石柱，石柱高十多公尺到二十公尺。還有數不清的石牆、石門、石雕像和房屋台基。從這些遺物可以想像出當年宮殿的巍峨高大、雄偉壯觀。

階梯的盡頭是「萬國門」，也叫「薛西斯門」或者「波斯門」。在平臺上，考古學家們發現了兩段巨大的儀式用階梯，它們分別通向觀見大殿的北面和東面，是波斯波利斯最宏偉壯觀的景象之一。階梯上飾有大量浮雕，刻畫了波斯帝國二十三個屬國的使節向國王進貢獻寶列隊前進的場面，他們各自手捧貢品，分上中下三排，由波斯或米底軍官引路，手捧貢物，送向處於中心地位的皇帝。皇帝站在華麗的華蓋下面，象徵著波斯帝國的偉大和永恆。根據貢使的服飾和上貢物品可以識別出這些使節有波斯人、米底人、伊蘭人、帕提亞人（今阿富汗）、埃及人、紮蘭人和薩卡爾提亞人（今錫斯坦以西）、亞美尼亞人、巴比倫人、西里西亞人、斯塞西亞人、坎大哈人（今阿富汗南部）、索格特人、亞述人、薩爾德希臘人、巴赫蒂亞爾人和印度人、索庫德人、敘利亞和美索不達米亞之間的阿拉伯人、索馬里的普提人以及衣索比亞的哈巴什人和利比亞人。他們的貢品有寶石、金銀酒器、瘤牛、精紡羊毛披巾、種馬、珠寶、珍貴皮毛和公羊等。這些雕刻品歷經兩千四百多年依然栩栩如生，並由此可以看出，當年的阿契美尼德帝國是何等的繁榮昌盛。

階梯所通向的觀見大殿又稱阿帕達納宮，是大流士一世接見外國使節的宮殿，向西雙向石階，院內兩臺階，一東一北。根據傳說，大流士一世也曾將大量的貨幣和文書埋於大殿地下。殿內大廳呈正方形，每邊長達六十一公尺，中央大廳有三十六根石柱。大廳外的前廊和左右側廊各有石柱十二根，共計七十二根。大會廳面積三千六百平方公尺，可同時容納近萬人。大廳外牆面貼黑白兩色大理石或彩色琉璃面磚，雕刻花紋或拼接圖形，屋簷和枋木都包貼金箔。大廳內牆面有壁畫。這些石柱高十八公尺，石柱的柱礎、柱身和柱頭都有著精美絕倫的雕刻，尤其是柱頭雕刻更是華貴異常，自上而下上有覆鐘、覆蓮、豎立的成對渦卷，上端是相背而跪的雄牛，兩牛頭間用以架設托梁橫木。柱礎是覆缽形，刻著花瓣，柱身上刻著凹槽，極盡精巧。

與觀見大殿僅一小庭院相隔處還有一座更加龐大的建築，據考證有可能是薛西斯一世的觀見大殿。殿內大廳同樣也是正方形，每邊長爲七十三公尺，因爲殿內有一百根十三公尺高的石柱，因而被稱爲「百柱殿」。在這座華麗的大殿裡面，國王可能在一百根柱子構成的柱林之間器宇非凡地端坐於寶座之上，款待遠方來的尊貴客人。在百柱大殿的後面，有著金庫、貯藏室以及寢宮。一九七一年十月，伊朗政府曾在這裡舉行波斯帝國建國兩千五百年慶祝大典，招待宴請各國賓客。

波斯波利斯的宮城除了具有歷史和建築藝術方面的意義之外，它的建築和雕刻也反映了當時波斯和周圍地區的文化交流，表現了波斯如何把這些文化因素與自身的文化融爲一體。根據古波斯銘文記載，王宮建築是由許多民族和部落的匠師共同建築起來的，其建築藝術風格上，除了波斯的成分外，還包含有西亞、埃及和希臘等藝術風格的影響。

然而，自從考古學家一九三〇年到一九四〇年間挖掘出這座巨大的古代建築遺址之後，就有了一個巨大的疑問：「王宮遺址上有嚴重的火焚痕跡，焚毀的部分是正殿和珍寶庫，如此強大的帝國王宮，爲什麼會被人焚毀，又是被誰焚毀的呢？」

根據歷史學家的研究，一般認爲王宮毀於馬其頓王亞歷山大之手。西元前三三四年春天，亞歷山大正式向波斯宣戰。他率領由三萬步兵與五千騎兵所組成、以馬其頓人爲主力的希臘聯軍和一百六十艘戰艦渡過赫勒斯滂（今達達尼爾海峽），向小亞細亞進軍。亞歷山大首先在格勒奈克斯河戰役中擊敗了波斯軍隊。西元前三三一年春，亞歷山大率軍隊向東前進，經巴勒斯坦、敘利亞，到達美索不達米亞，在距離阿卑拉城不遠的高加米拉村駐紮。由此爆發了亞歷山大東征史上最大的一場戰役──高加米拉戰役。

在西方戰爭史上，高加米拉戰役被稱之爲改變古代世界局勢「最偉大的一場戰役」，這一戰的勝利使亞歷山大徹底擊潰了波斯帝國軍隊的主力。不久，波斯波利斯陷落。西元前三三○年三月，敗逃中的大流士三世被隨從殺死。亞歷山大征服了整個波斯，建立了一個橫跨歐亞非三洲的大帝國，定都巴比倫，包括埃及、小亞細亞、腓尼基、巴勒斯坦、敘利亞、巴比倫和波斯在內的廣大地域都被劃入這個帝國的版圖。

亞歷山大占領了波斯波利斯，在經過徹夜狂歡之後，他的軍隊將宮殿燒掉。隨著一把大火，波斯波利斯——這座當年世界上最爲豪華的王宮很快化爲了礫土和灰燼。據說，在波斯波利斯的珍寶庫房，存放著許多金銀和珍貴物品。爲了運輸如此巨額的金銀財寶，亞歷山大竟調集了一萬頭騾子和五千頭駱駝。

亞歷山大爲什麼要焚毀波斯波利斯王宮呢？對此，歷史學家們眾說紛紜，莫衷一是。

古希臘史學家阿里安在《亞歷山大遠征記》中寫道：「亞歷山大把波斯波利斯王宮燒毀是爲了報復，因爲波斯人曾在雅典大肆破壞，燒毀廟宇，對希臘人犯下了數不清的殘暴罪行。」

英國著名歷史學家赫·喬·威爾斯在其《世界史綱》中也持「亞歷山大把偉大宮殿焚毀，是希臘人對薛西斯焚毀雅典的報復」此一觀點。

而古羅馬史學家普魯塔克則提出了另一種觀點，他認爲亞歷山大是在酒後受到雅典名妓泰綺思的挑逗、慫恿而放火燒皇宮。

日本學者大牟田章在他的《亞歷山大》中也寫道：「亞歷山大在一次慶功宴上，喝得酩酊大醉，他的身邊坐著一個雅典名妓泰綺思。她對亞歷山大開玩笑地說，願不願意放一把火，把波斯王宮燒掉？亞歷山大一時衝動，眞的就放起火來了，一時之間，整個宮殿都陷入一片火海之中……」

而美國學者杜蘭·威爾在《世界文明史》中則認爲：「亞歷山大燒毀王宮是由於他們在沿途看見八百個希臘人因爲各種原因而被殘害，有的被砍腿，有的被斬手，有的被割去耳朵，有的被挖去眼珠，盛怒之下才這麼做。」

還有人認爲王宮是在亞歷山大舉行盛大酒宴時，偶然起火而燒毀的。

以上各種觀點，有的有一定道理，有的則只是一種猜測。但由於缺乏確鑿的歷史記載，波斯波利斯究竟是爲什麼被焚毀，原因至今還未揭開。

值得慶幸的是，波斯波利斯、帕薩加第及蘇薩這些波斯帝國的王宮遺址和許多的古代城市一樣，在歲月的流逝中始終暴露在地表之上，而不是在地下，這就爲後人的考古提供了一定的條件。

阿契美尼德時代的銘文大多以古波斯、巴比倫以及新埃蘭三種楔形文字刻寫，在岩石、建築物、金銀器和印章上都有發現。

著名的貝希斯敦銘文，講述的就是有關大流士取得波斯王寶座的故事，當初以楔形文字記載在伊朗貝希斯敦山崖上，以波斯語、埃蘭語、巴比倫語等三種古代文字刻成。近代以來，人們對楔形文字的研究奠定了後人解釋古代近東此一文字的基礎。十九世紀，英國著名學者亨利·勞林森抄錄下貝希斯敦山上的石刻之後，將其中的波斯和巴比倫文字破譯出來，在這一過程中，他發現了楔形文字的祕密，爲考古學家們提供了一把打開波斯波利斯之門的鑰匙。

也許，隨著挖掘的深入和研究的進行，波斯波利斯宮殿被焚毀之謎終有一天能夠被揭開，這座波斯帝國最偉大的城邦的歷史面目，也將越來越清晰地呈現於世人面前。

波斯波利斯許多城牆和階梯上都裝飾著這種華麗的浮雕。

英文名　Old City of Jerusalem and Its Walls
所在地　以色列首都耶路撒冷境內，介於地中海與約旦河之間的古猶太山丘上

　　耶路撒冷坐落於古猶太山丘上，介於地中海與約旦河之間，世界上的三大宗教——猶太教、基督教和伊斯蘭教均認定它為信仰源流和精神指標的聖城。能享有如此殊榮的城市，世界上僅此一座，可見在世人心目中，它有著至高無上的位置。一九八一年，聯合國教科文組織將其定為人類文化遺產，列入《世界遺產名錄》。又於一九八二年十二月十七日，在世界遺產大會第六次會議上被納入《世界瀕危遺產名錄》。

　　三千多年來，不曾有一座城市的光芒可以蓋過耶路撒冷。事實上，在所有人類文化遺產中，似乎只有耶路撒冷的位置不用說人們就知道。作為三大宗教的聖地，它在世界各地所有信徒們的心中，其重要意義自是不言而喻。

　　耶路撒冷全城分為舊城和新城兩部分。新城位置偏西，而舊城居東。舊城略呈方形，四周環以石造的城牆，城內集中了大量宗教古蹟，一般人心目中的聖城耶路撒冷，指的便是舊城，或稱古城。在耶路撒冷古城不足一平方公里的土地上，有大約二百二十處被考古學家列為具有重大價值的古蹟。在漫長的歷史歲月中，三大宗教在這塊小小的土地上層層疊疊演出多少千古奇談，使它以無數神祕的故事和傳說，輝煌厚重的歷史，濃郁的宗教色彩，豐富多姿的古蹟，獨特的情調，吸引著世界各地不同信仰的信徒們來此頂禮膜拜。

　　早在三千年前，猶太人的大衛王就曾在巴勒斯坦建立統一的以色列猶太國家，定都耶路撒冷。三千多年來，不同的統治者：埃及人、巴比倫人、波斯人、敘利亞人、羅馬人、阿拉伯人、土耳其人、英國人等，都在猶太人的聖地耶路撒冷留下了自己的痕跡。他們你來我往，征戰不休，使耶路撒冷的歷史呈現出世界上少有的錯綜複雜和艱難曲折。有人做過統計，耶路撒冷曾歷經三十多次征服，先後十八次被夷為平地，又十八次重建。

　　對猶太人來說，耶路撒冷是他們光榮歷史的見證和民族復興的中心。

如果單純從人口比例來講，猶太人對人類文明所做出的貢獻與他們的人口數是最不成正比的。這個小小的民族為世界貢獻了一部流傳千古的《聖經》，為人類貢獻了耶穌基督、史賓諾沙、孟德爾松、馬克思、海涅、佛洛依德、愛因斯坦、卡夫卡等許多世界級的思想文化巨人，所以人們稱猶太人為「智慧的民族」。

正因為三分之二的聖經都是希伯來人提供的，在上古時代的民族中，現代人瞭解最多的竟然是希伯來人和他們的耶路撒冷。因此有人說，除了埃及以外，再沒有一個民族比希伯來人對現代世界更具有重要性了。

從另一方面看，世界上許多民族都有過自己不幸和痛苦的歷史，但沒有哪一個民族遭受的苦難像猶太民族那樣普遍、深刻和長久，所以又有人稱猶太人為「不死的民族」。

從古至今，猶太人多次遭到歧視和迫害。西元前的「巴比倫之囚」，西元七〇年羅馬人的摧毀，直到第一次世界大戰前，猶太人又被稱為「沒有國家的民族」。

到了第二次世界大戰期間，德國法西斯對猶太人的迫害更令人怵目驚心。僅僅在奧斯維辛集中營，被殺害的猶太人就近達四十萬。據統計，二戰中被殺的猶太人總數竟多達五百七十萬。

從上古時代起，這個民族的遭遇就如此多災多難。為什麼他們那麼多次被征服之後，卻始終堅信自己是「上帝的選民」？這一切似乎都和耶路撒冷古城有著千絲萬縷的關係。

那麼，在幾千年的歲月中，耶路撒冷這塊古老的土地上發生過哪些重大的歷史事件呢？

讓我們來瞭解一下耶路撒冷的歷史。

在希伯來語中，耶路是城市，撒冷意為和平，耶路撒冷即為和平之城的意思。今天的耶路撒冷位於地中海東岸巴勒斯坦中部。

大約西元前三千年，迦南人耶布斯部落從阿拉伯半島遷移過來，在死海以西的猶地亞山地河谷中建起了城堡，起名「耶布斯」，這就是今天耶路撒冷最早的雛形。

有關希伯來民族的起源，至今仍是一個令人費解的問題。大多數學者認為阿拉伯沙漠是希伯來人的原居地，屬閃米特族的一支。

相傳猶太人即希伯來人最早居住在兩河流域上游亞述地區。西元前一八〇〇年，他們的先祖亞伯拉罕率其渡過底格里斯河及幼發拉底河來到迦南，即後來的巴勒斯坦。迦南人稱他們為「希伯來」，意思是「渡河者」。

▷ 猶太人的領袖摩西

▷ 建造好的聖殿

大約在西元前一七○○年左右，一些以色列部落和其他的希伯來人為了逃避災荒進入了埃及及尼羅河三角洲地帶。希伯來文《聖經》的〈出埃及記〉中曾記載，在埃及法老的統治下，猶太人在埃及生活的數百年間受盡剝削奴役。在瀕臨滅族之災的情況下，猶太人決定逃出埃及。後來，他們由聖人摩西統率，經過長途跋涉，渡過紅海，穿越西奈沙漠，立志回到那塊「上帝應允的土地」——迦南。

在經過西奈山時，摩西接受了上帝耶和華寫在兩塊石碑上的戒律，即摩西十戒。〈出埃及記〉第二十五章第十節曾記載，摩西按照上帝的指令，讓手下的人做了一個「金約櫃」。從此，這個金約櫃就成了上帝與以色列之間的見證。

摩西去世後，他的繼任者是約書亞，在約書亞領導下，以色列人終於結束了流浪生活，返回到巴勒斯坦。

西元前十一世紀，以色列領袖大衛王統一了猶太各部族，締造了以色列王國。他從耶布斯人手裡攻下耶路撒冷要塞之後，定為以色列國都。他奪回了「金約櫃」，並著手籌畫建造耶和華聖殿。

大衛王死後，其子所羅門登基。所羅門王以智慧、謀略和財富聞名天下。西元前一○一○年，所羅門王在耶路撒冷的錫安山上建成了第一座用來供奉「金約櫃」的猶太教聖殿，史稱第一聖殿。聖殿長二百公尺，寬一百公尺，整座建築宏偉華麗、金碧輝煌，在此後相當長時間內，來此朝覲和獻祭者不絕，從而成為古猶太人宗教和政治活動的中心。耶路撒冷由此也成為猶太教的聖地。

所羅門王死後，國家被分為兩部分，北半部稱為以色列，定都撒馬利亞。南半部稱為猶太，定都耶路撒冷。

西元前五八七年，巴比倫王尼布甲尼撒攻陷耶路撒冷，聖殿付之一炬，城牆被拆毀，神廟、王宮和許

多民宅被焚燒，金銀財寶被洗劫一空。

　　尼布甲尼撒下令在猶太王的面前，殺死了他的兒子，又剜去他的雙眼，用銅鍊鎖著這位國王，帶到巴比倫去示眾。隨後，耶路撒冷的國王、大臣、貴族和城裡的大部分居民全部淪為奴隸，被流放到巴比倫，這就是歷史上有名的「巴比倫之囚」。

　　對猶太人來說，「巴比倫之囚」的亡國之痛，是他們心中永遠揮之不去的慘痛記憶。

　　五十年後，波斯國王居魯士二世征服了許多的東方國家，也征服了巴比倫帝國。他釋放了囚禁在巴比倫的猶太人，並允許猶太人重返故鄉。大約一百年後，以色列人在先知尼希米和學者以斯拉的領導下，開始對聖殿進行重建。直到西元前後希律王統治時期，聖殿才最後完工，史稱第二聖殿。

荒涼的西奈山

　　但是，猶太人在回到耶路撒冷之後，並未能過著獨立自主的日子。

　　西元前三三二年，他們在馬其頓國王亞歷山大的統治之下。亞歷山大死後，他們又先後被埃及、敘利亞所統治。西元前六三又被羅馬人征服。

　　西元六五年，猶太人起來反抗羅馬人的統治。於是，早先被巴比倫人摧毀後又重新修建的聖殿，也在這次浩劫中被羅馬人再次夷為平地，只留下了西牆的一段斷垣殘壁，這就是後來的「哭牆」。接著，整座城市也慘遭羅馬人蹂躪，這次浩劫使猶太人被迫流散到世界各地，由此揭開了猶太人綿延近兩千年浪跡天涯的苦難歷程，他們的聖殿再也沒有被修復。

　　耶路撒冷成為基督教供奉的聖地，要比猶太教晚得多，但影響毫不遜色。相傳，耶路撒冷南郊伯利恆小鎮附近有個叫馬赫德的山洞，耶穌基督就誕生在此洞裡。

　　對於全世界的基督徒來說，耶路撒冷是基督耶穌受難、復活和升天處。最早建於羅馬帝國時期的聖墓教堂，據說就是當年耶穌被釘在十字架及埋入墳墓的地方。由於三天之後耶穌復活，因而聖墓已是一座空墓。聖墓大教堂又稱復活教

基督教中的聖地——聖墓教堂。

可蘭經開篇，伊斯蘭教的「可蘭」
意思為宣讀，共有100多篇。

堂，是在耶穌被釘上十字架並復活的地方建起的教堂，因此也是世界基督教徒心目中最神聖的參拜地之一。每年基督受難節時，虔誠的基督徒，抬著巨大的十字架，循著當年耶穌赴刑場所經過的道路，邊走邊口中念念有詞：「我們讚美祢……祢洗清了我們的罪惡……」，那莊嚴肅穆的情景令人為之動容。

假如現在的遊客們進入殿內大廳，一抬頭就可看見教堂內大廳頂部架子林立。殿內被隔成若干大廳，不同教派各有祭祀時的偶像。有人看到這麼多架子，還以為是要翻修，而事實上，因各個教派在如何翻修問題上始終爭執不下，導致此事成為世界上最「漫長」的工程。這些架子已在殿內擱置了兩百多年。

西元七世紀時，伊斯蘭教先知穆罕默德來到阿拉伯半島傳教布道。據《可蘭經》記載，在一個皓月當空的夜晚，天使送來一匹有著女人頭、銀灰色的馬，穆罕默德跳上這匹馬，揚鞭奔馳到耶路撒冷，馬蹄一腳踩到一塊聖石上，瞬間馬直向七重天飛騰而去。在接受了上天旨意後，他又連夜快馬加鞭返回麥加。現在伊斯蘭教義「夜行赫登霄」的典故就是由此而來。因此，穆斯林把耶路撒冷奉為僅次於麥加、麥迪那的第三個聖地。

也許，正因為耶路撒冷這種特殊的歷史、文化以及與世界宗教悠久的淵源，才使得她不但吸引著世界各地的朝聖者，還引來每年超過三百萬的遊客從全球各地來此參觀遊覽，成為當今世界重要的旅遊城市之一。

接著讓我們以遊客的視角來看看耶路撒冷。

耶路撒冷舊城是不規則的四邊形，城牆長五公里，高約十四公尺，有三十四座城堡和八座城門。城內一條南北走向和一條東西走向的大街把舊城區分成了亞美尼亞區、基督教區、伊斯蘭教區和猶太教區四個部分。

耶路撒冷舊城現存主要遺跡有，猶太教希律聖殿的西牆（即哭牆）、奧瑪清真寺、阿喀薩清真寺、基督

教聖墓大教堂、受難之路、馬撒達古堡等。

前面我們已經說過，所羅門王在位時，在耶路撒冷建造了用來供奉「金約櫃」的聖殿，聖殿曾先後被新巴比倫和羅馬人摧毀。此後，由於絕大部分猶太人被迫移居他鄉，聖殿始終未能恢復。出於懷舊、崇古的心理，猶太人在第二聖殿廢墟上，用大石頭壘起一道長四八一公尺，高一八三公尺的石牆。猶太人認爲砌牆的石頭取自聖殿，因此石牆就是聖殿的遺址。這就是猶太人敬仰和團結的象徵——「哭牆」。有趣的是，這處寄託著猶太人兩千年大流散哀思的哭牆，在穆斯林的傳說中，就是先知穆罕默德「夜行登天」前拴馬的地方，穆斯林因之稱它爲「飛馬牆」。

建於西元六九一年的岩石圓頂清眞寺（又稱奧瑪清眞寺），是聖城內最重要的伊斯蘭教建築。奧瑪清眞寺被視爲繼麥加和麥迪那之後另一偉大的伊斯蘭教聖地，它位於哭牆邊沿石階而上的入口處，這座金色圓頂的美麗建築，堪稱耶路撒冷的地標。清眞寺全用石塊砌成，外牆用花瓷磚貼面，鑲嵌有穆罕默德神奇夜行時留下的那篇未完成的《可蘭經》文。寺內圓頂富麗堂皇，圓頂下方的柵欄內，就是舉世聞名的的白色岩丘。相傳穆罕默德由天使陪同乘天馬從麥加到耶路撒冷，就是踩著這塊巨石升天，前去聆聽安拉的啓示。據說這塊石頭至今還有穆罕默德升天時留下的腳印。而按照古老的猶太教記載，上帝爲考驗他們的始祖亞伯拉罕，讓他殺死自己的獨子以撒獻祭。當他正要舉刀殺子時，上帝派使者阻止了他，並命他以一隻公羊代替。當年亞拉伯罕就是將以撒捆綁在這塊岩石上準備獻祭。因此猶太人也把這塊大石頭看作聖石。

岩丘下的比雷——阿爾瓦洞穴即爲靈魂之井，傳說是世界的中心。

阿喀薩清眞寺建於西元七○九年的瓦利德王時代，直到十三世紀末馬木路克王朝時期易名爲阿喀薩清眞寺，後來又經過地震損毀，重新修建時的大理石圓柱由墨索里尼捐贈，天花板屋頂則是埃及國王法魯克所贈。

相傳穆罕默德由天使陪同乘天馬從麥加到耶路撒冷，本圖創作於16世紀，描繪天使引導穆罕默德的情境。

▷ 以《可蘭經》經文作為裝飾的建築。

▷ 聖墓教堂中的基督墓

　　值得一提的是，作為世界上最為著名的耶路撒冷，古城內雖然有眾多的歷史遺跡，但其中有些是後來才建造的。而由於耶路撒冷誕生之日起至今已十八次被夷為平地，近年來，有的學者對這座古城其原來所處的地理位置，提出了質疑。

　　黎巴嫩貝魯特的一位歷史學家經過五年的深入研究，提出了一種新觀點：他認為古代的耶路撒冷並不在現代的耶路撒冷城區，也不在巴勒斯坦境內，而在沙烏地阿拉伯境內。確切地說，是在今天阿拉伯半島從麥加到沙特——葉門邊界附近的紅海之濱一條長約兩百英里的狹長地帶內。他還認為古以色列的大衛和所羅門王國及第一聖殿都在這個地方，即現在的阿西爾省和希賈茲省境內，距離阿西爾五十英里遠的阿爾瓦·薩拉姆或阿里·希里姆地下。在那裡保存著所羅門王國時代的古都耶路撒冷。可能是他的看法太離經叛道，得罪的人也太多，這種觀點一出現即遭到了強烈的反對。但反對者大多是站在己方的宗教立場上，對其進行譴責和撻伐。這也反而使一些人認為這種觀點也是一家之言，仍有進一步考察和研究的必要。

約旦｜佩特拉古城

嵌在岩壁上的玫瑰古城

英文名　Petra
所在地　約旦首都安曼南方262公里處，坐落於穆薩谷地之間

佩特拉古城位於約旦首都安曼南方兩百六十二公里處，坐落在群山環抱的穆薩谷地之間。它不僅是約旦古代文明的見證，而且是中東地區的奇觀和人類建築史上的瑰寶，有著「嵌在岩壁上的浮雕寶石」之美譽。一九八五年，聯合國教科文組織將其定為文化遺產，列入《世紀遺產名錄》。

對於大多數中國人來說，約旦是個比較陌生的地方，但對研究古代西亞的歷史學家來說，約旦河谷東西兩側被稱為「世界歷史的博物館」。

約旦全名為約旦哈希姆王國，是個有著悠久歷史的西亞阿拉伯國家，曾以「聖地」自居，這是因為新舊約《聖經》裡寫的許多神蹟，在這塊古老的土地上可謂俯拾即是。沿著約旦境內西部的山地，由北到南散布著一串《聖經》中提到的歷史名城——格拉森（傑拉什）、拉巴（安曼）、塞拉（佩特拉）、尼波山、馬代巴等聖地，這些歷史名城，讓人一下子就聯想到摩西、所羅門王和耶穌基督的時代。

佩特拉希臘文意為「岩石」，在聖經《舊約全書》中稱為「塞拉」。這座古城最獨特的地方是它所有的建築物都是在朱紅或赭石色的岩石上開鑿而成，在朝陽和晚霞照映下，閃爍著玫瑰紅的光澤。所以，後人便稱它為「石頭城」或「玫瑰城」。

據約旦古代文獻記載，佩特拉的歷史可以追溯到史前時代。西元前四世紀前後，有個早先過著游牧生活的部族納巴特人，從阿拉伯半島北移進入了約旦阿拉伯東部、亞喀巴與死海間的一片狹長區域，當他們逐漸控制了這一地區之後，就在易守難攻的佩特拉建立了納巴特王國的首都。

即使在兩千多年之後的今天，當我們打開約旦境內的地圖時，不得不承認，當初的納巴特人選擇佩特拉可謂獨具慧眼。我們都知道，約旦為沙漠國家，其境內的東部和東南部

▷ 佩特拉古城以朱紅或赭石色的岩石開鑿而成，在朝陽和晚霞照映下，閃爍著玫瑰色的光澤，後人稱它為「玫瑰城」。

▷ 建於高聳山壁上的殿宇

▷ 佩特拉古城一景

均為沙漠，沙漠占全國面積百分之八十以上，而佩特拉地區卻是四處群山環繞，牧場肥沃，清泉終年不斷。

由於佩特拉一半凸出，另一半鑲嵌在環形山的岩石裡，所以，納巴特人在山岩中開鑿出來的這座都城，四處都受到懸崖的保護。古城唯一的入口是狹窄的山峽，大有一夫當關、萬夫莫開之勢，即使在古代烽煙四起的年代，敵人也無法集結大批的軍隊攻城。特殊的地理環境，使佩特拉能相對處於和平和穩定的環境之中。

佩特拉地處從阿拉伯半島到地中海的貿易之路上，控制著中東地區當時沙漠商隊運送貨物最為重要的貿易通道，善於經商的納巴特人給予從此地過路的商隊方便，並向他們徵收稅款，積累了不少財富。西元前二世紀時，佩特拉日益富強，當時的納巴特王國不僅在銅的冶煉業、農業和畜牧業上有了很大的發展，而且商業貿易也很發達。佩特拉成為埃及、敘利亞與希臘、羅馬之間商路上最重要的轉運站之一。

西元前六五年左右，當時的納巴特國王阿爾塔斯二世鑄造了自己的錢幣。在阿爾塔斯三世統治時，其王國的版圖由大馬士革一直延伸到紅海地區。

阿爾塔斯四世國王統治時期（9 B.C.～40 A.D.）是佩特拉的鼎盛時期。當時納巴特王國不僅人口增加到數萬人，他們還修建了希臘式的圓形劇場，修建了五個皇家墓室和女兒宮。

西元一世紀時，羅馬人控制了佩特拉周圍地區。西元一〇六年，羅馬人奪取了佩特拉之後，佩特拉城市和周邊地帶成了羅馬帝

國的一個省，但它也是羅馬帝國最繁榮的一個省。

在羅馬人統治下，佩特拉再度繁榮起來。講究秩序和奢華的羅馬人鋪築商道，改進灌溉設施，修建劇場，建造大街和拱型大門、石柱等，也把古希臘──羅馬的建築風格帶到了佩特拉。於是佩特拉又出現了在石壁上鑿出的希臘式廊柱和羅馬式拱門建築。

任何事情都不是一成不變的。商貿和貨物運輸是佩特拉走向日益富強的「血脈」，但在後來的歷史歲月中，由於海上貿易的發展和陸地貿易都開闢了新的通道，南北商路逐漸打通，越來越多的貨物直接從紅海出入，商隊也就不再通過佩特拉，使佩特拉的經濟實力和財富大為削弱。

四世紀初，佩特拉被東羅馬帝國所占領，不久又經歷了幾次大地震，破壞了大部分地面建築，拜占庭人便遺棄了佩特拉。

▷ 佩特拉古城唯一的入口是狹窄的山峽。

七世紀，佩特拉被阿拉伯人征服，但由於它遠離大馬士革和巴格達，已無法再現往日的繁華。後來竟成了敘利亞到埃及或阿拉伯半島駝隊經過的落腳點。此後，佩特拉再次被人捨棄，納巴特人也在漫長的時間裡不知去向了。

此後的歲月中，隱藏在群山峽谷之中的佩特拉古城默默無語，荒蕪和沙漠埋沒了它昔日的一切輝煌，像歷史上很多被荒棄的城市一樣，約旦古國的這座玫瑰城被人們遺忘，只有沙漠中的游牧民族貝都因人，還記得它存在於大漠與高山之中。但他們也只是把城池內的墓地和洞穴當成遮風避雨的場所，而外界幾乎無人知曉。

直到一八一二年，一名化裝成阿拉伯商人的瑞士探險家約翰·伯克哈，憑著一身道地的穆斯林長袍和一口流利的阿拉伯語，竟奇蹟般地通過西克峽谷，在一位當地嚮導的指引下，找到了這座沉睡了幾個世紀的「石頭城」，向世人揭開了它玫瑰色的面紗。

約翰·伯克哈進入古城時發現，當時的佩特拉只有少數的貝都因人居住，但大部分建築依然十分宏偉。這些雕鑿在石壁上的建築雖然在兩千年中飽經風霜，卻仍屹立不搖，熠熠生輝。約翰·伯克哈感到十分震驚，從佩特拉回到開羅後，他將關於佩特拉的見聞記錄在《敘利亞聖地旅行記》一書中。

▷ 約旦境內的古蹟建築

　　此後的一百多年，這座「荒漠古城」引來了一批又一批冒險家、探險家、考古學家和世界各地慕名而來的遊客。透過考古學家多年的挖掘、整理和開發，今天的人們再來到這座石頭城前，已對城池中的建築有了大概的瞭解。

　　展現在遊客們眼前的佩特拉古城，處於與世隔絕的深山峽谷中，整座城池散布在方圓二十多平方公里的山谷、山坡及山頂上，所有城池幾乎全是在岩石上鑿刻而成，周圍懸崖絕壁環繞，令人歎為觀止。

　　為了進入佩特拉，遊客們必須徒步、騎馬或乘馬車穿過一道高聳而狹窄的地峽，也就是說，這條長約一點五公里的狹窄峽谷是進入佩特拉遺跡的唯一通道。峽谷最寬處約七公尺，最窄處的裂縫僅兩公尺左右，危巖峭壁之下，只能容一人通行。峽谷通道的兩側是由岩石自然斷裂而成的峭壁，高達一百多公尺，人行其中，頓感肌骨透涼，仰觀蒼穹，石岩成縫，只見一線青天，讓人不得不感歎大自然的鬼斧神工。

令人無法想像的是，這條崎嶇不平的峽谷裂縫中，在兩邊如同刀削斧砍般的崖壁上，不僅雕鑿有眾多的洞窟和岩墓，還排列著兩條為城池輸送飲用水的水槽，有的地方用陶製水管連接。史前時代的納巴特人和後來的羅馬人，就是將進入佩特拉之前山上的穆薩泉水，用這樣的水槽，引到「宮殿墓室」上方的儲水池裡，供城裡居民飲用。

但世界上的一切事物都有利有弊。西元一〇六年，羅馬人決心進攻佩特拉。而要想進入古城，除了這條高聳巨石的狹窄裂縫，並無任何入口。羅馬人久攻不下，後來竟意外發現，供給佩特拉城的水源在地峽的外面，於是便切斷了城中的水源。這招「斷水計」果然給了佩特拉致命的一擊，當城內水源枯竭之後，佩特拉軍民不得不放棄抵抗，終於被羅馬帝國吞併。

「一線天」峽谷裂縫的末端形似一個巨大的鑰匙孔，從這條裂縫中走出來，就到了一片較為寬闊的廣場，廣場正面是佩特拉最負盛名的建築——卡茲尼宮。卡茲尼宮鑿建於西元前一世紀，是納巴特王國阿爾塔斯三世國王的陵墓，宮殿正面寬約三十公尺，高四十三公尺，整座宮室鑿在陡岩上，分上下兩層，依山雕鑿，造型雄偉，有六根羅馬式門柱，直至洞頂。柱與柱間是神龕，供奉聖母、帶翅武士等神像，雖多殘缺，仍不失本來神韻。正殿後壁龕豎立著聖母像，栩栩如生。左右殿壁的壁畫，色彩黯淡，但粗獷的線條依稀可辨。橫樑和門簷雕有精細圖案。

據說當時的佩特拉古城富庶一時，作為國王的陵墓，這裡面藏有無盡的寶物，而宮裡頂端的甕就是藏財寶的地方。所以，後人稱它為「卡茲尼」（阿拉伯語「藏寶室」的意思）。

穿過卡茲尼宮前面的小谷，是一座因形就勢沿山石鑿成的露天劇場，劇場緊靠山岩巨石，劇場的舞臺和觀眾席也都是從岩石中雕鑿而出，共三十四排，有幾千個座位，周圍有四根粗大的石柱，這座宏大的劇場是西元前後阿爾塔斯四世國王統治時期修建的。

南面半山腰的歐翁宮似是王室殿宇。拾級而登，只見半山岩石幾乎被完全掏空，幾百平方公尺的大殿不見一根柱子。後面的配殿肅穆而陰森，從此地沿臺階而下，錯落排列著納巴特王國歷代國王的皇家墓室。宮殿的兩側是密如蜂巢的石窟群，分別作為寺院、住宅、浴室、墓窟。墓窟內部紅白相間的細砂岩紋理變化豐富、色彩斑斕、栩栩如生，大自然造就出如此精美的岩石實在令人叫絕。

史前的佩特拉古城，南北均有城牆。納巴特人在那裡用石頭鋪成寬達六公尺的街道，街道兩旁是一、二層的建築，羅馬人占領後，在街兩側加了石

柱,所以佩特拉大街現叫「石柱街」。大街北(右)側原建有拜占庭塔和飛獅神殿。神殿建造於西元二七年,但後來遭遇大火,西元三六三年,當地又發生大地震,這座曠世之作成了一片廢墟。

位於佩特拉大街西端的是佩特拉博物館,裡面陳列著在佩特拉出土的納巴特人和羅馬人時代的陶器、鐵、銅和玻璃製品,令人讚歎,而館內的人獸雕塑更是美不勝收:綽約多姿的頂水罎少女、盛氣凌人的壯碩武士、咆哮的雄獅、溫順的綿羊,一尊尊呼之欲出。

佩特拉博物館設在納巴特人挖鑿而成的石室中,還在大門上方開了五個窗洞。由此可以看出佩特拉遺跡管理、挖掘和保護部門的獨具匠心。

博物館北面的五公里處,是佩特拉著名的「代爾修道院」,沿著岩石上開鑿出來的梯形盤山道拾級而上,須爬一千八百級臺階,途中怪石林立,兩側陡峰峭壁。代爾修道院是納巴特人建的一座神殿或皇家墓室,沿山劈鑿而成,正面寬五十公尺,高四十五公尺,前面有八根巨大石柱,是佩特拉最大的石鑿建築。高地另一段陡峭的山路通往阿塔夫山脊。在一片人造的高地上有兩方尖碑。

佩特拉古城反映了納巴特王國五百年繁榮時期的歷史,古城多數建築保留了羅馬宮殿式的風格,表示古納巴特人曾受到羅馬文化的影響。因此,從古城的遺跡,我們可以瞭解古納巴特文明,還可以從中瞭解到許多羅馬文化,是羅馬文明研究的重要參考。

雖然已是旅遊勝地,但在許多方面,佩特拉依然披著神祕的面紗,使人難於理解。

首先,佩特拉的原住民,這群有著高超建築和雕刻藝術的納巴特人是個什麼樣的民族?他們從哪裡來?佩特拉古城被遺棄之後,他們又流落到何處?

兩千多年前曾經森林繁茂、牧場肥沃、清泉繞峽的綠洲為何變成了今天酷暑枯涸、寸草不生的沙漠荒原?

有關佩特拉的真正用途,至今仍是不解的謎。

佩特拉方圓幾十公里內,四周的山壁雕鑿著許多的建築物。有的壯觀,有的精美,有的簡陋,有的還不及擺放小神像的方形小室大,幾乎僅能算洞穴。一般認為它們是神殿、廟宇和祭壇。但有人卻對此提出疑問:如果是這樣,為什麼房間裡卻沒有任何的祭祀標記?

有人據此進一步提出，佩特拉不能稱爲一座城市，它更像一座紀念碑一般的公墓或寺廟，甚至有人認爲它是「亡靈之城」。然而，假如它果真是納巴特人的墓地，爲什麼從未發現過喪葬的相關物品，如石棺、屍骨？

還有，這座曾經繁華一時的古城爲什麼早早就被人遺棄了呢？

一九九一年，有些科學家們發現，早期的納巴特人時代，佩特拉四周的山地曾布滿密林。然而到了羅馬時代，人們爲了建房和

△ 佩特拉玫瑰色的宮殿

獲取燃料，砍伐了大量的木材，致使森林匱乏。到了西元九〇〇年，環境進一步惡化，過度放牧羊群又使灌木林和草地也消失了，這一地區漸漸淪爲沙漠。也就是說，環境惡化是導致佩特拉衰亡的因素之一。

也有人認爲，可能是天災導致佩特拉城衰亡。西元三六三年，一場地震重擊了佩特拉城，震後許多建築淪爲廢墟。西元五五一年，佩特拉城再次遇到強烈地震。連續的地震使它損失慘重，因此走向衰落。

一九九四年，又有一位考古學家提出了新的觀點，他認爲現在人們看到的佩特拉只是古城的一小部分，佩特拉古城大多數的建築都還埋在自然沉積的沙中，事實上，佩特拉城的大部分還有待挖掘。雖然人們認爲他的話未免有些聳人聽聞，但誰也不敢輕易否定它。一切還有待進一步的挖掘和考察來回答。

泰國｜班清考古遺址
世界青銅文化的源頭？

英文名　Ban Chiang Archaeological Site
所在地　泰國烏隆地區

　　班清遺址位於泰國的烏隆地區，自二十世紀六〇年代到七〇年代，青銅器在班清史前遺址的墓穴中被挖掘出土，考古學家們開始思考東南亞發展紅銅和青銅製作技術的可能性，隨著對班清研究的不斷深入，班清被視爲東南亞挖掘地區最重要的史前聚居地，是人類文化、社會、科技進步的中心。一九九二年聯合國教科文組織將其作爲世界遺產，列入《世界遺產名錄》。

　　班清，是泰國東北部寇瑞高原上的小鎮，多少年來一直鮮爲人知，甚至連它的近鄰也不知道它的存在。但是，自從人們在該處地底發現了一座史前墓地、大量的青銅器物和史前人類遺骸之後，這座過去默默無聞的小鎮突然引起了世人關注，成爲泰國歷史中的重要一頁。

　　事情開始於二十世紀七〇年代。

　　長久以來，雖然班清的村民對村裡隨處可見的陶器碎片相當熟悉，但這並未引起他們的注意，直到一九五七年，有個村民發現了一個完整的陶罐。一九六六年，有個美國人在此處又發現了新的陶器。後來透過對其測定，人們才驚訝地發現，原來這些陶器已有好幾千年的歷史。

　　一九七四年，一批考古學家來到了這個位於泰國東北部的村莊。誰也沒想到，從地下挖出的第一件「文物」讓所有的考古人員哭笑不得，原來，他們挖出來的是個二十世紀的便盆。但當他們繼續往下挖到五公尺深處時，發現了層次分明的六個文化層。可以看出，幾千年前的先民，曾代代重疊地生活在這塊遺址上，並將死者埋在這裡。每個新聚落的村民，其居所的柱樁正好從前人的墓穴上夯下去，最深的一層可追溯到西元前兩千年左右，最淺的也可追溯到西元前兩百五十年。

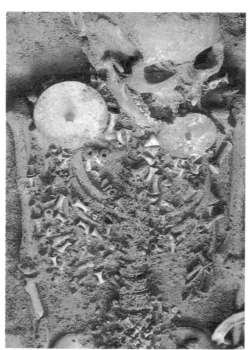

▷ 在班清遺址的墓穴中，挖掘到一具女性遺骸，佩戴著數不清的珍珠貝。

▷ 在班清遺址發現的青銅矛頭。

一九七五年，在班清的另一個地方，他們也發現了一處墓葬，裡面的屍體由幾層陶器碎片覆蓋著。

在挖掘現場，當時的聯合探險隊主任──美國考古學家賈斯特‧戈爾曼發現在方坑最底層有一件青銅別針模樣的東西，當他輕輕地把這個小東西移動出來後，才發現這不是一隻別針，而是一隻帶插孔的矛頭，矛頭的尖端被刻意折彎。後來的分析顯示，這只矛頭經過澆鑄、冷卻後搥打和退火。

研究人員在西元前一千年左右所對應的地層中，發現了陶土坩堝及大量被燒過的黏土，坩堝裡面有渣滓殘餘。到一九七五年挖掘結束時，挖出陶器、石器和金屬製品共十八噸，包括紅彩陶、青銅器和金銀製品。

大量的挖掘顯示，班清文化中最引人注目的是青銅製品。人們發現，數千年以來，班清在冶金技術方面的變化是循序漸進的。隨著時代的發展，班清人在製作技術上不斷創新。在班清遺址上發現的最古老的青銅器，雖然已經顯示出一定的製作水準，但在後來出現的含錫量較高的青銅以及裝飾更加華麗的工藝品中，更顯示出他們在金屬冶煉加工上的高度創造活力和創新能力。

人們透過研究發現，約西元前兩千年，班清一帶的居民已經掌握了青銅冶煉技術。西元前一千年左右是班清文化的繁榮期。在此時期，班清人製作了各種精緻的青銅手鐲、項鍊、戒指和長柄勺。在一把長柄勺的勺把上刻有各種栩栩如生的動物。在晚期的青銅製品中，考古人員還出土了用含錫量高達百分之二十的青銅鍛打成的項圈。因為含錫量高很容易碎，所以製作時須鍛打成多股再扭曲而成。由此可以證明，此時的班清人已熟練地掌握了青銅的冶煉和製作技術。

在青銅時代之後，班清經歷了鐵器時代。考古學家在這裡發現了西元前一千年左右製作的鐵製手鐲和鐵製矛頭，出土了為數不多的鐵器，有鐵腳

這是1974年和1975年於班清出土的史前鐵器，上面留有稻殼的鑄跡。

鐲、鐵手鐲和雙金屬（鐵包銅）的矛頭、斧頭等。這些鐵製器物表現出不同於青銅器物的鑄造技術。令人不解的是，經過分析顯示，班清的鐵是從專用礦石中冶煉出來的。

班清古代居民在陶器製作上的水準，包括豐富多彩和各種各樣的風格，也給現代學者留下了深刻的印象。班清遺址中有眾多形狀不一的陶器，在淺黃的底色上，繪著深紅色的圖案。這些圖案有些是古代藝術家們隨心所欲，一揮而就的；有些則是經過深思熟慮而精心繪製的幾何圖形，如同古希臘骨灰罐上的圖案。從製形上看，有些是頸部很細的高花瓶，這需要很高的製作技巧；有些是矮胖的大缸，上面卻有著極為精緻的圖案，顯得有些不太協調。此外，還出土了一些用象牙和骨頭雕刻的人像，以及用玻璃和次等寶石製作的光彩奪目的珠串。

一九八二年，美國考古學家喬伊斯‧懷特把班清古墓的陶器製作和使用分為三個時期：

早期（1000 B.C. 左右）：陶器中搖擺壓印、絲線標誌和雕刻圖案是普遍使用的裝飾技術。至早期的後半葉，手工繪製簡單的線條圖案日益盛行。球狀的陶器有的有美麗的短花邊，有的在下部有著特徵性的絲線標誌，有的在肩部有著紅色的畫和雕刻的圖案，這些都出現在早期的末期。

中期（約 1000 B.C.～300 B.C.）：特徵是更大的陶器容量和更小的陶瓷厚度，絲線標誌和雕刻也變得更為精細。在班清中期葬品中發現了形態各異的龍骨陶器，有些陶器有著雕刻和著色的圖案，有的陶器有著白色龍骨，有的龍骨的脈管鑲嵌著厚厚的紅邊。

晚期（約 300 B.C.～200 A.D.）：陶器普遍用紅色蒙在黃色上面，有紅色圖案的紅陶器和紅色的磨光陶器，這些陶器有著鮮明的手工設計特

色，主要有卷軸形、渦漩形、S卷形、同心圓形等等。簡單磨光、沒有圖案的陶器在晚期也被普遍製作，用做祭品的陶器是精心繪製、紅黃錯雜的陶器。

在後來的考古挖掘中，隨著出土的青銅器和陶器越來越多，考古學家們對班清史前民族的關注、探討、爭論和疑問也越來越多。

喬伊斯‧懷特曾經寫道：「從班清遺址出土的青銅器來看，在它最繁華的時期，一定是地區性的中心，然而又是什麼樣的中心呢？」他在這裡畫上了一個巨大的問號。

早在西元前兩千年左右，班清人已經掌握了青銅的冶煉技術。班清文化無疑是東南亞最早的青銅文化，也是世界上最早的青銅文化之一。因此，一些泰國歷史學家據此推斷，也許班清就是世界青銅文化的源頭。

然而，這種看法並未獲得世界其他國家學者們的共識。有人指出，在班清文化的同時或稍晚，世界上其他許多地方也先後出現了青銅文化，而這些地域有的與班清距離非常遙遠，中間還隔著沙漠、高原、山脈或海洋。如果說班清是世界青銅文化的源頭，那麼這些地方的青銅文化是如何產生的？難

▷ 在班清遺址發現的白色陶罐，大約製於西元前800年到西元前400年間，簡單而精巧的線條顯示出班清的製陶工藝水準。

道他們都是從某一個源頭傳過去的嗎？如果進一步追問，遠古時代世界上的青銅文化到底是一源發生的還是多源發生的呢？

　　還有人問道：雖然班清的青銅文化時間久遠，但從挖掘的情況來看，在這裡似乎並未發現最初的青銅冶煉生產過程。那麼，班清的先民是怎樣獲得青銅冶煉加工技術呢？他們是這項技術的原創者還是從別處學來的？

　　由於這些問題不僅關係班清一地，而且涉及到人類青銅文化的起源，未經深入研究誰也不敢輕易下結論，因此這些疑問至今仍未解決。

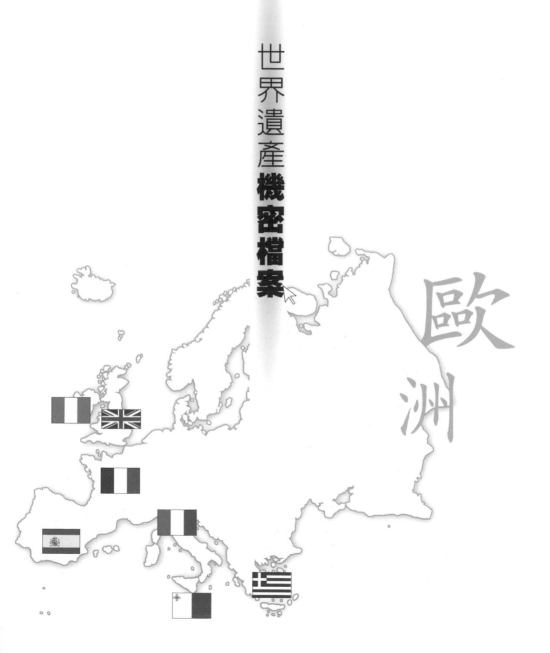

世界遺產 **機密檔案**

歐洲

英文名　Hal Saflieni Hypogeum
所在地　馬爾他首都瓦萊塔城以南的帕奧拉市中心附近

　　哈爾‧薩夫列尼地下宮殿是馬爾他著名古蹟，有「史前聖地」之稱。它位於馬爾他島上距首都瓦萊塔城以南一公里的帕奧拉市中心附近。這座地下宮殿約建於西元前三二〇〇年到前二九〇〇年間，爲新石器時代的古人類在地下十二公尺深處的岩石中挖鑿而成。一九八〇年，聯合國教科文組織將其定爲人類文化遺產，列入《世界遺產名錄》。

　　提到馬爾他，人們首先會想到「陽光、大海、藍天、沙灘」這些美麗的自然風光，許多年來，這裡一直是世界各地遊客趨之若鶩的旅遊勝地。

　　馬爾他是世界上幾個最小的國家之一，從東南到西北大約有二十七公里，東西向最長爲十四公里。整個境內沒有大的山脈、河流，也沒有永久性的湖泊。海島四周是潔白如雪的沙灘，若從空中俯視，馬爾他更像幾顆散落在地中海的璀璨珍珠。

▷ 馬爾他的騎士堡

歷史上的馬爾他可謂多災多難。由於其地理位置處於地中海的中心，扼地中海通往大西洋和印度洋的海上交通要衝，自古以來就成為兵家必爭之地。

　　兩千多年以來，這裡曾相繼被腓尼基人、羅馬人、阿拉伯人、諾曼人、西班牙人、聖約翰騎士、法國人、英國人統治過。直到一九六四年，馬爾他才終於脫離了英聯邦，宣告獨立。一九七四年，馬爾他共和國正式成立。這種極為複雜的歷史背景使它不可避免地融合了多種歷史文化背景。各族統治者們先後在馬爾他島上建造起富有民族風格的寺廟、教堂、城堡、宮殿等。這些古老建築，有的已成為殘垣斷壁，有的埋沒於荒煙蔓草之中。而「馬爾他」這個名字也是從古代腓尼基人的「馬萊特」演變而來，意思就是「避風的港灣」。

　　在馬爾他這種極為複雜的歷史背景中，有兩個特殊的歷史階段尤其為人所注意：新石器時代和聖約翰騎士時代。這兩個不同的時代，造就了馬爾他的三處世界遺產。

　　別看馬爾他國土面積只有三一六平方公里，考古顯示，早在西元前四千年左右的新石器時代，馬爾他群島就已經有人類居住。早在西元前三五〇〇年至西元前一五〇〇年間，這些島上的居民建造了三十多處巨石神廟和地下墓穴。世界上再也找不到第二個地方，在如此有限的面積之內，能有三處享譽全球的世界文化遺產，和三二〇座具有建築藝術和歷史價值的古建築。

　　在這三處世界遺產中，最為神祕的當屬哈爾‧薩夫列尼地下宮殿。

　　一九〇二年，在瓦萊塔城南方不遠處，有條過去從不引人注意的小路，忽然成了舉世注目的焦點。原來，當地有戶居民在挖地基準備蓋房時，無意中在地下發現了一處巨大洞穴。

　　考古人員透過勘察這個洞穴發現，它並不是天然洞穴，而是人工在石灰岩中鑿出來的一座地下迷宮。整座地下建築共三層，最深處離地面十二公尺。裡面由許多上下交錯、多層重疊的房間組成。經歷了幾個世紀後，洞穴中的房間越來越多，通往新出口的新通道不斷被鑿出，最後整個遺址形成了一個有著三層三十三個房間的地下結構，成為一處名副其實的地下宮殿。裡邊有一些進出洞口和小房間，旁邊還有一些大小不等的壁龕。中央大廳聳立著直接由巨大的石料鑿成的大圓柱和小支柱支撐著的半圓形屋頂，天衣無縫的石板上聳立著巨大的獨石柱。整個建築線條清晰、稜角分明，沒有發現用石頭鑲嵌補漏的地方。人們走進這裡，頓生別有洞天之感。

　　哈爾‧薩夫列尼地下宮殿一系列彼此連接的墓室均是在堅固的岩石中開

▷ 馬爾他島上哈爾‧薩夫列尼的地窖，又叫地下墳墓，是在石灰岩中鑿出來的一座迷宮。

鑿出來，鑿空岩石作為墓頂，類似拱形懸臂。其中有二十間墓室的頂部還雕出了房樑、門楣，有的壁畫上畫的是牛的形象。地下陵墓中央的禮拜室，是沒有任何修飾的正方形房間，在禮拜室中的一個小赤土陶器中，人們發現了一個十釐米高的女神雕像。

在這座地下宮殿裡，岩洞的作用各有不同，有儲糧、儲水、殉葬、神諭室等。神諭室因一個刻在牆壁上的壁龕而得名。

而最令人震驚的是：科學家們測算了這座地下迷宮的建造年代，發現它竟然是西元前三二○○年到前二九○○年間建造的！也就是說，這座地下迷宮建於距今五千年前的新石器時代。

面對著規模如此恢弘的地下宮殿，任何人都會產生這樣的疑問：「在遙遠且生產力極低的石器時代，馬爾他島上的居民為什麼要花費如此巨大的精力來建造這座地下建築？它的用途又是什麼呢？」

一九○二年這座地下建築最初被發現時，施工人員在其中發現了大約七千具遺骸。當時有人據此判定，它可能被用做死者的安葬之地。

但隨著挖掘工作的進展，掘出的地下宮殿規模也越來越大。不少人開始對安葬之地的說法產生了懷疑。他們認為，建造這樣巨大的一座宮殿來做「墓地」，實在令人難以置信。於是有了新的解釋：這棟地下建築也許原本要建成一座神殿，但是從史前時期開始，卻一直被當做墓地使用。

但「神殿」與「墓地」是功能完全不同的建築，按常理絕沒有二者混用的道理。因此這種解釋也不能令人信服。它到底是做什麼用的，至今令人存疑。

更令人不解的是，經過多年來的研究，人們發現這座龐大的迷宮並非用石塊砌成，而是在一個石灰岩質的山上將一整塊巨石掏空鑿成，整個工程大概用了幾百年之久。

在五千年前的新石器時代，人們還不會使用金屬，所用的工具只是石刀、石斧等簡單的石器。那麼，他們是怎樣開鑿出這麼巨大的地下宮殿的呢？

考古學家們雖然研究了很久，但始終不得要領。直到現在，這些問題始終沒有找到答案。

14

馬爾他｜巨石文化時代的神廟

孤島上的巨石神廟

英文名 Megalithic Temples of Malta
所在地 散布於馬爾他群島的各島嶼上

　　馬爾他全國由馬爾他島、戈佐、科米諾、科米諾托和菲爾夫拉島五個小島組成，馬爾他巨石廟也被人們稱之爲「馬爾他巨石文化時代的神殿」。在馬爾他群島的島嶼上，至今仍有三十多處雄偉宏大的巨石建築遺跡。可以毫不誇張地說，它們是地球上從遙遠的石器時代遺留下來的最爲複雜、最有魅力的遺跡。一九八〇年到一九九二年，聯合國教科文組織將馬爾他這些巨石建築遺跡定爲文化遺產，列入《世界遺產名錄》。

　　馬爾他真是個神奇的島國。在這個小小的國家，不僅有十字軍時代的宏偉建築，而且還有眾多更古老的新石器時代神廟遺跡。這些遠古的建築都用巨大的石塊建成，散布在馬爾他島上的哈加琴姆、穆那德利亞、哈爾‧薩夫列尼以及塔爾申等地區的村落中。雖大多已在過於悠久的歲月中坍塌，但基本結構仍較完好。這些巨石建築氣魄非常宏大，所用的石灰石有的雕鑿粗糙，有的琢磨光滑。其建築物本身有的牆上有粉飾，有的還看得出來當年的精細雕刻。在這些巨石建築遺跡中，考古學家們發現裡面有黝黑的凹室，看起來很像神龕，還有平滑的石塊酷似祭壇，猜測它們是一些祭祀用的建築，所以就把這些建築物稱作神廟。

　　在這些巨石建築中，最先引起人們注意的是戈佐島上的吉幹提亞神廟。這座神廟經考證建於西元前兩千五百年前，當地人稱之爲「戈甘蒂絮」，意思是「巨人的傑作」。它面向東南，背朝西北，是用硬質的珊瑚石灰岩巨石建成的。這座神廟正面高達八公尺以上，用緊密銜接的石灰石板拼成，被稱爲世界建築史上最早運用拼接技巧建成的傑作。神殿內部使用的是軟質石灰岩，有多處精美的裝飾。神殿最早只有南廟後部的三個穹頂，後來又增建了兩個小穹頂。最令人難以理解的是神殿外牆最後部分所用的石材竟然高達六公尺。在人類還沒有發明任何機械的史前時代，這樣巨大的石塊是怎樣運送到工地的，至今還無人能夠回答。

　　坐落在馬爾他島嶼上的哈加琴姆神廟也是用巨石建成，是當時建築技術的極品，也是最複雜的巨石遺跡之一。考古人員發現，這裡很多石頭的位置都是精心安排的，似乎有著令人難以理解的宗教意義。其中一塊長達六六〇公尺用鋪路石板，是馬爾他群島所有的神廟中最巨大、也最令人矚目的超巨型石塊。在這座巨石神廟中，人們可以看到，在通往神殿門洞內的兩側，有

▷ 哈加琴姆神廟前的「石桌」，這些「石桌」到底是祭台
還是柱基，至今仍未有定論。

▷ 今日的遊客們來到塔爾申神廟，首先會看到
一道宏偉的主門（後人重建）通往廳堂及走
廊的迷宮。遺憾的是，這座歐洲最大的巨石
迷宮現在已成廢墟。

▷ 穆那德利亞神殿底層的扇形設計是馬爾他島上大石結構的
特徵，有人認為它大約建於4500年前。

一些用巨大的石塊做成的「石桌」，這些「石桌」到底是祭台還是柱基，至今仍未定論。在這座神廟中，考古學家還發現了多尊母神的小石像。有人據此估計這座神廟與當時的母神崇拜有關。

穆那德利亞神廟俯瞰地中海，其扇形的基本構造因峭壁的掩遮，而減少了風化的侵蝕，保存得相當完整，非常清晰地呈現出馬爾他巨石建築的特徵。這座廟宇大約建於四千五百年前，它又被稱為「太陽神廟」。有人仔細測量了這座神廟後提出，這座廟宇實際上是一座遠古時代的「太陽鐘」。根據太陽光線投射在神廟內的祭壇和石柱上的位置，可以準確地顯示夏至、冬至等一年中的主要節令。直到現在，這些神奇的功能依然存在。這又引發了人們新的猜測：有人提出，四千五百年前，神廟的建造者們怎麼能有那麼高深的天文學和曆法知識，能夠周密地計算出太陽光線的位置呢？

在馬爾他神廟中規模最大也最著名的要屬塔爾申神廟。很久以來，島上塔爾申村附近的農民在犁地時就常遇到犁被地下的大石塊碰壞的情況。但樸實的農民們並未想到刨根問底，直到一九一三年，當地有個人才將此報告了島上的有關部門。考古學家經過挖掘發現，這裡竟然是歐洲最大的石器時代廟宇遺跡之一。

由於年代久遠，塔爾申神廟只有較低的外圍牆和地基還基本保持完整。但透過艱難細緻的考證，考古學家們終於把這座約建造於五千年前的廟宇原貌重新拼砌出來。這座神廟遺跡占地達八萬平方公尺，已挖掘出幾間廳房，包括一座廟宇的兩個大廳，另一座大殿的一個大廳以及第三個大殿的進口。

透過反覆考證，考古學家認為，塔爾申神廟的頂蓋似乎是用橫樑加樹枝再覆以黏土或者石灰石建成。神廟的大廳前有個前院通往廟內。神廟厚厚的外牆嵌有石灰石板。有關人員發現，石牆上的石頭與石頭之間沒有灰漿粘合，牆頂上砌有石磚及其楣石。

神廟的正門通往第一個大殿的正廳，內有一尊大石像，據考古學家研究，這尊石像可能是被稱為「生育女神」的主神。石像右邊有個祭壇，祭台上邊有螺紋雕刻，有人分析說，這可能代表女神的慧眼（這些雕刻在塔爾申好幾處地方都曾發現）。在石像右邊的祭壇上，還遺有動物的骸骨和一把燧石刀，附近還有個石盆，可能是用來盛放獻祭時的用具。

塔爾申神廟有兩個闊大的門洞通往弧形的凹室，其中一個凹室有另一條通道連接第一個廟殿與第二個廟殿的主廳。兩個大石盆可能是用來焚香或者盛放獻祭的牲畜。獻祭用的祭壇位於通道的兩側，通道旁有道石頭臺階，石頭臺階頂端有一個形狀十分奇特的平臺，這個平臺的用途到底是什麼呢？至

▷ 考古學家繪製的塔爾申神廟構造圖，重現5000年前的廟宇原貌。

今仍不明。

　　塔爾申神廟的另一個神祕之處在於，經過通道出了廟門之後，外面有個形狀更奇怪的亭子，亭子的頂部蓋著大石板。亭子裡面滿地小圓洞，石洞附近還有大小與石洞完全吻合的石珠，但這些石珠到底是做什麼用的呢？至今無法弄清。

　　考古學家認為，總結來說，馬爾他巨石神廟建造的年代約在西元前三五○○至西元前一五○○年，也就是距今五五○○年到三五○○年前。但人們至今在馬爾他沒有發現任何建造這些神廟使用的工具。

　　不論從建築規模、工程技術上還是從它所顯現的科學內涵上，馬爾他巨石神廟都使考古學家們感到驚異和難以理解。這些神廟大

多數比金字塔建造的年代還要久遠，根據歷史學的常識，那時的人們應該還沒有文字和輪子，對機械和金屬的使用也一無所知。他們如何搬運、挪動、豎立起這些龐大的巨石，又如何精確地規劃和設計這些巨大的建築？另一方面，不少研究卻顯示這些神廟的建造者在數學、建築學、天文學和曆法等方面都具有極高的造詣，而且他們甚至可能擁有深思熟慮的社會組織，這才能使他們不依賴外力完成這些巨大的建築。

那麼，馬爾他島上的這些巨石神廟到底是什麼人建造，又是如何建造的呢？再進一步追問，那些遠古時代的人們為什麼要投入巨大的人力物力建造如此巨大的建築，它的目的和用途又是什麼呢？

據有關資料顯示，自從中世紀起，人們就開始絞盡腦汁地追究這些巨石建築的由來和用途。幾百年過去了，又發現了不少神廟遺跡和資料，具體的考證和研究也有許多進展，但這些關於神廟的根本問題卻始終困擾著人們，至今無法弄清。

馬爾他，這個只有三一六平方公里的島國，因為出現了這麼多巨石建築遺跡，帶給全世界的考古學家們一個巨大的難題。

15

希臘｜德爾菲考古遺址
「世界之臍」

英文名　Archaeological Site of Delphi
所在地　希臘雅典西北方帕爾納索斯山麓

在這只西元前5世紀的杯子上，刻的是雅典國王埃勾斯去尋找女神的故事。他想向女神請教為何膝下無子，後來他就得到了一個蓋世無雙的兒子忒修斯。

德爾菲古城遠眺，從圖中可以看到古城的神殿、寶庫和大劇場等古代廢墟。

德爾菲為古希臘著名聖地，位於雅典西北方帕爾納索斯山麓，距科林斯灣九‧六五公里。遺址是阿波羅神廟所在地，以該廟的女祭司皮提亞宣示的神諭著稱。一九八七年，聯合國教科文組織將德爾菲考古遺址定為世界遺產，列入《世界遺產名錄》。

考古研究表示，從邁錫尼晚期（西元前十四世紀）起，這裡便開始有人居住，但其歷史實際上始於西元前六百年左右，因為這時它參加了近鄰各城邦的同盟會議，並成為它的主要中心之一。當時，雅典、斯巴達、科林斯、西息溫等近鄰同盟就在德爾菲神廟前舉辦過「皮提翁慶節」（Pythium Festival）。從西元前五八二年開始，泛希臘的德爾菲競技運動會每四年在此舉行一次。

相傳此地最早的神是蓋婭（大地女神），這裡是蓋婭和她的女兒忒彌斯的祭祀地，由一條巨蟒看守。一天阿波羅來到這裡，殺死了替蓋婭守護神壇的巨蟒，遂據有此地。也就因此，阿波羅不肯待在眾神王國奧林帕斯山上，常年在這裡享受人世的祭享與供奉，並經常透過女祭司之口來向人間發布神諭。故而德爾菲以阿波羅的家鄉聞名於世。

歷史上的阿波羅神廟是德爾菲城的中心，最早可能建於西元前五世紀以前，後曾幾度重修。西元前三五六年到前三四六年，福基斯人強佔德爾菲，劫掠神殿財物並熔化了許多貴重供品。直到他們被馬其頓王腓力二世驅逐，神廟才得到重建。腓力二世之子亞歷山大自認為是阿波羅在人間的化身，他執政時阿波羅神廟得到了大規模的擴建，成為希臘最著名、最壯觀的神廟之一。但從羅馬時代早期起，德爾菲便屢遭劫掠。西元三九○年，信奉基督教的羅馬帝國皇帝狄奧多西一世下令封閉屬於希臘眾神的德爾菲神廟，禁止神諭活動。從此之

後，德爾菲的地位逐漸降低，眾多的廟宇建築逐漸坍毀，最終淪為廢墟。

德爾菲遺址系統的考古挖掘始於一八二九年，法蘭西考古研究院主持的挖掘使此一世界遺產得以重見天日。挖掘所揭示的建築布局，為西元二世紀地理學家鮑薩尼阿斯的著作所證實。經過考古學家多年的努力，現已將神廟區的所有古建築清理出來，並建有博物館。在博物館裡，人們可以看到德爾菲遺址的復原圖，群山環抱之中，巍峨壯觀的阿波羅神廟矗立其中，顯得極其宏偉輝煌。

今天人們看到的德爾菲遺址建築群，主要由阿波羅神廟、劇場、競技場等建築組成。從神廟區大門進入聖地，有「之」字形大道沿山而上，可達於阿波羅神廟和露天劇場，此即古時所稱之「聖路」，路兩旁有希臘各城邦為供神而興建的「禮品庫」、祭壇、紀念碑、柱廊等眾多的歷史遺跡，包括從西元前六世紀到前二世紀的希臘各時代建築代表作，其中已部分修復的有雅典、錫夫諾斯、尼多斯等城邦的禮品庫。

遺址建築群的核心阿波羅神廟建於西元前五世紀，中間曾數度被毀，又曾多次重建。現存的阿波羅神廟區，僅存神廟地基和圓柱遺跡。在神廟的前後各有六根碩大的多利安式石柱，兩側各有十五根，全部是用石料精雕細刻而成，並有院牆環繞。院牆內的聖地面積為十六‧七平方公里，三面為德爾菲城所圍繞，東南面為入口處。院內設有眾多城邦或私人頌揚神諭的紀念碑。

在神廟和各邦禮品庫中發現了不同質地的眾多雕像。其中阿波羅神廟北側的馭者銅像，是一組已散失的群像中的一個，約作於前四七○年左右，被認為是希臘早期古典雕刻藝術的傑作。馭者像高約一‧八公尺，取直立姿勢，似站在一輛戰車之上，右手伸出拉著韁繩，左臂已殘缺，雙腳並立，但重心放在右足上，全身姿態極為瀟灑自然。在前面有高約九公尺的伊奧尼亞式細長圓柱，圓柱附近的一些地方還有圓殿遺跡。它是西元前三九○年左右的建築物。圓殿的底基直徑長為十三‧五公尺左右，殿身長為八‧六公尺左右。外側柱為多利安式石柱，內側柱為科林斯式石柱。另有一尊立於愛奧尼亞式柱頭上的大理石有翼獅身人面像，造型生動，形象別致，也常被當作為希臘雕刻藝術的代表作。

著名的雅典禮品庫建於西元前四九○年到前四八○年，是一座白色大理石的維多利亞式廊柱建築。禮品庫牆壁上刻有八百多篇獻詞以及希臘人喜愛的雕刻。此外還發現有獻神鼎、缽、碑誌和銘文等，它們對研究希臘歷史和文化有重要意義。

▽ 這個用象牙與黃金製成的頭像有真人大小，被認為是阿波羅雕像的一部分，祂是德爾菲城信徒們的保護神。該文物發現於西元前6世紀中葉的一座神殿的廢墟之中。該神殿被大火焚毀，然後埋在德爾菲的聖路下。

▽ 從這些鉛條中我們可以看出，有成千上萬的人前來神殿求神諭，他們提出的問題可謂五花八門。

▷ 德爾菲神諭（阿波羅神廟）的遺跡。

阿波羅神殿後面不遠處是德爾菲露天劇場，是一座大理石建砌的半圓形古劇場，也是古希臘人建造的數百個劇場之一。這座露天劇場之所以舉世聞名，是因為它和阿波羅神廟建在一起，阿波羅神正是音樂與詩歌之神。在如今的牆壁上，人們仍然可以看到刻有阿波羅頌歌的音符。

很難想像，作為西元前四世紀遺物露天劇場，現在仍能使用。今天的希臘人仍在這裡演出當年創作的戲劇。同時，希臘人也常在這裡舉辦音樂、詩歌及戲劇的競賽。德爾菲劇場為半圓形格局，有三十八層臺階，可容納五千名觀眾。如今的德爾菲劇場俯視著希臘最古老漂亮的一片橄欖林，共有一百二十萬棵橄欖樹，把這座古老的建築襯托得光彩照人。

再往上朝西一直攀登上去，就會看到一個巨大的競技場。跑道上的起跑線仍可辨明，自起跑線至終點線的距離約為一七七‧五三公尺左右。場地為紅泥土地面，周圍用條石疊成環形看臺，可以坐七千人。整個競技場的平面呈長條馬蹄形。該運動場是古代希臘的四大運動場之一，著名的皮提翁運動會每隔四年在此舉行，其盛況僅次於奧林匹克運動會。

德爾菲有著所有希臘聖地中最重要的神殿。而對古希臘人來說，這是一個有著特殊意義的地方，它是一個國家的聖地，「神諭」所在之處。

從希臘的遠古時代起，德爾菲就被認為是世界的中心，也是古希臘的宗教中心和統一的象徵，又被稱為「世界之臍」。根據希臘神話中的記載，據說阿波羅神廟是大神宙斯的雙鷹從天涯兩極飛來聚會的地方，因此被稱為「歐姆法洛斯」（臍），希臘人在其正中立石為記，作為地球「肚臍」的標誌聳立在神廟前。在此後的歲月中，這塊石頭不僅成為傳說中的神物、當地最古老的崇拜物，也是德爾菲神諭的起源。

古希臘人認為，要想知道神的重大資訊，就要到神諭宣示殿去聽。他們相信，神明會向人類說話，為

著名的雅典禮品庫牆壁上刻有800多篇獻詞以及希臘人喜愛的雕刻。此外還發現了獻神鼎、缽、碑誌和銘文等，它們對研究希臘歷史和文化有重要意義。

人們指點迷津，指引未來，而與神的交流，是他們日常生活不可缺少的一個部分。

據說當時的德爾菲神諭十分靈驗，因而威信極高。古希臘人也對此極為崇拜，希臘國內、地中海沿岸，以至遙遠的黑海地區，每年都有絡繹不絕的信徒前來祈求神諭。

信徒們祈求的心願五花八門，普通人想知道自己的婚喪嫁娶、結婚後配偶是否忠誠，將軍們想知道哪天出兵，工人們想知道哪天開工，水手們想知道航行的凶吉，政治家想知道怎麼調節政務。總之，從國家大事到家庭、個人的私事無所不包。據說，德爾菲神諭不但能對個人禍福示解，還能對城邦的重大問題作出決議。這一傳說對希臘的宗教、文化與政治都產生過重大的影響。

在德爾菲神諭中，一個最著名的神諭關於伊底帕斯，預言他以後犯下殺父娶母的罪行。儘管伊底帕斯想盡辦法希望避免悲劇的發生，神的旨意仍然不可抗拒。於是，古希臘最著名悲劇之一——《伊底帕斯王》就被視作命運悲劇，為世人所熟知。

千百年來，德爾菲的神諭宣示殿遺址都被人們當作求取預言的地方。無數古代記載證明，古希臘人相信神諭確實靈驗。當然現在很多人認為，神諭是一種古代的習俗，與別的早先已經消失的習俗差不多。也有人認為，這只不過是神話、民間故事和當時廣為流傳的一般性預言混合而成的東西。

德爾菲的神諭宣示殿裡真有神諭嗎？古代的希臘人真的能得到神諭幫助嗎？這對現代學者是一個充滿誘惑的謎。

西方自然科學興盛以來，不少人運用近代科學對此地做了考察。他們認為，神諭的預言能力來自地質現象，包括一個地表的裂溝、從裂溝冒出來的氣體，以及一道泉水。神職人員就根據氣體冒出來的方向、高低以及泉水流注的情況對人們宣示神諭。

然而，一百年前考古學家在此挖掘時，卻沒有找到裂溝，沒有偵測到氣體。於是，一九○○年，一位英國的年輕古希臘學者歐皮便明確指出，德爾菲的神殿中根本就沒有裂溝，也沒有氣體逸出。

那麼，德爾菲神廟裡的「神諭」到底是怎麼回事呢？如果對此簡單地指責為「迷信」，恐怕是失之輕率的。有些人認為，裂溝和泉水恐怕是在羅馬人封閉神廟時被損壞了，而經過漫長的歲月侵蝕，到重新挖掘時神廟只剩下地基和一些圓柱，因此無法找到。另一些人卻認為，在德爾菲神廟求取神諭有一整套儀式和行為儀式。在這些儀式中，人們受到心理暗示，從而對事物的未來做出判斷，這才是神諭真正的祕密。究竟誰是誰非，還有待進一步探討。

16

希臘｜維吉納考古遺址

亞歷山大之父的金棺？

英文名　Archaeological Site of Vergina
所在地　希臘北部小鎮維吉納

位於希臘北部小鎮維吉納的考古遺址，被視爲古代馬其頓人首都艾加伊城的遺址。遺址中發現了墓葬群中的馬其頓王國皇室墓群，其中可能有亞歷山大之父腓力二世和亞歷山大四世的墓穴，兩座墓穴中都裝飾著精美的壁畫，被保留下來的巨大宮殿用馬賽克和灰泥裝飾。整個遺跡有三百多個墳墓，其中有些爲西元前十一世紀建造。一九九六年，聯合國教科文組織將維吉納的考古遺址定爲文化遺產，列入《世界遺產名錄》。

◁ 馬其頓國王腓力二世像

艾加伊城位於皮埃利亞山脈以北的山坡上，是古代馬其頓王國的首都。考古學家證明自西元前三千年左右的青銅器時代早期，艾加伊城就有居民常住，到了鐵器時代（西元前十一世紀到西元前八世紀）該城逐漸繁榮昌盛起來，成爲周邊地區的中心城市，居民人口數也急劇增加。西元前七世紀到西元前六世紀是艾加伊城發展的鼎盛時期，包括馬其頓國王都城在內的大量的傳統建築都是在這個時期建起的。

◁ 馬其頓金幣

十九世紀初，幾位法國考古學家對艾加伊城進行了第一次考古挖掘，不久又進行了第二次挖掘。第二次世界大戰以後，人們又對艾加伊城的墓葬進行了第三次挖掘。

一九七七年，挖掘工作有了很大的突破。挖掘人員在研究馬其頓歷史卓有造詣的考古學家馬諾里斯·安德羅尼科斯率領下，終於使遺址中的馬其頓王家墓地重見天日，這個重大發現是二十世紀最偉大的考古發現之一。

人們發現，在墓地的幾百座墓穴中，雖然有些在古代就已被盜墓賊所洗劫，但裡面還是保存了不少非常有價值的文物，以及墓中珍貴的壁畫。

挖掘過程中，人們發現了一座與眾不同的拱頂墓。它的入口上方裝飾著一道彩繪中楣，長五·五六公尺，表現的是狩獵的場面。經過仔細勘查，人們發現，構成這座拱頂陵墓大門口的兩塊石板沒有被人觸動過，於是決定採取移走拱形頂部拱心石的方法進入陵墓，當清理乾淨陵墓頂部的時候，呈現在人們面前的是個看上去像

從維吉納考古遺址中挖掘到的這座陵墓,可能是馬其頓王族成員的墓穴。有人據此推測,它也可能是亞歷山大大帝之父腓力二世之墓。圖為從主墓室中發現的金棺,金棺頂部裝飾的一顆星,是馬其頓王族的族徽。

在這個鍍金的弓箭匣上,描繪著很多精美絕倫的圖案,似是一座神殿,也像是戰爭場面,但到底是什麼,目前仍沒有定論。

是用乾泥磚砌成的祭壇。

打開陵墓之後,墓室的地板上有一批銀製器皿,青銅盔甲則立在牆邊。在墓室後面朝門的地方,有一個盒狀的大理石槨,裡面是一個精美絕倫的金棺,金棺重十一公斤,頂蓋上有一顆星,那是典型的馬其頓王族標記,裡邊裝殮著一具火化後的骨骸,它最初被包在紫色的布裡,上面放著一個一個用黃金製成的橡葉和橡子環繞而成的金橡樹花環(橡樹葉是古希臘主神宙斯的象徵)。

隨著挖掘工作的繼續,人們又發現了位於陵墓前方的第二個墓室。這裡也隨葬著木製家具、鍍金的青銅盔甲和鍍金的銀弓箭匣。前庭也有一具金棺,裡邊發現了金器和用來包裹一些火化遺骸的紫布。這具遺骸看似屬於一位婦女,其年齡在二十五至二十九歲之間。在如此大的古墓中發現這麼豐富的遺存,說明這很可能是馬其頓王族成員的墓。

在隨葬主墓室的一頂頭盔上有一條帶狀的金銀頭飾,它曾是希臘國王佩戴的飾品。墓內發現的壁畫和器物風格所屬的年代表示,這座墓屬於西元前四世紀中葉。

在遺址中還挖掘出了王宮和劇院,據考證這兩座建築建於西元前四世紀。宮殿是以一座以柱環繞內院為中心來組織布局的,宮殿還建有圓形的神殿、豪華的宴會廳,其中的一個建築中還有馬賽克鋪成的地板。根據出土的陶器和其他物品的製作工藝判斷,安德羅尼科斯認為,這座墳墓是在西元前三四〇年到前三一〇年間封閉的。

這座陵墓應該是馬其頓王族成員的墓穴。從墓中挖掘出來的文物豪華程度及年代來看,有人據此推測,它也很有可能就是亞歷山大大帝之父腓力二世之墓。這種說法得到主墓室金棺上的王族星徽的支持。但這也僅僅是一種推測,而在墓中沒有發現能夠確鑿證明此人就是腓力二世的碑文或其他文字

記載。

那麼，墓中的遺體究竟是不是腓力二世呢？一九九○年代，一批法醫專家根據古代文獻對腓力二世的可靠記載，試圖重新塑造出這位葬在墓內的死者的容貌。他們最後塑造出來的，是個面貌兇狠的獨眼龍，這個人被加上鬍鬚，製成了一尊蠟像。這尊蠟像身高約一‧六七到一‧七二公尺，其年齡大約在三十五到四十五歲之間。法醫和考古學家們一致認為，這張重現的面孔，和從古代保留下來的腓力二世畫像相比很近似。

蠟像的重塑增加了墓中人是腓力二世的可能性，也大大燃起了人們的好奇心。這個獨眼龍到底是誰？他是不是亞歷山大的父親呢？

法醫專家根據古代文獻對腓力二世的可靠記載，塑造出獨眼人的臉孔。

有人提出，既然無法確認，那麼如果能找到腓力二世的兒子——亞歷山大大帝的墓，將屍骸挖出並進行DNA測試對比，不就解開疑惑了嗎？

這個想法不錯，但前提是要找到亞歷山大大帝的陵墓。

據史料記載，亞歷山大遠征印度回到巴比倫後不久突然猝死。當時，他的遺骸就被埋在埃及的亞歷山大城中。但在西元前四世紀左右，卻突然失蹤，下落不明。

這是為什麼呢？

亞歷山大大帝

原來，亞歷山大死後，他底下的將軍們為了爭奪繼承權，在大馬士革為了亞歷山大的遺骨爭鬥不休。一般認為，是他的將領托勒密最終獲得了亞歷山大的遺骨，並將其帶回埃及。但也有人認為，托勒密帶回的遺骨並非亞歷山大本人。事實上，亞歷山大的遺骸後來究竟被埋在何處，千百年來，一直眾說紛紜。

為了找到這個亞歷山大的陵墓，自五○年代以來，埃及國家文物委員會已經在聯合國教科文組織的合作下發起了一百四十次考察工作，並確定了四十處遺址或者地區可能是陵墓的所在地。從六○年代開始，一支波蘭考古隊一直在亞歷山大城展開挖掘，他們挖出了一座羅馬劇院和大型的羅馬浴室，但是並沒有找到亞歷山大的陵墓。

二○○四年六月十七日，一條來自英國《獨立報》的消息引起了考古學界的震驚——亞歷山大的遺骸在威尼斯？

亞歷山大石棺浮雕

　　這又是怎麼回事呢？

　　原來，據英國《獨立報》報導，英國一位原名叫安德魯‧魯格的考古學家聲稱，他經過仔細的研究，發現亞歷山大大帝的遺骸就埋在位於威尼斯的聖‧馬可墓中。

　　魯格指出，在威尼斯聖‧馬可墓的祭壇下所擺放的木乃伊並非是聖徒馬可，而是亞歷山大大帝。他說自己的觀點是根據一系列歷史文獻而得出的。比如，從時間上看，亞歷山大遺體消失的時間正好與聖馬可陵墓落成的時間相吻合，並且陵墓本身的結構正是馬其頓王室所用徽章的形狀。他的文章被刊登在《今日歷史》雜誌上，還在文中指出，應該掘出墓中的遺骸進行檢驗。雖然此一提議遭到很多人的質疑，但也得到某些人的認可。更有人聯想到：「這是一個填補歷史空白的機會，如果我們將那具遺體挖掘出來，然後進行DNA測試，我們將有可能了解亞歷山大為何英年早逝，也可能證明維吉納考古遺址中墓中人的真實身分。」

　　這一切真能做到嗎？讓我們拭目以待。

17

希臘 | 邁錫尼和提林斯的考古遺址

尋找阿伽門農的都城

英文名　Archaeological Sites of Mycenae and Tiryns
所在地　希臘伯羅奔尼撒半島東北部

　　邁錫尼和提林斯的考古遺址，位於伯羅奔尼撒半島東北部，與愛琴海薩羅尼克灣相距九英里，與阿戈斯北相距六英里，是一座三千七百年前的王城。一九九九年聯合國教科文組織將邁錫尼和提林斯的考古遺址定為文化遺產，列入《世界遺產名錄》。

⊿ **阿伽門農的金面具**

　　根據荷馬史詩《伊利亞德》記載，西元前十二世紀初的邁錫尼國王阿伽門農，作為希臘各國的統帥，率領聯軍去攻打特洛伊。十年的戰爭雖然使希臘軍隊取得了最後的勝利，但邁錫尼國力受到了大大削弱。戰後阿伽門農從特洛伊返國途中，被其妻子的情夫艾奎斯托斯殺害。而據說，阿伽門農所積累的財富和他一起埋葬在邁錫尼城附近，在荷馬史詩中，它被描述成是一座「黃金遍地、建築巍峨」的都城。

　　專家們對荷馬史詩描述的真偽持不同意見，曾有不少人認為這是神話傳說。然而，施里曼這位曾發現過特洛伊城的德國考古學家，卻堅信荷馬史詩中的每一個字都是真實的，並於十九世紀七〇年代，動身到希臘南部一座陡峭的小山上去尋找阿伽門農國王的都城。

　　一八七六年七月，施里曼在邁錫尼著名的「獅子門」城牆內發現了幾個豎穴墓，他判斷這就是阿伽門農的墓穴。掘開之後，墓中出現了壯觀的場面，隨葬品有大批的金銀和青銅器物以及珠寶、飾物和武器。施里曼曾在最後一個墳墓中，發現了一具戴著金色面具的乾屍。他興奮地宣布，那就是阿伽門農的金面具。這消息曾轟動一時，但後來專家研究表示，這個豎穴墓的存在年代是西元前十六世紀，金面具也是在西元前一五八〇年左右製成的，它們比阿伽門農的年代更早。

　　但無論如何，邁錫尼王室陵墓的發現應歸功於施里曼，這是任何人都不能否認的。此後，施里曼又曾兩次前往邁錫尼考察，特別是他在一八八四年發現了提林斯的邁錫尼王宮，揭開了邁錫尼文明的面紗，使邁錫尼衛城和泰利安城堡以及大量古代遺址重見天日。後來考古學家們的研究都是在他的挖掘基礎上進行的。

　　如今，邁錫尼已成為遊覽勝地，它以遠古時代的城堡、圓頂墓建築及精

△ 邁錫尼雙頭斧

△ 邁錫尼金杯

△ 邁錫尼陶罐

△ 邁錫尼陶杯

美的金銀工藝品著稱於世。邁錫尼衛城入口的石獅門為最著名的景觀之一。人們可以在博物館中看到珍藏的邁錫尼時代遺物，從金質王冠、面具、權杖、水晶高腳杯、價值連城的花瓶、鎧甲和飾有寶石的武器、精美的壁畫以及那曾隱藏著邁錫尼時代祕密的線形文字B的泥版，件件價值連城的珍貴文物，似乎都在訴說著幾千年前的故事。

透過考古學家們長時間的研究，今天的人們已對邁錫尼文明有了一些瞭解。

邁錫尼人是生活在青銅時代的民族，他們在西元前一六〇〇年和西元前一一〇〇年間興起於古代的希臘，其名字來自當時在希臘居主導地位的城市邁錫尼。雖然邁錫尼人從未統一成一個單一王國，但是他們形成了一些鬆散的小城邦，城邦之間靠相同的語言、宗教信仰和生活方式相互聯繫。每個城邦有一位國王進行統治。

除了邁錫尼之外，提林斯、皮洛斯、底比斯、格拉、雅典也都是邁錫尼人生活中的重要中心城市。

邁錫尼人的興起恰與米諾斯文明的衰落時間一致。米諾斯文明以克里特島為中心，從西元前二二〇〇年開始就在古希臘占據主導地位。大約在西元前一四五〇年，邁錫尼人占領了米諾斯帝國的所在地克里特島，並取代米諾斯人成為愛琴海世界的統治者。隨著邁錫尼人的城市不斷繁榮，他們的貿易和影響力跨越了整個地中海區域。

透過考古發現，在每個邁錫尼王國的中心都有一座設防的城市。這些城市都建造在小山之上，易守難攻。小山的山頂總是建有一座衛城，衛城周邊由巨大的環形牆所圍繞，牆體窄部為三公尺，寬處為八公尺。

王宮圍繞著一個堂皇的庭院而建，其中包括寶殿、大廳、手藝工廠、庫房和王室成員的住所。王宮中最重要的建築是「中央大廳」，這個大廳是國王議政和處理國家事務的地方。大廳中間有一個圓形的爐子，它的四壁裝飾著華麗的壁畫，壁畫上都是日常生活的場景。

在王宮的工廠裡，工匠們製作細陶器、珠寶、服裝、香水、工具和青銅武器。王宮高牆外，衛城街道縱橫，房屋鱗次櫛比。

在邁錫尼下葬的五位國王都戴著用金箔打製的面具。這些墓葬群是迄今為止發現世界上最豐富的墓葬之一。

邁錫尼國王下葬的墓室有兩種不同的式樣。早期墓地可追溯到西元前十七世紀，這是些簡單的柱形墳墓，深陷在土地之中。好幾代人連同他們的隨葬品一起埋在這些墳墓中。墓室用石頭作頂，墓室口用土封埋，墓頂可能會有一塊石板來表明埋葬地點。

▷ 圖為邁錫尼要塞，在此發現的深柱形墳墓可以上溯到西元前1600年。

西元前十五世紀左右，豎穴墓發展成為規模更加宏大的石砌圓頂墓，這種圓形陵墓由技藝超群的工匠修建而成。因此，圓頂墓被認為是「圓頂墓王朝」。這種陵墓有著巨大的狀如蜂巢的圓頂墓室，上面用泥土覆蓋。

這兩種墳墓的結構都讓盜墓者難以進入，因此墓葬中的許多寶物至今仍完好無損。和它同時期的遺物還有邁錫尼的宮殿城堡。

邁錫尼人生性好戰。他們的墳墓中常有鎧甲、武器和戰爭場面的繪畫，這些提供了很多再現邁錫尼時代戰爭的線索。國王們擁有龐大的常規軍，在和平時期，他們駐紮在王宮之中。軍人們的糧草、兵器和衣物均由統治者提供。軍隊的指揮官身著沉重的青銅鎧甲，頭戴皮製頭盔，頭盔上豎起野豬的獠牙。普通士兵身穿皮製戰袍，持有多種武器，例如長矛、劍、盾牌和匕首等等。在戰鬥中，指揮官們駕著戰車衝鋒陷陣，而軍隊裡的其他人則步行衝殺。

從西元前十六世紀起，邁錫尼人就主宰著地中海地區的海上貿易，他們在義大利南部和安納托利亞西海岸建起商棧，同來自遙遠的中東、北非和斯堪地那維亞國家的商人進行交易。商人們賣出邁錫尼出產的穀物、陶器、布匹和手工藝品，買進諸如黃金、黃銅和錫之類的金屬。

在藝術、文字和宗教上，邁錫尼人深受到米諾斯人的影響，製陶工製作的精美飲水杯和大肚花瓶都是米諾斯式樣，上面用彩釉畫著海洋生物的形象。

在邁錫尼衛城，還有一座西元前一三○○年的阿特雷斯寶庫。這座拱頂

蜂巢式的墓室，今天依舊十分壯觀。進入阿特雷斯墓室先要走過一條壯觀和長達四十公尺的石頭走廊，來到一個由兩片巨石板鋪成的門楣前，其中的一塊石板有九公尺長，大概一一八噸重，經過了這道門，就會進入一個很特別的洞窟。洞窟的設計是一個呈蜂窩型圓頂的石頭建築，但是整個蜂窩建築沒有用一塊小石或水泥接合，由此可見西元前十六世紀邁錫尼時代高超的建築技術。這座墓室是邁錫尼保存最完整的建築。

泰利安城堡位於邁錫尼南方十七公里之外，據荷馬記載是希臘英雄赫丘力斯出生之地。泰利安城堡有堅厚的城牆，顯示其禦敵的功能。這些牆壁厚達六‧一公尺，其中一段更建有一條長長的走廊，走廊由兩邊石牆往上堆砌，至頂端呈拱形介面，石塊與石塊之間沒有用石灰補接，只以小塊石頭和泥巴來填補接縫的空間。

令人不解的是，僅僅過了兩百年，邁錫尼人就不得不面臨神祕力量的威脅。大約在西元前一二五〇年，邁錫尼文明的統治已開始動搖，他們建立起高大的石牆來鞏固自己的城市，抵禦外來者入侵。考古研究表明，西元前十二世紀時，邁錫尼文明地區的居住地有三百二十個之多。但到了西元前一一〇〇年，其居住地有的毀滅，有的荒棄，僅剩下約四十個左右，好多地方甚至人煙稀少。一切跡象都表明，邁錫尼文明可能已經走上了末路。

那麼，是什麼原因造成了邁錫尼文明突然湮滅呢？

按荷馬史詩的正面記載，這應該是特洛伊戰爭之後，阿伽門農回國時被其妻子的情夫艾奎斯托斯殺害，導致王族動亂而造成的。但一次國王被害事件似乎不足以使整個邁錫尼文明潰敗。於是有人依據荷馬史詩中的另一些線索推測，在特洛伊戰爭之前，希臘北方的游牧部落就從北部和西北部進入了邁錫尼世

邁錫尼的要塞被厚厚的城牆包圍起來，這些城牆由巨大而緻密的石頭搭建而成，圖中的石獅城門是進入要塞的主要入口。

界。他們認爲，正是這些部落的南下入侵，導致了邁錫尼的文明毀滅，特別是其中的多利亞人更是禍首元兇。

與這種看法相反，也有人認爲，多利亞人南下並非邁錫尼文明崩潰的元兇。在西北方的入侵者來到之前，邁錫尼文明已經衰落。其原因可能是連年的內戰或天災，很可能那時發生了連年的乾旱，造成莊稼歉收，食物短缺，大饑荒使人口減少，大量村莊被放棄。

總之，在特洛伊戰爭之後不久，邁錫尼文明就遭到了一場嚴重的危機。他們的城市被摧毀或被放棄，紛紛從歷史上失蹤。希臘從此進入了一個被稱爲「黑暗時代」的衰敗時期，這段時期長達三百多年，一直持續到西元前八○○年，原因至今不明。

英文名　Archaeological Ensemble of the Bend of the Boyne
所在地　愛爾蘭都柏林市北部的博因河谷中

　　博因遺跡群位於愛爾蘭都柏林市北部的博因河谷中，新農莊是三個埋藏遺址之一。一九九三年，聯合國教科文組織將其定爲文化遺產，列入《世界遺產名錄》。

　　在歐洲西部沿海地區，北起瑞典及謝特蘭群島，南至西班牙、葡萄牙及馬爾他，是一個大弧形。在這個大弧形裡，有一種世界上最獨特的景色，不論在山邊、荒野以及林間的空地上，到處可見巨石林立，於霧色茫茫中時隱時現。這些巨石色澤灰暗，造型粗糙，滿布蝕痕，雄偉動人，薄霧籠罩之中又顯得尤爲神祕莫測。

　　這些巨石形狀不一，形態各異。有的只是單獨一塊天然大圓石頭；有的是一塊大石頭的上面還支撐著另一塊更大的石頭，形成屋頂，這些形成屋頂的大石頭又排列在一起，形成了一個長方形，或者是一條狹窄通道的大石屋；有的是由許多塊大石頭砌成的雄偉壯觀的建築結構。其中有的巨石遺跡其建築結構還很複雜，不但需要精心的設計，還要動用幾萬勞工，費時幾百年才能完成。對於這些巨石遺跡，儘管考古學家沒有做過精確的統計，但是據估計其總數至少有五萬塊之多。

　　按照考古學家的描述，這數以萬計的巨石，在遙遠的年代猶如一片龐大的石林，密密麻麻地矗立在整個歐洲的西部，它們以無比磅礡的氣勢沿著海岸排列。而現在遊人們看到的，只是過去的殘跡而已。

　　據考古學家們的研究和檢測，這些巨石遺跡建造的時代是在西元前三五○○年到前一五○○年間。中古時代，基督教徒把這些大石當作魔鬼或巫師的作品，後來又有人說，這是大洪水以前在地上出現的巨人所建。到了較具理性的時代，有人認爲這些巨石建築是古代塞爾特人所建。但後來經過科學的考證，發現這些巨石建築早在塞爾特人到達歐洲西部以前幾世紀就已建立起來了。

　　令人不可思議的是，這些幾千年來昂然屹立的龐然大物，在當地的編年史或者古老的傳說中，卻從來沒有人講述過它們的來由和用途。多少個世紀以來，人們站在這些巨石面前，好像永遠面對著

愛爾蘭新農莊巨石地底墓穴中的葬禮室。

巨石墓的石頭表面刻有複雜的圖案，比如這塊諾斯石墳中的花紋巨石。

一個巨大的問號。敬畏、神祕、不解和好奇之下，人們給這些巨石取了許多不同的名稱：石龕、石台、石柱、石碑、石墓等。

愛爾蘭的新農莊發現於幾十年前。當時，人們在滿布荒草的大石堆下發現了這座巨石墳墓。墳墓本身的外形設計，與晚期的希臘邁錫尼時代城市那種蜂房形墳墓相似。墓口前有一條七十英尺長的通道，兩側及頂部都用比人略微矮一點的大石板嵌合。墳墓堆下的葬禮室是拱形的懸臂屋頂，高約二十英尺。所有的石塊都是平放，層層疊疊如覆瓦狀，一塊壓著一塊，以保證每一塊都絕對不會墜落。

研究人員發現，新農莊巨石墓的定位是依照天文現象而確定的：多至那天，白晝最短，太陽初升時，有一段短暫時間，陽光直照進通道裡，經過精心刻上螺紋的石板反射，使墓中高達二十英尺的拱頂大堂整個明亮起來。

這個奇怪的現象被世人發現後，很多學者做了非常詳盡的研究，但石器時代的古人究竟是如何計算並設計成這種結構的，仍然無法弄清楚。

在新農莊的這些巨石墳墓裡，屹立著許多帶有飾紋的巨石，其中有螺旋、同心圓、V字形、三角形、菱形等，它們通常構成墓道的一部分或者壘砌在墓塚外緣的邊石。有人認為，透過那些帶有雕刻圖案的巨石建築，也許可以找到當時人們宗教信仰及宗教儀式的某些線索。

在所有不同的各種圖案中，最值得研究的是螺旋圖案。

起初，螺旋形是葬禮的象徵，在愛爾蘭人的墳墓中極為普遍，它在其他的巨石文化中也是如此。從歷史學角度看，在巨石文化和新石器藝術中都有

▷ 巨石上的同心圓和平行線圖案

▷ 愛爾蘭新格蘭治陵墓入口處的巨石，表面
布滿螺旋刻紋。這種圖案大概是先用以石
英或其他硬度很高的石頭製作的小尖鑿敲
打出來，然後再用石頭打磨已刻出的線
條，直到表面光滑為止。

的螺旋形，與精神信仰中的生死輪迴和再生學說
有著千絲萬縷的聯繫。

在新農莊地區發現的螺旋形單獨出現或者成
對出現，有時沿同一方向旋轉，有時故意反方向
旋轉。在新農莊地區的一個遺址的街邊石頭中，
還發現了目前已知唯一從中心點輻射的三曲枝圖
或者三倍數的排列實例。

螺旋線本身可能在其他的巨石文化中也很常
見，但是在使用石斧或石鑿的新石器時代發現螺
旋線，在愛爾蘭島以外的同時代考古挖掘中還是
罕見的。

新農莊遺址的許多螺旋形線條構成的圖案，
都呈現兩個漩渦夾著一個連接的部分，有人認
為，這樣的圖案象徵生命之門的開放，或者是誕
生和死亡之間、死亡和再生之間的分界。

也有人認為，這是古人們對自然力量的歌
頌。圓圈和螺旋可能是天體的象徵，許多巨石陵
墓中的那種天象排列，似乎暗示著日月星辰對陵
墓建造者的重要作用。

當然，以上種種說法都只是猜測，這些巨石
上的圖案到底意義何在，現在還沒有確鑿的答
案。

一個更重要的問題是：「古代人建造這些巨
石建築是做什麼用的？」

近代以來，歷史學家們普遍認為，從西元前
五千年左右起，歐洲新石器時代的古人結束了那
種以採集為生、四處流浪的生活狀態，定居在一
個固定的地方，這就是歐洲的第一代農民。那時
的歐洲地廣人稀，遍地都是獵物，人們只要做兩
小時的農活，就足以解決食住問題。所以，他們
可以擠出時間來建造這些巨石建築，而新農莊的
巨石遺跡就是這些農民建造的。

但有人會問：「就算這些新石器時代的農民

在解決吃住問題之後還有大量的閒暇時間，他們也不會因爲吃飽了沒事做就來搬弄這些笨重的巨石。他們付出如此巨大的時間和精力來從事這項艱難的工作，必然有著非同尋常的目的。他們爲什麼要建造這些巨石建築？這些巨石當初建造時的意義和用途何在呢？」

這是愛爾蘭新農莊巨石陵墓，也是歐洲所有的巨石建築留給現代人的不解之謎。

英文名　Prehistoric Sites and Decorated Caves of the Vézère Valley
所在地　法國西南部威澤爾峽谷

　　威澤爾峽谷洞穴群位於法國西南部，有舊石器時代遺址一四七個，還有二十五個有壁畫的岩洞。其中的拉斯科洞穴中的壁畫大約有一百個動物形象，距今約兩萬年，是人類最早的藝術品。一九七九年，聯合國教科文組織將其定爲人類文化遺產，列入《世界遺產名錄》。

　　岩畫，基本上屬於人類在文字產生以前的原始時代作品，也是人類早期主要的藝術形式。對考古學界來說，洞穴藝術雖然不是世界上最古老的藝術，但它在考古界卻有著特殊的地位。有人把史前岩畫稱爲古代人類生活最首要、最直接的紀錄。考古學家認爲，這些來自遠古時代並保存完好的岩畫，爲我們描繪了古代人類在史前時代的「經歷」，使我們在幾萬年之後，又透過岩畫，看到了史前時代的先民眼裡所看到的東西。

　　歐洲舊石器時代洞窟藝術的發現，主要集中在法國西南部和西班牙北部的法蘭克—坎塔布利亞地區。這些洞窟裡的崖壁畫以其宏大的規模、雄偉的氣魄，成爲舊石器時代馬格德林文化期的最有代表性的作品。

　　威澤爾河發源於法國的科雷茲省，向西南進入多爾多涅省後匯入多爾多涅河。就洞穴岩畫而言，上蒼對這一地區似乎特別恩賜，在其下游四十公里長、三十公里寬的峽谷地帶崖壁上，分布著數百座岩洞，它們在很久以前由地下河流沖刷而成。這些由大自然鬼使神差造成的岩洞，曾是原始人的住所，保存著眾多原始人類的遺跡。

　　考古發現，在威澤爾峽谷一百多座岩洞中，有古代石器、動物化石、岩面浮雕和圖畫，以及大量人類生活的遺跡遺物，如燧石的工具、篝火的餘燼等。根據岩洞中的有機物測定，這些遺跡遺物的時代在距今一萬到二萬五千年之間，屬舊石器時代最晚的馬格德林文化期，地質年代是晚更新世之末。當現代人發現這些岩洞時，洞穴內有些地方隨著岩石的侵蝕已逐漸形成地層，猶如一本層層疊疊的無字天書，任由今天的考古學家去閱讀。

在威澤爾峽谷一百多座岩洞中，有二十五個岩洞的岩面上有浮雕、刻畫圖畫或彩色繪畫，其中最為精美的當屬拉斯科、封德高姆、卡普布朗和孔巴海爾這四個地點的岩洞。

在封德高姆的岩洞中，彩色繪畫的年代較早，約在兩萬年以前。畫中有許多披毛犀牛，犀牛身體為赭石色，能分出明暗，背部和腹部有十幾條傾斜的弧形線條，不僅顯示出身上的長毛，也顯示出寬大的軀體。所畫的其他動物也用了透視法，形象生動，充滿生活氣息。透過這些岩畫，我們能看得出來那時的歐洲氣候比較寒冷，野生動物較多，有成群的馴鹿、野牛和犀牛等各種獸類，居住在這裡的尚塞拉德人就以獵取這些野獸為生。

保存最好、繪畫最生動的是拉斯科洞窟崖壁畫，拉斯科洞窟位於法國多爾多涅省蒙提格納附近，是威澤爾河谷中的一座洞窟。一九四

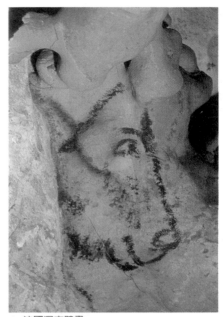

▷ 法國洞穴壁畫

○年由法國當地四個少年偶然發現。當時洞口只有八十多公分寬，半掩在枯枝敗葉之中。令所有人震驚的是，這裡竟然有六百幅繪畫和接近一千五百件石刻作品，它們不但保存狀況良好，而且有些壁畫非常清晰。

雖然已發現了洞內的壁畫，但想要挖掘拉斯科洞窟絕非易事。數千年以來，從岩洞中逐漸脫落的岩石堆，已將洞口堵塞。形成於冰川時代的拉斯科洞窟，其洞穴內的石灰岩已成了方解石，使岩石的表面覆有一層粘土層，它們對洞穴內的岩畫起了保護作用，但對挖掘洞穴的人來說，把原來僅有八十多公分寬的洞口拓寬到幾公尺寬，其難度可想而知。

經過多年的挖掘，現在人們已知拉斯科洞窟包括前洞、後洞和邊洞三個部分。前洞像一個「大廳」，約三十公尺長，十公尺寬，前洞還附有十八公尺長向後延伸的走廊與後洞相連。它的西邊旁側另一條狹長的走廊，與邊洞連結，邊洞的底部保存著一口七公尺深的井。

前洞壁畫主要是幾頭大公牛的形象，它們是覆蓋在其他的形象之上，在它的下面疊壓著紅色的牛、熊、鹿等。這樣相互疊壓的現象在拉斯科洞窟大量存在著，僅就前洞和與它相連的通道的岩畫中，可辨認出疊壓達十四層之

▷ 法國這些舉世聞名的洞穴岩畫，有人認為其創作年代可以追溯到三萬年前。

多。但是要根據這種覆蓋的層次來進行斷代是有困難的。

　　拉斯科前洞壁畫中有一幅長五公尺的野牛，堪稱是史前藝術輝煌的傑作。這頭野牛線條簡練，整體塑造得強健有力，特別是那生動逼真的頭部，雖然只用單色塗繪，卻能完整地表現出體積感。這麼逼真的動感效果，令現代人歎為觀止。難怪有的學者把它稱為《跳躍的牛》。這頭「跳躍的牛」是拉斯科洞窟最為精彩、最富力度的形象之一。

　　從洞口往裡望去，窟頂就像一條長長的畫廊。走過方形大洞，裡面為圓形大洞，之後，洞窟隧道般的狹長，向兩邊分叉開去。崖壁畫上的動物形象有的大，有的很小，密密麻麻，重重疊疊，數量之多，令人目不暇接。在三個洞內大體能區分出五十多個畫面、一百多隻動物。畫面大多是粗線條的輪廓畫剪影，在黑線輪廓內用紅、黑、褐色渲染出動物身體的體積和重量。

　　其中有的畫面令人不得不流連忘返——一幅是一頭受傷的牛低頭將一各男獵人頂倒在地；另一幅是幾隻馴鹿列隊循序行進；在後洞

口內左側不遠處畫有六匹類似中國畫樣式的馬，有兩把長矛正刺向其中的一匹。這些動物是當時人們狩獵時搏鬥的敵手，也是人們賴以生存的食物來源。看得出來，當時的繪畫者對所畫的動物十分熟悉，觀察細緻入微，下筆輪廓準確、神態逼真，再配上相應的顏色，便顯出躍動的生命活力和群體奔騰的氣勢。

前洞、後洞與走廊上都有岩畫，或繪或刻，甚至繪刻兼施。有些現在看來是單純的線刻，原來也可能曾塗繪過，由於經歷年代久遠致使色彩褪了。不過，留存於前洞牆面以及延伸出的走廊壁面上的岩畫都保存得很好，不僅形象清晰，而且色澤豔麗濃重。

威澤爾峽谷岩洞的發現，對於史前的研究具有劃時代的意義。在此之前，諸如西班牙阿爾塔米拉洞穴、法國加爾的夏博洞穴和威澤爾的穆特洞穴的發現，一直受到科學界的懷疑。而威澤爾峽谷洞群的發現在於，它不僅證明了石器時代洞穴岩畫的真實性，而且也為考古學家對歐洲史前時代的劃分、對研究史前人類生活提供了寶貴的依據。有關專家據此得以重新確定史前人類生產、生活和藝術的演變情況。

作為全人類的共同財富，威澤爾河谷的岩洞雕刻和繪畫是迄今所知人類最早的真正藝術品之一，也被公認為迄今為止最重要的史前人類文化遺址之一。它顯示了一萬多年前人類高度的藝術創造力與審美意識。

在此之前，學者們認為人類最早的藝術品出現在美索不達米亞和埃及。而這些洞穴岩畫的發現改寫了人類藝術史。

經過對這些岩畫多年的研究發現，當時岩畫的作者對於工具和材料的運用，已經達到相當高的水準。比如粉末顏料經過混合並與油脂調配後使用；有些粉末顏料是用骨管吹噴到岩面上去的。而從繪畫技巧上看，藝術功底更是非同一般。他們用簡單幾筆就準確勾畫出動物的動態形象，其細微的明暗變化，透視法

▷ 拉斯科洞窟的野牛畫，堪稱是史前藝術輝煌的傑作。圖為著名的拉斯科洞窟岩畫《跳躍的牛》。

▷ 法國岩洞雕刻

的靈巧運用和優美的線條，理應是藝術演化歷程中的巔峰之作，即使是現代人，如果沒有受過專業的訓練，恐怕也難畫得出來。假如不是經過科學的鑑定，無論如何都無法相信它們竟然出自一萬七千年之前。

如同許多考古發現一樣，拉斯科洞窟岩畫的發現，帶來的疑問比它回答我們的還要更多。

首先就是拉斯科洞窟岩畫的年代。有人認為，拉斯科洞穴岩畫是在大約一萬七千年前一次創作出來，也有人認為，大部分岩畫是由許多不同年代的作品彙集而成。還有人認為拉斯科洞窟岩畫的全部或一部分應屬於奧瑞納文化期（距今約三萬年到兩萬年間），而另一些學者則認為應屬於馬格德林文化期（距今約一萬五千年到八千年間）。

另外，也有人對這些岩畫在藝術上的高度成熟表示疑惑不解。他們問道，沒有一段循序漸進、從低到高的發展，「岩畫藝術」怎麼就能以如此成熟而完美的形式突然出現？如果有一個這樣的時期，那它留下的作品又在哪裡呢？

還有一個大問題是，新石器時代的獵人們為什麼要畫這些岩畫？有人認為這是他們亂刻塗鴉發展出來的一種消遣方式，有人卻認為是某種原始宗教或巫術上的需要，還有人認為是捕獵的某種儀式或象徵。各種解釋都有一定道理，卻又很難說服對方。

即使從來沒有拿起過畫筆的人，走進威澤爾峽谷洞穴群時，也都會滿懷疑惑，而這些疑問，對考古學家來說，是早晚必須要回答的問題。

義大利｜瓦爾卡莫尼卡谷地岩畫
上萬年前的石刻岩畫

英文名　Rock Drawings in Valcamonica
所在地　義大利北部倫巴底區的阿爾卑斯山脈南麓峽谷中

　　瓦爾卡莫尼卡谷地位於義大利北部倫巴底區的阿爾卑斯山脈南麓峽谷之中。在這個峽谷中的兩千四百塊巨大岩石上，共有十四萬幅石刻畫。這些石刻畫於西元前刻成，是關於人類祖先活動的寶貴紀錄。一九七八年，聯合國教科文組織將其定為人類文化遺產，列入《世界遺產名錄》。

　　就像一本打開了的畫冊，瓦爾卡莫尼卡谷地岩畫以藝術的形式記錄了此地的先民，從遠古的狩獵時代到近代農耕部落生活演變的連續性篇章。岩畫的創作年代最早可追溯到一萬年以前，當冰川從阿爾卑斯山完全消退之後，瓦爾卡莫尼卡山谷逐漸形成了布滿沼澤的自然環境。到距今一萬年左右，一些半游牧的狩獵部落在瓦爾卡莫尼卡山谷定居下來，繁衍生活，並開始雕刻岩畫。

　　在最初的兩千年間，岩畫的內容只是一些大型野獸。其中有一幅雕刻著一隻鹿被標槍刺中，長著兩支長角的頭部正扭動掙扎著。人們把這一時期稱為前卡莫尼卡時期。

　　透過對石刻畫的技巧、風格和各個時期的內容和研究顯示，這些石刻藝術是隨著瓦爾卡莫尼卡人的社會和經濟結構演進而變化的。

　　在距今八千年前，瓦爾卡莫尼卡谷地的岩刻中出現了人物的形象，表現最多的是祭祀和一些典禮儀式場面，先民們有的在祈禱，有的在朝拜，有的面對太陽，有的匍匐在某些動物圖像的面前。

　　隨著時間的推移，岩畫中出現了更多人類生產活動的景象。在大量的岩石雕刻中，有許多幾何圖形和神祕符號，如各種曲線、梯形圖、網狀物等。這些圖形似乎已在向表意符號發展，說明瓦爾卡莫尼卡的岩畫不只是刻畫眼前的生活情景，而且還包含其他更多的東西。有人認為，瓦爾卡莫尼卡人當時已經到達發明文字的門檻，但遺憾的是，他們最終未能跨過這一步。

　　從西元前三三○○年起，瓦爾卡莫尼卡岩畫上開始出現四輪車、工具和武器，人物、動物的石刻畫更趨複雜，在構圖上也更加細緻，體現了人們對次序和空間的新觀念。

　　西元前兩千年到前一千年，即青銅器時代和鐵器時代，隨著農業的發展，瓦爾卡莫尼卡人的社會組織再次發生變化，除專門從事生產糧食的人外，還出現了工匠和商人、武士和巫師。這時的岩畫上出現大量的武器，如

載和三角形匕首，同時還出現刻製在巨石上的紀念碑式岩畫。這種紀念碑式的岩畫往往有較完整的構圖，畫面上有武器、符號，以及人物和動物等。

青銅時代瓦爾卡莫尼卡岩刻的最集中點位於納奎尼（現已開闢爲國家岩畫公園）。在納奎尼的一塊大岩石上，密密麻麻地布滿了八百七十六個形象，共屬於五個層次的雕刻，發現五十處覆蓋的地方。

瓦爾卡莫尼卡岩畫筆觸粗獷有力，畫面豐富生動，反映了史前人類的經濟、社會、文化和宗教的演變，爲研究史前的人類的習俗、日常生活和思想提供了極寶貴的資料。同時，它也爲人們瞭解遠古時代人類藝術表現形式的演化提供了可靠的證據。

到了西元前六到七世紀，伊特斯坎的影響首次在岩畫上出現。在此後的大約兩百年間，從大量岩畫上刻畫的武器、服飾上都可以明顯地感到伊特斯坎風格，特別是當西元前五到六世紀時，伊特斯坎的影響幾乎遍及於每一處岩畫點。這時，岩畫中出現伊特斯坎的盾牌、頭盔、劍等。在伊特斯坎的瓶畫和墓室壁畫中可以看到伊特斯坎風格的圖形。

對讀者來說，也許伊特斯坎是一個比較陌生的名字。

大約距今約三千年前，曾有一個古老的民族出現在義大利中北部的托斯卡尼地區，這個後來消失的民族就被稱爲「伊特斯坎人」。當羅馬人發現這個民族時，他們自稱爲瓦爾卡莫尼卡人。之後，羅馬人把他們看成被征服的部落之一，納入羅馬帝國。

然而，在此前的兩千年間，人們對於他們在羅馬帝國之前的情況一無所知。如果沒有後來岩畫的發現，或許他們的過去將永遠默默無聞。

瓦爾卡莫尼卡岩畫發現於一九五六年，它們以最爲直觀的形式，把在羅馬帝國的軍團到來之前的瓦爾卡莫尼卡人的社會、經濟、生活、傳統、信仰等多方面的情況展現在世人面前，使今天我們對瓦爾卡莫尼卡人的瞭解，比對任何一個史前時代的歐洲人群的瞭解都要更多。

有一種觀點認爲，托斯卡尼是義大利文化的根源，也是伊特魯里亞文明的搖籃。因爲在此後的歷史發展中，這個古老的文明深深影響了古羅馬的生活方式、政治、宗教、欣賞和闡釋藝術的方法。

考古研究表示，雖然伊特魯里亞文明並非民族意義上的文明，但他們卻創造了一種鮮明的伊特魯里亞文化，他們的藝術對後來的羅馬文明有著極大的催化作用，為羅馬文明的極盛準備了物質和精神條件，以至於影響到後來整個西方文明。很多人認為是羅馬人發明的羅馬數字其實是源於他們，羅馬帝國的前三位皇帝皆發於此。

　　這個自稱為瓦爾卡莫尼卡人的部族，早在西元前就把他們的銘文刻在岩石上了，但他們用的是伊特斯坎的字母去拼寫當地的方言，而這種字母已經失傳了。

　　雖然我們至今無法解讀這些古人留下的銘文，但總有一天，人類會讀懂他們在大地上留下的「語言」，我們期盼著……

英文名　Avebury and Associated Sites of Stonehenge
所在地　英國南部索爾茲伯里平原

　　巨石陣及埃夫伯里及周圍的巨石遺跡位於英國南部索爾茲伯里平原上。一九八六年，聯合國教科文組織將其定為文化遺產，列入《世界遺產名錄》。

　　在荒蕪的索爾茲伯里平原上，聳立著一根根巨大的石柱，這些石柱排列成幾個同心圓，形成了一個巨大的石陣。石陣的周邊是直徑約九十公尺的環形土崗和壕溝，土崗內側有五十六個等距離的洞，被稱為奧布里洞。最外側是一圈直徑為四百公尺的圓環，環內有一百多塊石頭。巨石從右環一直向外延伸，形成了一條長長的大道。

　　四千多年來，那一條條筆直的石柱插天而立，他們默默地在歲月中注視著人間的滄桑，而自身卻始終籠罩在一種神祕莫測的氣氛之中。

　　十八世紀的英國人談到巨石陣曾這樣形容：「我們能從那些大石結構獲得的全部知識，就是它們豎立在那裡，我們站在它們面前。」

▷ 晨曦之下，巨型方石陣看似幢幢神祕的巨影。

▷ 索爾茲伯里是英格蘭最大的石環，它的結構複雜，對中世紀的建築影響很大。現在，許多聳立於大石環裡以及其他石群中的巨石，都是20世紀考古學家從墳坑中挖掘出來的。

英國著名學者詹姆斯說得更直率：「這些龐然大物，冷然兀立，你可能對它們有許許多多疑問，但是在它們四周陽光普照下那種萬籟無聲的氣氛中，你所有尋求答案的好奇心都會全部冷卻⋯⋯」

索爾茲埃夫伯里巨石陣最壯觀的部分是石陣中心的沙岩圈。它是由三十根石柱組成的環形結構，石柱上面架著橫樑，彼此之間用榫頭、榫根相連，形成一個封閉的圓圈。這些巨石高約五到十公尺，平均重量為二十五到三十噸。沙岩圈的內部是五組沙岩三石塔，排列成馬蹄形，也稱為拱門。每組三石塔下面直立兩根巨大的石柱，每根重達五十噸，另一塊約十噸重的巨石橫樑嵌合在石柱頂上。這個巨石排列成的馬蹄形位於整個巨石陣的中心線上，馬蹄形的開口正對著仲夏日出的方向。巨石圈的東北側有一條通道，在通道的中軸線上豎立著一塊完整的沙岩巨石，高四・九公尺，重約三十五噸，被稱為踵石。每年冬至和夏至時分，日出的第一道光線正好投射在踵石上，為這一壯觀景象增添了無限神祕。

考古學家經過多年考證，繪製出了巨石陣完整狀態的想像圖。據他們的分析，巨型方石陣的建造是一項歷時千年之久的偉大工程。這一工程的建造開始於新石器時代後期，分三個階段進行。第一期工程開始於西元前二七五〇年左右，建成了巨石陣的雛形。建造者們首先挖出一道圓形的深溝，並把挖出的碎石沿著溝築成矮牆，然後在溝內側挖了五十六個洞，但這些洞挖好之後又被填平了，被填平的原因至今不明。約在西元前兩千年開始巨石陣建

▷ 這幅英國威德郡索爾茲伯里地區的鳥瞰圖中，可以看到大石組成的大圓陣。在索爾茲伯里及其附近地方直立的石塊現今仍有100塊左右，原來的數目應該更多。這些大圓陣大部分已被人拆毀，把大石用來興建那個貫穿其中的村莊。

▷ 氣勢龐大的巨石陣

築的二期工程，這次最早修築的是一條兩邊並行的通道。三期工程大約始於西元前一九○○年左右，建成了龐大的巨石圓陣。其後在五百年期間，巨形方石柱的位置不斷修改，又把二期工程的青石重新排列。從那時至今，它就成了歐洲最龐大的巨石結構。需要指出的是，雙重圓陣的西面部分始終沒有竣工。當初的建造者們雖然費盡氣力把青色巨石運來，但不知何故似乎又取消了原定的計畫。

巨石陣的建造如果從西元前二七五○年算起，距今已將近五千年，其建造時間可能比埃及的金字塔還要早。即使按照現代工程量預算，至少需要一百五十萬人工。在工程的遺址中，人們又始終沒有找到使用運載工具或是牲畜的痕跡。那麼，平均重達二十五噸的青色巨石及砂岩石是怎麼從三十公里至兩百四十多公里以外運來的？從實際的施工技巧來看，有的巨型石塊要是單靠滾木和繩索，恐怕得用一千人才能移動它。據此推斷，巨石陣的建造者們絕對不是一個未開化的民族。

儘管現代科學家們借助先進的高科技手段已準確地確定了它的建造年代和建造方法，但卻始終無法解答一個最基本的問題──建造這樣的龐然巨構到底有什麼用途呢？

關於巨石陣最早的紀錄是一一二六年英國史學家傑佛瑞編寫的《中世紀編年史》，它記載了亞瑟王的謀臣梅林用魔法把巨石陣從愛爾蘭運到英格蘭以作葬地之用的功績。而另有一種傳說：巨石陣是入侵英國的古羅馬人為其祭司朱伊特建造的祭壇。直到現在，每年夏至，還有人身著朱伊特的白袍，聚集在巨石陣周圍，吹響號角，迎接夏季的到來。

但傳說終歸難以使人相信，對於建造巨石陣之目的與用途的研究，幾百年來從未間斷過。有人認為它是戰爭紀念物；有人認為它是早期古代人建造的墓地；有人認為它是用來舉行祭祀活動的宗教建築；還有人認為它是古代某個民族舉行聚會或儀式活動的場所；甚至有人認為它是外星人的創造……

直到兩百年前，才有人注意到它的天文學意義，指出石階的主軸線指向夏至日出的方位，而其中第九十三和九十四兩塊巨石的連線又指向冬至日落的方位。二十世紀初，英國天文學家洛基爾進行了多年研究後宣布，據他推論，巨石陣標誌的是一種一年分為八個節氣的曆法。

一九六五年，波士頓大學的天文學家霍金斯透過電腦測定，認為巨石陣的排列可能與太陽和月亮在天空運行的位置有關，而五十六個奧布里洞則起了準確預報日蝕、月蝕的作用。霍金斯在《揭開巨石陣之謎》一書中指出：「實際上，奧布里坑群組成的圓環可能曾被用來推測許多天體的運行情況。」他認為，巨石陣是一座推演天文曆法的「電腦」，其中幾個主要位置標出了夏至時太陽在北回歸線升起的位置，從相反方向則可看到冬至時太陽從南回歸線下落的位置。巨石陣的結構包含了主要節氣時月亮升落的準線。那五十六個洞則跟日蝕、月蝕五十六年一個週期的規律相符。果真如此的話，那麼巨石陣的建造者在天文學和數學方面的造詣，將遠比希臘人、哥白尼，甚至牛頓還要高。天文學家邁克爾・桑德斯則認為，巨石陣是在已經瞭解太陽系構造的基礎上建造的。

霍金斯是位天文學家，他的這個觀點是站在天文學角度研究出來的，雖然言之有據，但很多人對此表示懷疑，新石器時代的人在科學技術上真的能達到這麼高的水準嗎？假如他們真的有那麼深奧的知識，為什麼沒有發明其他較容易發明的東西，如車輪、槓桿、文字、冶煉等等呢？因此，這種觀點也只是一種「假設」，不能作為確鑿的證據。

隨著科學技術的發展，人們對巨石陣的建造形式也有了進一步的瞭解。

有人認為，巨石陣

今天的巨石陣遺址已受到嚴重的破壞，少了一些石頭。

雖然是用石頭建造的，但古人把它當做木製建築來修建。二十世紀初，一批航空攝影師在距巨石陣不遠的幾公里處進行空照，在空中發現草地裡有一系列標記，構造與巨石陣相仿，也有一樣的同心圓。這個遺址顯然有些像巨石陣，只是它是用木頭建成的，因此被命名為「木陣」。

一九九四年，考古學家朱利安‧理查茲與工程師馬克‧惠特比招募了一百多名志願者，用和巨石陣中一模一樣的大石塊來進行試驗，想知道當初的古人是怎麼移動那些重達四十噸的巨石。

首先，他們把大石塊撬到一個圓木托架上，幾組人就用繩索拽著托架往前拉動。為了拉動這塊大石頭，共動用了一百三十名志願者。馬克發現，把托架放到塗滿油脂的木軌道上拉最省力。為了安全起見，他們用了現代人用的又粗又長、無比結實的大繩子。試驗的結果是，用這樣的方法，在坡度較緩的地方，這一百三十人一天可以將石頭拖動整整一公里，而在平地上順利的話，可以拖動整整十公里。

在一九九四年的試驗中，也進行了抬升石塊的嘗試。他們先將大石塊傾斜著滑到一個預留坑洞的上方，然後將一塊小石頭放在大石塊上拖動。這樣就突然改變了它的平衡，並巧妙地使大石塊正好下落到預定的位置。然後，用粗長的繩索把石頭塊拉正。繩索穿過一個金字形的架子，同樣需要一百三十名工人。最後一項任務是，待巨石在坑中立穩並用小石塊固定之後，將石樑抬升放到巨石頂上。要想完成這項工作，需要用圓木搭成的升降架把石塊升高，接著再左一下、右一下地將石塊撬移到位。

有人對這個試驗心存疑惑。他們認為，首先，現代人使用的是機器製成，極為結實的大繩索，而五千年前的古人們只會用樹皮來製造繩子，像這種規格的繩索，他們如何製造呢？再者就是搬運石頭的工序、托架和木軌等設施，以及抬升和豎立石塊使用的槓桿原理，這些都是現代人預先設計的結果，但是新石器的古人會想到這麼恰當、準確的方式嗎？

二〇〇三年，在巨石陣附近又有了新發現。據美聯社五月二十二日報導，英國考古學家在巨石陣旁不遠處發現六具（四個大人和兩個小孩）古人的屍體，被發現的這些人生活在西元前二三〇〇年左右，這個年份正是巨石陣建造的時間。

該報導還說，二○○二年，考古學家也曾在距離巨石陣大約三英里處，挖掘出一名弓箭手的遺體。有人認爲這名弓箭手來自於瑞士。這位弓箭手的屍體也是根據他身邊的燧石箭頭而被辨認出來。人們在這個墓穴中，一共挖掘出了一百餘件古代器物，由此可見這個的墓穴顯然十分富裕。人們猜測，他生前一定地位顯赫，也許還參與了巨石陣的建設。後來，弓箭手被英國媒體稱爲「巨石陣之王」。人們在這個弓箭手的墓穴中發現了牙齒、骨頭以及兩個金製的髮辮、三把銅製的刀、燧石箭頭、護腕以及陶器。金製品可以追溯到英國最早發現金製品的年代，即西元前二四七○年以前。

　　於是，對於巨石陣到底是誰建造的，人們又有了新的猜測。有人認爲，巨石陣可能是由一個來自歐洲大陸，地位顯赫的移民組織修建的。

　　有關巨石陣的用途，也有新的說法。二○○三年十月十八日，從倫敦傳來新的報導：最近英國考古學家透過雷射掃描技術對巨石陣中部分石塊上的圖案進行分析，判斷這些史前建築在一段時期內可能是悼念逝者的紀念碑。

　　正當人們對巨石陣到底爲什麼建造、又是誰建造的爭論不休時，有關對巨石陣的修復又起爭端。

　　原來，幾千年來的風刮雨淋，使得巨石陣有些地方已嚴重損傷。隨著參觀巨石陣的遊客越來越多，出於對它的神祕感，大家都喜歡敲下一小塊石頭帶回去做紀念，以至於附近的鐵匠鋪竟爲此專門出租搥子。直到一九一八年收歸國有，巨石陣才開始得到應有的保護和修復。

　　每年大約有七十至一百萬參觀者從世界各地萬里迢迢來到索爾茲伯里平原，其目的就是爲了觀賞這座有著四千多年歷史的史前聖殿。但是，在巨石

▷ 巨石陣至今仍保持著它獨有的神祕和寂靜。

陣的旅行指南上，遊客們並不知道，上面的石頭，實際上都經過了現代人的修復。特別是在一九○一年至一九六四年間，有關人員曾對巨石陣進行過多次的修補和加固。

巨石陣曾被重新修建這一消息，是由布萊恩・愛德華茲揭露出來的。布萊恩曾對索爾茲伯里的巨石陣做過調查。他指出，透過約翰・康斯特伯爾在一八三五年繪製的油畫，可以很清楚地看出巨石陣被重新修建的痕跡。

愛德華茲將他的發現寫進了他最近出版的一本教科書中，這本書的名字為《看歷史》，現在已經被當作英國的公共歷史課教材使用。書中這樣寫道：「我們在二十世紀看到這一石碑，雖然看起來像是幾千年前建立的，但實際上這已經不是史前人類做出來的東西了。真正的史前巨石陣已經永遠消失，真正的歷史也離我們遠去，再也無法看到了。」

愛德華茲的披露引起了世人的關注。英國文物協會已經開始考慮重新撰寫有關這個英國最著名的史前紀念碑的參觀指南。如果真是這樣，那麼，這將是整個人類文化遺產的巨大損失和悲哀。因為無論科技多麼發達，再也無法研究四千多年前「原汁原味」的巨石陣了。

晨曦之下，巨型方石陣看似幢幢神祕的巨影。幾千年的時間和大自然的力量，以及古往今來無數科學家、天文學家、歷史學家、地質學家、考古學家，乃至神祕主義者以及那些絞盡腦汁想探求個中祕密的人，都對它無可奈何，巨石陣至今仍保持著它獨有的神祕和寂靜，似乎不容人們去探究揣測。

英國｜倫敦塔
塔中的謎團

英文名　Tower of London
所在地　泰晤士河北岸，倫敦城的東南角

倫敦塔坐落於泰晤士河北岸，倫敦城的東南角，和泰晤士河上的塔橋同是倫敦的標誌。一九八八年，聯合國教科文組織將其定為人類文化遺產，列入《世界遺產名錄》。

英國首都倫敦以它悠久的歷史、燦爛的文化、雄偉的風姿屹立於世界名城之林。

西元前五四年，凱撒率領羅馬帝國的軍隊侵入大不列顛島。西元四三年，羅馬軍隊再度征服大不列顛，並在此修建了第一座橫跨泰晤士河的木橋。羅馬人把倫敦當作他們的兵站，稱「倫甸涅姆」，倫敦之名據此演變而來。倫敦的建立，通常也從這一年算起。

▷ 倫敦塔的夜景

如今的倫敦，是一座獨具特色、城中有城的大都市。它包括三十二個市區和一個倫敦城。其中倫敦城是倫敦最古老的部分，也是城市的核心。這座歷史悠久的古城，保留著眾多的名勝古蹟，僅掛牌的文物古蹟即達四百餘處。精美多姿的古代建築，吸引著來自世界各地的遊客。

如今的英國王室是威廉王朝的後裔。其開創者威廉一世（約1028～1087 A.D.）被後人稱為征服者威廉。一〇六六年九月十七日，威廉為爭奪王位從諾曼第引兵渡海，駛向蘇格蘭東南海岸。翌日登陸，攻占佩文西和赫斯廷斯鎮，開始建立橋頭堡。十月十三日在赫斯廷斯一戰中，消滅了原英格蘭國王哈樂德的軍隊，哈樂德戰死。一〇六六年耶誕節，威廉在西敏大教堂加冕為英格蘭國王。

正是這位征服者威廉，於一〇七八年開始建造倫敦塔。他死後，威廉二世（1056～1100 A.D.）繼承父業，共用了二十年的時間，直到一〇九八年才將這座城堡建成。

占地七‧二公頃的倫敦塔，經過九百多年的增增減減、興興廢廢，成為今日的倫敦塔城堡群。從一一四〇年起，它成為歷代英王的主要住所之一。

倫敦塔本來是用來防衛和控制倫敦的一座城堡，塔中最古老的建築是位於城堡中心的諾曼第塔樓，它是整個建築群的主體，也是英格蘭最早的石製

▷ 倫敦塔的白塔

建築，因其是用乳白色石塊建成，故又稱白塔。

　　但在將近千年的歲月中，倫敦塔的作用不斷地轉變。有人曾說，這座塔是保衛或控制全城的城堡；是舉行會議或簽訂協約的王宮；是關押最危險敵人的國家監獄；是當時全英國唯一的造幣場所；是儲藏武器的軍械庫；是珍藏王室飾品和珠寶的寶庫；也是保存國王在西敏法庭大量紀錄的檔案館；直到現在成為倫敦觀光區。

　　倫敦塔雖然只是一處古堡，但是它的領銜管理者卻是享受總督待遇的一位將軍，他和禁衛們同樣住在塔內，他的助手是禁衛長。英國人十分注重傳統禮儀，衛兵們至今仍穿著傳統的猩紅色都鐸式制服（一種紅色士兵上衣，緊領，銅鈕子，有綬帶），戴高高的黑色熊皮帽，並保持著一四八五年至今從未間斷的「鑰匙典禮」。

　　最早在倫敦塔內飼養動物的是十三世紀的亨利三世，當時他命人尋來花豹和北極熊在塔內飼養。這以後，倫敦塔內餵養的動物品種越來越多，其中便包括渡鴉。多少年來，這裡流傳著一個古老的傳說：如果渡鴉一旦離開倫敦塔，倫敦塔就會倒塌，王朝也將隨之垮臺。所以，為防止渡鴉飛出倫敦塔，飼養人員在專家指導下為每隻渡鴉精心修剪了翅膀，使其不能遠飛。所以現在人們把渡鴉戲稱為倫敦塔內「最後的囚徒」。

　　作為一座防衛森嚴的城堡和宮殿，英國數代國王都曾在倫敦塔內居住。當年，每逢英國國王加冕的前一晚，都要在塔內過夜，翌日再往西敏宮舉行儀式。這已成為一種慣例。

　　倫敦塔也是皇家鳴放禮炮的地方。時至今日，每逢重要的慶典，倫敦塔的總管都會通知皇家炮兵團把大炮拉到城堡南面的河畔，鳴炮慶賀。

　　正因為倫敦塔在英國有這麼特殊的歷史地位，所以有人說，倫敦塔的故事不僅構成了一部倫敦史，也構成了一部英國史。一九七八年，為紀念白塔興建九百年，倫敦舉行了豐富多彩的慶祝活動。

　　如今，在白塔和血塔分別陳列的展品中，不僅有歷代形式眾多的武士盔甲、戰袍和槍械，也有顯示古代刑法的地牢、寶劍、劊子手的斧鉞。皇家珍寶館展出十七世紀以來英君主鑲滿寶石的皇冠、權杖、飾物和珍品，其中於一八三八年為維多利亞女王製作的「帝國王

冠」，上面鑲有三千多顆寶石，是世界聞名的皇族珍品。此外，還有一枝國王的權杖，嵌有一顆一九〇五年在南非發現、重達五三〇克拉的大鑽石，據說這是世界上加工製作最大的鑽石。

當初在設計倫敦塔時，並沒有想到把這裡當成囚禁犯人的監獄，因此在建築白塔時沒有考慮在塔內設置囚室。但白塔動工後不久，就有一部分犯人被囚禁在白塔的地下室，最多時倫敦塔竟關押了一千七百名犯人。從那以後，就常有犯人被押解至此，倫敦塔也就逐漸成為國家監獄。作為監獄的倫敦塔關押的最後一個囚犯，是納粹德國的第三號人物、希特勒的副手魯道夫·赫斯。當時他私自來到英國企圖祕密會談，被英國首相邱吉爾囚禁於血塔之內，戰後經公審被判處無期徒刑。

有意思的是，原本是皇家居所的倫敦塔，到後來卻以幽禁、處決王室及政治犯聞名。而倫敦塔之所以成了旅遊勝地，其顯赫的名氣主要就是來自於在這裡喪命的犯人。世界各地來此參觀的遊客所感興趣的，除了那些世界上最為昂貴的璀璨珠寶，還有倫敦塔中傳說的幽靈。漫長的歲月中，這裡隱藏著王室血腥、暴力的宮廷鬥爭，成為監禁國王、政敵的囚室，處決囚犯的刑場。英格蘭歷史上有好幾位失敗的國王、失寵的王后、王妃、王子、大臣和貴族，不但被囚禁於此，而且在這裡被送上了斷頭臺。有的遊客說，即使事隔多年的今天，到了這兒，仍可隱約之間感受到塔中的血腥氣氛。那冰冷的氣息，讓人不寒而慄，所以倫敦塔又被稱為「血腥之塔」。

那麼，這座被遊客稱之為「血腥之塔」的倫敦塔，到底有什麼樣的故事？讓我們翻開存放在塔內的囚犯檔案，看看裡面有哪些顯赫一時的名人。

英法百年戰爭結束後，英國皇族後裔的兩個旁系家族形成了對立的封建主集團：北方以蘭卡斯特家族為代表，族徽是紅玫瑰；南方以約克公爵家族為代表，族徽是白玫瑰。當時簇擁在蘭卡斯特家族周圍的，是英格蘭北方和威爾斯一帶力圖保持封建割據局面的貴族及大封建主。而約克家族依靠的，是東南部那些靠發展貿易和手工業興起的「新貴族」及城市裡的富裕階層。為了爭奪英國王位，雙方各自利用自己手中擁有的軍隊相互殺伐達三十年之久，拉開了歷史上著名的「紅白玫瑰戰爭」的序幕。

亨利六世（1421～1471 A.D.）於一四二二年九月繼承其父亨利五世的王位，成為英格蘭國王。同年十月，他在外祖父法王查理六世死後，又成為法國國王。亨利六世篤信基督教，關心宗教教育事業，有著基督教徒的一切美德。一四四〇年到一四四一年間，亨利六世創辦世界上最著名的伊頓公學。一四四一年，他又創辦世界另一所最著名的學院——劍橋大學國王學院。

▷ 亨利六世的妻子瑪格麗特王后

然而，亨利六世雖然對教育很有貢獻，作為國王卻不善治國，還不幸患了精神病。於是，在一四五三年到一四五四年期間，由約克公爵攝政。沒想到，約克公爵竟想與之爭奪王位。攝政不久，約克公爵便寫了一封信給亨利六世，勸他讓位。亨利六世見信之後，宣布取消約克公爵的爵位，同時下令北方的貴族速速整頓軍隊，準備以武力解決此事。

約克公爵見狀也從南方調兵遣將，一四五五年五月二十二日，戰爭在聖奧爾本斯爆發。約克的白玫瑰軍在英王的城堡外擊敗了亨利六世支持的紅玫瑰軍。

一四六〇年七月十日，雙方在北安普頓展開第二次大戰。約克家族最得力的領將瓦立克伯爵內維爾率白玫瑰軍打敗了紅玫瑰軍，隨軍的亨利六世在戰鬥中被俘。後來雙方達成協定：亨利仍為國王，但承認約克公爵為王位繼承人。

瑪格麗特皇后得知自己的兒子失去王位繼承權，急忙從蘇格蘭借到一支人馬，聯合紅玫瑰軍突襲約克公爵所在的奧克菲爾德城。十二月三十日，約克公爵在戰鬥中陣亡，瑪格麗特為了洩恨，把約克公爵首級斬下，扣上紙糊的王冠，懸掛在城牆上示眾。

然而，讓瑪格麗特皇后意想不到的是，約克公爵十九歲的長子愛德華在倫敦被擁立為國王，稱愛德華四世（1442～1483 A.D.）。次年三月二十九日，雙方又在約克城附近展開決戰，紅玫瑰軍最終敗北。亨利六世攜帶妻兒逃亡蘇格蘭。一四六四年，亨利六世回到英格蘭，支持蘭卡斯特家族起事，但遭到失敗，再次被俘，被囚禁在倫敦塔。

令亨利六世意想不到的是，勝利之後約克派內部矛盾急速激化。身為國王的愛德華四世與掌握實權的內維爾反目成仇。一四六九年，內維爾一度將愛德華俘獲下獄。愛德華四世重新得勢後，內維爾逃往法國，轉與蘭卡斯特家族結盟。他們在法國的支持下捲土重來，打回了英國。亨利六世又於一四七〇年十月復位，這次是愛德華四世逃亡尼德蘭，依附他的妹夫勃艮第公爵查理。不久，愛德華四世亦捲土重來。一四七一年三月，愛德華四世在尼巴特一戰中擊敗並殺死內維爾。五月四日，愛德華四世俘獲了從南部港口偷偷登陸的瑪格麗特王后，將她和她的獨子及眾多蘭卡斯特貴族統統殺

死，亨利六世再次被關進了倫敦塔。幾個星期之後，當局宣布亨利六世在倫敦塔裡「憂鬱而死」。至此蘭卡斯特家族幾乎已被斬盡殺絕。混亂中，只有蘭卡斯特家族旁支的年幼亨利・都鐸僥倖逃往法國布列塔尼。

一四八三年四月，愛德華四世死後，其弟理查稱帝（1452～1485 A.D.），他也是約克家族的最後一個英格蘭國王。

亨利・都鐸僥倖逃到法國後，從沒有放棄捲土重來的希望。一四八五年八月，流亡多年的亨利・都鐸終於率兵跨海進軍倫敦，在博斯沃思原野戰役中擊斃理查三世，同年即位，爲亨利七世（1485～1509 A.D.在位）。

亨利七世當上國王之後，結束了曠日持久的玫瑰戰爭，爲都鐸王朝的昌盛奠定了基礎。他先後與西班牙、尼德蘭、佛羅倫斯和丹麥締結商約，大力促進英格蘭的貿易。當他的兒子亨利八世繼位時，英格蘭已經繁榮昌盛。

亨利八世（1491～1547 A.D.）爲英國都鐸王朝的第二任國王。亨利八世在倫敦塔處決過許多人。繼位的第二天，他便將亨利七世主要的兩位稅收官關進了倫敦塔，十六個月後以莫須有的罪名處決。英國烏托邦社會主義者以及《烏托邦》的作者湯瑪斯・摩爾，因反對英國教會脫離羅馬教廷，拒絕承認亨利八世爲英國最高宗教領袖，被囚禁在倫敦塔內達十五個月之久，最後於一五三五年七月被送上了斷頭臺。

亨利八世與寡嫂凱瑟琳結婚之後，雖然生過兩個兒子，但都夭折，他便以自己無嗣爲理由，從一五二七年起不斷提出與凱瑟琳離婚的要求。一五三三年，亨利八世命令坎特伯里大主教湯瑪斯・克蘭默廢除他與凱瑟琳的婚姻，隨後又要求全體臣民宣誓，支持他與安妮的婚姻。當時有幾名教士對這樣的宣誓堅決抵制，結果被關進倫敦塔，隨後處決。曼徹斯特的主教聖約翰・費希爾也被亨利八世以叛逆罪關進了倫敦塔，隨後被處決。

一五三三年一月二十五日，亨利八世與安妮祕密結婚。六月，安妮在西敏教堂正式加冕爲王后。九月，安妮生了一個女兒，即未來的伊莉莎白一世女王。亨利八世看到是個女孩，深感失望。後來，有人流傳說安妮的左手有六個指頭，是女巫的標誌。一五三六年，亨利八世以通姦和亂倫罪名判處安妮死刑。行刑前，安妮王后請求用劍刺死她而不要用斧頭砍死她，亨利八世接受她的要求，專門派人到法國找來了最好的劍手。安妮臨死前平靜地對她的朋友說：「我很高興保全了我潔白的脖子。」不少歷史學家認爲，安妮不大可能犯有被指控的罪行，她只是個犧牲品。由於有的人認爲安妮是冤枉的，後來的倫敦塔裡便有了安妮幽靈的傳說。據說，安妮死後，她的陰魂經常在倫敦塔裡的草坪上出現，嘴裡念念有詞，似乎在訴說她的冤情。還有個

伊莉莎白女王

祭壇也是她的陰魂時常顯現的地方。

安妮的女兒伊莉莎白一世是英格蘭歷代最偉大的君主之一,四十五年的成功統治,使她成為百姓所敬仰的女王。

一五八七年,埃塞克斯伯爵任女王的侍從長,此人英俊瀟灑,伊莉莎白一世經常和他一起到倫敦郊外的森林中騎馬,這引起女王原來寵信的警衛隊長沃爾特‧雷利的嫉恨。於是兩人都在女王面前訴說對方的壞話。

對埃塞克斯來說,他憑著自己在女王那裡得到的恩寵而過於自信,但伊莉莎白畢竟是一個政治家。一五九九年,埃塞克斯伯爵任女王駐愛爾蘭的代表時,因調度無方,被叛軍打敗,與對手訂下一項屈辱的條約,緊接著又違反女王的命令擅自回國,因而於一六○○年被女王撤去了一切職務。

此時的埃塞克斯頓感前途被毀,便帶領了三百人,於一六○一年二月八日發動倫敦民眾叛亂。被擊敗後,他只得無條件投降,隨後即被關進倫敦塔,經審判,於二月十九日被判處死刑,並於二月二十三日在倫敦塔內處決。

行刑那天,他的死對頭警衛隊長沃爾特‧雷利親眼目睹了這個政敵被處死的整個過程。但令他意想不到的是,十七年後,他自己也沒有逃脫同樣的命運。沃爾特‧雷利曾就讀於牛津大學法學院,是個天才的軍人,又是個富有才華的詩人。一五八五年受封為爵士,深得女王的歡心。但他瞞著女王與一位宮女結了婚,此事激怒了伊莉莎白,便以玷污宮女的貞操和榮譽之名,將雷利關進了倫敦塔。雖然不久獲釋,但雷利的仕途也從此了結。

一六○三年,伊莉莎白女王逝世,詹姆士一世繼任。此時的沃爾特‧雷利覺得女王已死,便捲入一起推翻國王詹姆斯一世的陰謀事件,因事情敗露又被關進了倫敦塔中。雷利在倫敦塔中被囚禁了十三年,他是在此被囚禁時間最長的囚徒。但與眾不同的是,在囚禁期間,他不但在倫敦塔的花園裡種植煙草,還把圈養動物的籠舍改造成化學實驗室,並利用空餘時間撰寫了一部《世界史》。一六一六年,這個優雅的貴族終於說服了國王,讓他率領一支探險隊去南美洲尋找金礦,以此立功贖罪。不幸的是,雷利兩手空空而回。一六一八年,雷利被處以極刑,最終在倫敦塔丟了腦袋。由於雷利的戲劇性經歷,使現在「雷利顯形」表演成了倫敦塔最吸引人的遊覽

節目之一。

　　據說，在倫敦塔的底部還埋著兩位年幼王子的屍骨。那是在愛德華四世病逝後，他的王位本應傳給新的英格蘭國王愛德華五世（1470～1483 A.D.）。可是，當時這位英格蘭王子只有十二歲。根據國王的遺囑，由他的叔父攝政。沒想到此人為了篡奪王位，便將姪子愛德華五世和他的弟弟囚禁於倫敦塔中。後來這兩個王子就不明不白地消失了，他們究竟在倫敦塔裡關了多久，外人始終無從知曉。據說，這兩個王子是被悶死在倫敦塔的。一六七四年，人們在倫敦塔中果然發現了兩具小孩的屍骨，有人認為這就是愛德華和他年幼的弟弟，並稱他們為「寶塔內的王子」。

　　有關這兩位王子之死的真相，也是英國歷史上調查時間最長的謀殺案。

　　雄偉的倫敦塔，以它那些說不完的故事不但增添了它無限的魅力，更使它在歲月流逝中沉澱了越來越多的神祕色彩。

▷ 神祕的倫敦塔

英文名　Altamira Cave
所在地　西班牙桑坦德省

　　阿爾塔米拉洞窟位於西班牙桑坦德省，爲史前人類活動遺址，其洞窟早在奧瑞納時期已有人居住，一直延續到梭魯特時期和馬格德林時期。它也是舊石器時代的洞窟岩畫中最著名的一個，在此發現的石器和壁畫上描繪出各種野生動物的形象，可追溯到舊石器時代的晚期。一九八五年，聯合國教科文組織將其定爲文化遺產，列入《世界遺產名錄》。

　　十九世紀中葉的歐洲，由於發現的舊石器時代文化物品還僅限於小型的骨頭與石頭雕刻，所以學術界對舊石器時代文化知之甚少。因此，當人們發現這座被稱爲「史前西斯廷小教堂」的洞窟時，看到那些出自舊石器時代洞窟崖壁畫在藝術上如此超凡絕倫，竟不敢相信這一切都是眞的。科學界、藝術界甚至曾一度對其表示懷疑。直到幾十年之後，它的眞實性才逐漸被證實，並被世人承認和接受。

　　阿爾塔米拉洞窟岩畫的發現，與西班牙人索圖奧拉和他的小女兒有著密切關係。

　　一八七九年，索圖奧拉（1831～1888 A.D.）帶著他的小女兒瑪麗亞，來到他幾年前發現的阿爾塔米拉洞穴。他們進洞後，索圖奧拉開始挖掘，而他的小女兒瑪麗亞卻拿著一支蠟燭在洞窟裡好奇地到處玩耍，當時她走到一處窟頂很低的地方，抬頭往上看的時候，突然喊道：「野牛、野牛！」

　　就是小女孩這偶然的一瞥，發現了沉睡在這個洞窟裡達萬年之久的原始藝術瑰寶，即今天舉世聞名的阿爾塔米拉洞窟彩色岩壁畫。

　　今天世界各地的遊客前來參觀阿爾塔米拉洞窟時，看到的洞窟大約將近有三公尺多高。但人們並不知道，這是考古人員爲了便於遊客參觀，又刻意往下挖深了一些。但爲了保留歷史的眞實原貌，並保留窟底一塊隆起的岩面，那也是在往下挖深時刻意留下來的。有關人員還在那塊岩石上鋪了一張帆布，便於參觀者仰臥觀賞大窟頂畫。參觀者仰臥的位置正對著窟頂畫中那幅精彩的野牛形象。所

以，當年如果不是年幼的瑪麗亞個子非常矮小，大人們根本無法進來，也無法注意到這幅洞頂上的岩畫。

一八八○年，索圖奧拉在《桑坦德省史前遺物簡介》中發表了阿爾塔米拉洞窟崖壁畫，他認爲這些壁畫屬於舊石器時代。遺憾的是，當他向學術界宣布這一具有歷史性的發現，並闡明自己的看法和觀點時，不但遭到法國史前考古學家埃米勒・卡爾達伊拉的否定，也遭到了學術界普遍的拒絕和質疑。一八八八年，索圖奧拉在無奈中離開了人間。

一八九五年，法國多爾多涅地區的拉穆特洞窟無意中被人們發現，當人們把摻雜著一些舊石器時代物品的沉積物清除之後，顯露出一條從未有人知道的「畫廊」，這條畫廊由洞壁上的繪畫與線刻所組成。第二年，人們又在帕農帕洞窟辨認出一些線雕，其中一部分被很厚的沉積物所覆蓋。

我們都知道，歐洲舊石器時代晚期細分爲奧瑞納文化期（距今約三萬到兩萬年）、梭魯特文化期（距今約兩萬到一萬五千年）、馬格德林文化期（距今約一萬五千到八千年）。

▷ 舉世聞名的壁畫《阿爾塔米拉野牛》

而發現拉穆特洞窟的意義在於，當人們試圖從洞窟的通道往裡挖掘時，發現整個洞窟被一些馬格德林文化期的石器等堆積物所覆蓋，把它們清理後，才發現了洞口，從洞口進去才可通到後面的洞窟，進洞之後，才能在洞壁上看見繪畫和線雕。正因為洞窟口是被馬格德林文化期的堆積物所填滿，所以此後就不可能再有人進入洞內，由此可以證明，洞窟壁畫存在的時代當然要比堆積物早。

　　而帕農帕洞窟則只有一個小洞，其洞口原先被堆積物堵塞，只好從洞頂逐步挖開。耗費了幾年的時間，謹慎地一層層挖掘，一直挖到洞底露出石頭，才發現那小洞的入口，比最初爬進去的洞口低，原洞口被堆積物從裡面堵塞，它們分別屬於舊石器時代中期的奧瑞納文化期和晚期的梭魯特文化期，把這些堆積層移走後，才在牆上露出了動物壁畫，可見壁畫比堆積物更為古老。

　　洞窟裡的壁畫多被鐘乳石所覆蓋。從鐘乳石的年代來判斷，它們也不可能晚於石器時代。

　　洞窟壁畫中出現的許多動物，如長毛象等，也是在當地早已滅絕的動物，它們只生活在遙遠的古代。由於這種種無法推翻的證據，史前史學界終於正式接受並確認舊石器時代洞穴藝術存在的事實。

　　直到這時，人們才又想起了阿爾塔米拉洞窟壁畫，並同時開始尋找其他舊石器時代晚期的洞窟藝術。很快地，舊石器時代洞穴藝術的存在得到證實，人們接二連三發現帶有雕刻、繪畫、淺浮雕或泥塑作品的洞穴和石棚。在法國，人們發現了一大批具有重大意義的洞穴藝術。一九○一年，發現了豐特‧德戈梅洞穴；一九○六年發現尼阿克斯洞穴；一九一一年發現帶有泥塑野牛像的萊圖奧杜貝特洞穴；一九一四年發現萊斯‧弗雷勒斯洞穴；一九二二年發現伯什‧梅勒洞穴及著名的斑點馬圖板；一九二三年發現蒙特斯潘洞穴。

　　當初對索圖奧拉的發現提出質疑的法國考古學家埃米勒‧卡爾達伊拉發表了他的著名論文《一位懷疑論者的懺悔》，公開承認他先前犯了錯誤。索圖奧拉和他的女兒瑪麗亞的發現終於得到了肯定。

　　到了二十世紀，舊石器時代洞穴藝術的本來面目終於被揭示出來。而舊石器時代晚期的阿爾塔米拉洞窟發現更具有雙重的意義：它既是形成於一萬三千年之前，經歷了歐洲舊石器時代三個文化時

期的西班牙史前藝術遺跡，又是在一百多年前第一次被人們所發現的舊石器時代藝術。

現在我們已經知道，阿爾塔米拉洞窟開鑿在桑蒂利亞那石灰岩高原上，由幾個石灰岩洞連接而成。洞窟延伸長度超過二七〇公尺，洞高不到二‧三公尺，各處寬度不等，洞窟由「S」形排列的過道和廳堂組成。

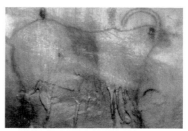

▷ 壁畫《阿爾塔米拉野山羊》

阿爾塔米拉洞窟裡保持著久遠的石器時代面貌，有石斧、石針等工具，洞內有史前人睡覺的地方及燒烤食物、生火取暖的石灶，灶底餘燼痕跡清晰可辨。其中最大的岩洞面積達一百多平方公尺，洞內壁面上約有一百五十幅壁畫，主要集中在長十八公尺、寬九公尺的入口處頂壁上，是西元前三萬年至前一萬年左右的舊石器時代晚期古人繪畫遺跡。

阿爾塔米拉洞窟裡面的洞頂布滿了精美的壁畫。著名的大窟頂畫，是從洞口的左側另一個入口進去。大窟頂畫圖像的外輪廓線有的刻得很深，有的刻得淺而細，再用黑線勾勒與紅色填彩，黑色勾的線條很粗，紅色填的色彩又很濃，部分還略加暈染。看得出來，當時的畫匠極富藝術功底，充分利用了岩石表面的凹凸不平，以表現動物的肌肉和骨骼的起伏變化，在表現伏臥的動物軀幹時，巧妙地利用岩石的凸起處，組成肌肉圓塊的形狀，再加上蜷曲的四條腿。

阿爾塔米拉窟頂壁畫由三十多種動物的彩繪圖形組成，其中有些動物的圖像不是完整的，或相互重疊，或互相覆蓋，但有的卻非常完整，如馴鹿、長毛象、野牛以及一定數量的類人猿形象等。野牛的長度在一‧四到一‧八公尺之間，最大的巨鹿竟有二‧二五公尺長。這些圖形都經過彩色渲染，它們有的在奔跑，有的在躺臥，還有的受了傷，可謂千姿百態、生動自然。岩畫的風格極其粗獷有力，生動地描繪出各種動物的立體感和動態感。

這些色彩斑斕，用紅色、粉紅色、棕色等多種色彩描繪出來的動物形象，從藝術手法上說，真可謂妙造自然，而又自然成趣。

在窟頂的彩色繪畫下面，還有別的繪畫以及遺存的線條，或僅僅是手印的外輪廓線，或戴面具的人像線雕，依照有些學者的看法，有些繪畫可能是奧瑞納文化期的遺物，但是主要的岩畫則屬於馬格德林文化期的作品。

有人認為，洞窟底層的繪畫，或是平塗，或只有外輪廓的形象，有可能是更為原始的作品，而覆蓋在上面，後來創作的多彩繪畫，才是阿爾塔米拉洞窟藝術風格的真正代表作。

近年來，有關人員透過對洞穴繪畫使用的顏料所進行的細密分析證明，原始人經常運用諸如木炭之類的有機物，而借助碳十四檢測法可以直接測定它們的成畫時間。

目前對包括阿爾塔米拉洞穴在內的八個洞穴的研究成果表示，這些洞穴壁畫的年代遠比人們以前想像的複雜得多。它們既不是隨便繪成，也不是某種單一類型的作品。它們似乎是在冰河時代的不同時期不斷地積累起來的，一些形象後來經過潤飾，一些則是在先前繪畫的部位上所進行的重繪。

於是，又有人提出了新的問題，假如按照某些學者的看法，有些繪畫有可能是奧瑞納文化期的遺物，而我們知道，奧瑞納文化期距今已有三萬到兩萬年，而那幅舉世公認繪畫於馬格德林文化期的野牛距今只有數千年。那麼，這個神祕的阿爾塔米拉洞穴，對舊石器時代的人類究竟有著什麼特殊意義存在？為什麼他們要在兩萬多年的時間裡，以數百代人的努力，堅持不懈地在這個幽深、黑暗的洞穴裡畫下眾多的壁畫呢？

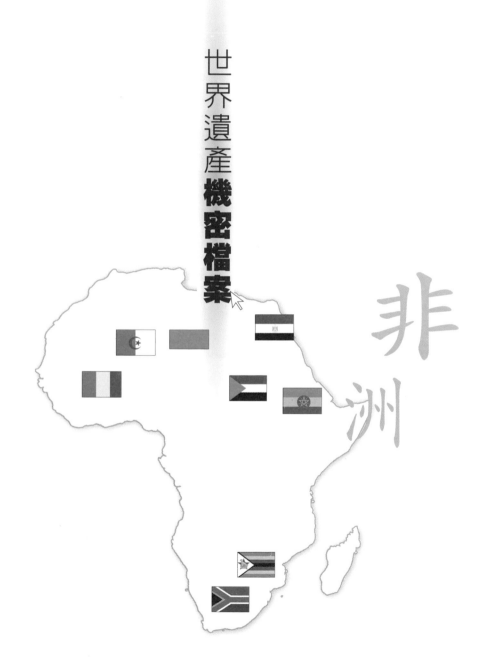

世界遺產 **機密檔案**

非洲

沉沙之下挖掘出的北非歷史名城

英文名　Archaeological Site of Leptis Magna
所在地　利比亞科姆斯地區的萊卜達河出海口，黎波里市以東120公里處

　　大萊波蒂斯遺址位於利比亞科姆斯地區的萊卜達河出海口，利比亞首都的黎波里市以東一百二十公里處，方圓約二·五平方公里，是地中海地區面積最大的考古場所之一，那裡有北非保存最好的羅馬建築。一九八二年，聯合國教科文組織將其定為文化遺產，列入《世界遺產名錄》。

　　利比亞有著五千年的文明史，與埃及古文明相比，利比亞的古蹟更加豐富。有羅馬人、腓尼基人、希臘人和古利比亞人留下的歷史古蹟。

　　利比亞有著十分豐富的旅遊資源。它地理位置優越，北處地中海南岸，海岸線長達一千九百公里，四季宜人的地中海氣候可以讓遊客盡情地享受陽光與沙灘。南部和內陸有綿延不絕的沙漠，而沙漠湖泊與綠山瀑布又是利比亞獨一無二的奇特景觀。

　　另外，利比亞還有著悠久的歷史和燦爛的文明，也留下了許多歷史文化遺產：大萊波蒂斯的考古遺址就是其中的一座。

　　令人難以相信的是，如此規模宏大、設施完備的古代城市遺址，竟然是兩千多年以前建造的。它是地中海沿岸保存最完好的古羅馬遺址之一，它生動地表現了古羅馬人當時的生活狀況。

　　地中海的波濤伴隨著這座古城度過了無數滄桑歲月。大萊波蒂斯的歷史，可以追溯到西元前一千年。古城始建於西元前一世紀，是當年北非的一大港口，也是當時與加達梅斯城之間進行貿易的主要橋樑。

　　利比亞北部在古代本是迦太基人的領地。從西元前一四六年羅馬人占領迦太基城，到西元四三九年易手汪達爾人，在前後五百多年期間，大萊波蒂斯逐漸發展成羅馬帝國的一流城市。今天，來自世界各地的人們，置身於挖掘後的考古區，仍然能夠強烈地感受到當年羅馬帝國那氣勢非凡的宏大與壯觀。這不僅因它曾作為這座城市而占地廣大，更由於在它的斷壁殘垣中蘊含了極其豐富的人文價值。那一座座氣勢如虹的古羅馬建築，線條之流暢，雕刻之精美，令人眼花撩亂。

A.拜占庭時期的城門。

B.塞維洛大會堂（亦稱新會堂）內的大理石連拱建築。

C.塞維洛大會堂內連拱型建築上的人像雕刻特寫。

D.建於西元112~127年的海德瑞恩浴室，有冷暖熱三池。

E.大萊波蒂斯城中的古羅馬街道，街道下面有地下水工程。

F.大萊波蒂斯城的西門。

G.大萊波蒂斯古羅馬劇場全景。

H.塞維洛拱門，建於西元202~203年，石灰石建築，外面用大
　理石浮雕片和簷柱裝飾。

作爲將近兩千年前古羅馬人生活的重要城市和貿易港口，這座古城的布局，具有典型的羅馬建築風格。城市街道規劃井然有序。其城區的建築布局呈長方形，南北主要街道名卡爾多，東西幹道名德古瑪努斯，城內的其他街巷都與這兩條大街平行而建。沿卡爾多街向北步行，可一直走到碧波萬頃的地中海南岸。卡爾多街南端是著名的塞維洛拱門，也是大萊波蒂斯考古區的入口處。在這裡有一座約三公尺高的石碑，上面用阿拉伯文和英文寫明該考古區受聯合國世界遺產委員會保護。卡爾多街是原來老城的中軸線，由於西元一世紀末城市的發展，現處於考古區西南部。

建造於西元一到二世紀的大劇場、競技場和賽馬場是古羅馬人最喜歡去的娛樂場所，因而這些建築也最具有代表性。大萊波蒂斯劇場主要由半圓形的看臺和舞臺組成，中間由樂池連接，形成和諧完美的整體。大劇場臨海而立，坐在看臺上可以看到舞臺和高大的背景牆，起身站立可眺望美麗的地中海。

據說，大劇場內原有許多精美的大理石雕像，可惜完整保存至今的爲數不多，只在舞臺的兩側各有一尊立像，另有一些被保存在的黎波里市的古堡博物館中。

西元二世紀時，城市沿地中海南岸向東西兩個方向擴展，在原來的戰壕位置修築了石頭城牆。建於西元一二六年到一二七年的海德瑞恩浴室，像所有羅馬遺址中的浴室一樣有冷暖熱三池。而蓄水池的底部採用了一種叫防水石的材料，今天還保持著良好的隔水功能。

西元三世紀初，大萊波蒂斯的城市建設達到頂峰。在當地出生、後來成爲古羅馬皇帝的塞普蒂米厄斯‧塞維洛（193～211 A.D.在位），於二〇二年在東部前線獲勝，第二年榮歸故里。前面提到的塞維洛拱門就是在他凱旋之前倉促建造的。這座拱門的東西南北各有一個門洞，以巨型石灰岩建成，外面用大理石浮雕和簷柱裝飾，高大而精美，不失爲古羅馬建築的傑作。

除了這座拱門以外，塞維洛和他的兩個兒子在位期間還建造了許多具有歷史意義的建築，新建了兩條街道，擴建了海港，使一千噸的船隻可以直達城外卸貨。目前人們還可以見到的新會堂和西門外的獵人浴場，都是塞維洛王朝期間的建築。

然而，正當大萊波蒂斯到了最繁華的鼎盛時期，卻突然被廢

棄，不久便被沙漠淹沒了。

　　直到十七世紀末，有一個名叫杜蘭德的法國人旅行
經過這裡時，發現了一些殘存的古代建築。他回到法國
後，報導了這些情況，引起了西方國家的重視。一九一
二年，義大利占領利比亞期間，派了一批五百人的考察
隊，來挖掘這座地下古城，至此大萊波蒂斯遺址終於重
見天日。

　　二戰後，法國和英國的考古學家配合義大利人繼續
進行挖掘工作。一九八二年大萊波蒂斯遺址被列入世界
文化遺產以後，大規模的挖掘活動才得以展開。

　　考古學家們在挖掘時發現，當這座古城被廢棄時，
城牆被完全拆除，古城裡所有的建築完全暴露在沙漠的
蠶食面前，一代名城就這樣被深深地埋在沉沙之下。然
而，正因為大萊波蒂斯遺址上面覆蓋了厚厚的沙子，才
因禍得福，被完好地保存下來。

▷ 塞維洛大教堂內的大理石浮雕柱

　　考古學家已在大萊波蒂斯遺址挖掘出多座建築，以及古羅馬街道、港
口、集市等。這些古蹟大都得到了很好的修復，其中能容納一萬五千人的圓
形大劇場的修復工作已基本完成，成千上百的雕刻和鑲嵌圖案被轉移到的黎
波里市的博物館裡保存。遺憾的是，當時古羅馬人修建的大型防洪工程遭到
嚴重破壞，已無法修復。

　　經過多年的努力，考古學家對這座古城已有了大概的瞭解，但由於許多
遺址至今還被埋在沙石之下，有待挖掘，有許多不解之謎尚待揭開。

　　考古人員不但在這座城市的農業區發現了大量生產橄欖油的重要證據，
還發現了一些大型的橄欖油加工廠，包括一些製油的擠壓器具。橄欖油除了
食用之外，可能還被用於照明。但這裡的橄欖油生產規模之大已遠遠超出了
當地需要，可能大量輸出到羅馬帝國的其他領地。有人認為，大萊波蒂斯可
能是個以生產和出口橄欖油為主的貿易城市。但在遠古時代是否會有這樣專
門從事某一商品生產的城市，還不清楚。

　　另一個問題是大萊波蒂斯是建立在大理石上的城市，城市裡所有的建築
都是以石灰石和大理石結合的建築，並用大理石和花崗岩來裝飾，就連當年
市場裡買魚小販用的砧板，都是用大理石製成的。然而，北非並不產大理
石。那麼，當年建造這座古城的主要材料必定是從海外運來的。考古學家們
雖經過多年的努力，卻至今弄不清楚這些石材來自何處，有人認為它們來自

▷ 塞維洛大教堂內一景，兩邊是三人才能合圍的大理石柱。

▷ 大萊波蒂斯內的神廟遺址

埃及；有人認為它們採自地中海東部沿岸；也有人認為這些大理石是從羅馬開出的船上的壓倉物。

但最大的謎團是大萊波蒂斯為何被人廢棄。對此研究人員也有幾種不同的觀點。從挖掘的遺址來看，在這座古城最為鼎盛的時期，有八萬人在此居住。但是沒過多久，竟變成了一個很小的居民點。最常見的一種說法是由於西元四二九年汪達爾人的入侵。羅馬帝國衰敗後，西元四三九年，汪達爾人占領迦太基城，取代了羅馬人在北非的地位。在汪達爾人統治時期（439～534 A.D.），這座古城被沙石掩埋。但也有人認為，早在汪達爾人來之前好幾十年，這座古城就遭到了滅頂之災。西元三六五年，這裡曾發生過一場大地震，損壞了古城大多數建築物。還有人說，在地震之前，衰落的羅馬帝國已無力對這裡進行有效的管理。一個名叫奧斯圖里的當地游牧部落曾洗劫該城，使其遭到毀滅性的打擊。眾說紛紜，莫衷一是。

一九八七年到一九八八年間，大萊波蒂斯遺址遭到了洪水的襲擊，雖然聯合國教科文組織提供了大量設備進行援助。然而，要恢復大萊波蒂斯遺址還需要幾年的時間。

目前，大萊波蒂斯古城遺址已有三百多處古蹟被考古學家挖掘出來。我們有理由相信，隨著以後不斷的挖掘，人們對這座被沙石掩埋千年的城市，定會有更多的瞭解。

金字塔：萬謎之謎

英文名　Memphis and its Necropolis—the Pyramid Fields from Giza to Dahshur
所在地　埃及尼羅河三角洲南，開羅西南，位於尼羅河西岸

▷ 獅身人面像兩爪間的夢碑

　　孟菲斯及其墓地位於埃及尼羅河三角洲南，首都開羅西南，尼羅河西岸。金字塔區在西部，孟菲斯在東北部。一九七九年聯合國教科文組織將其定為文化遺產，列入《世界遺產名錄》。

　　在遙遠的古代，世界上曾有過七處偉美壯觀的建築，被稱為世界七大奇蹟，一直在世人口中流傳。然而，經過數千年的歲月滄桑，這七大奇蹟中的六處都早已傾頹湮沒。幸運的是，其中最偉大的一處——古埃及的大金字塔——至今還在尼羅河畔巍然屹立。四千多年以來，它穿過漫長的時空，傲然雄視著尼羅河谷，為人類的聰明才智和遠古時代的輝煌留下了歷史的見證。

　　孟菲斯是埃及古王國時期的首都。傳說孟菲斯最早建於西元前三一〇〇年前後的第一王朝時期。後來西元前二十七至前二十二世紀的第三至第六王朝的古王國時期，上埃及和下埃及統一，這裡成為古王國的首都，是古埃及的政治、宗教和文化中心。此後直到西元前十一世紀的中王國和新王國時期，首都雖然南遷，但這裡仍是重要城市。孟菲斯城現在保存的古代遺跡很少，僅有幾處巨大的石雕像、神殿和一座牛神廟。

　　金字塔是古埃及法老的陵墓。古代埃及的法老自認為是神明的子孫，擁有至高無上的權力。他們的一生至少要建造三種建築：寺廟、陵墓和大殿。埃及人相信，死後把屍體保存和供養，可獲得永生。所以有人說：「為了建造自己的永世之居，在人類文明初露曙光之際，古埃及把全部知識都已顯現在法老建造的金字塔之中。」

　　金字塔區西面連接利比亞沙漠，東面靠近尼羅河西岸的綠洲，北面從吉薩起，向南經薩卡拉、阿布希爾直到達舒爾，在約八十公里長的地帶保存了近九十座大小不一的金字塔。這些金字塔大部分建造於古王國時期。

　　北部的吉薩位於開羅西南六公里處，從吉薩城再向西南十公里是利比亞沙漠，這裡的金字塔規模最大也最著名，人們常說的大金字塔，指的就是這三座金字塔，他們都建於西元前二十七至前二十六世紀的古王國第四王朝時期。

▷ 吉薩金字塔

▷ 18世紀跟隨拿破崙來到埃及的畫家根據當年見到的情景所畫下的
　　金字塔和獅身人面像。

▷ 晨曦中的獅身人面像

　　其中，位於北端的是胡夫金字塔，是第二代法老齊阿普斯的陵墓，建造於西元前二七六○年，底面呈正方形，各邊分別指向正東南西北，每邊長約二三○公尺，向上是四面錐形，錐頂殘失，現高出地面一三七公尺，當初完整的錐頂應高一四六‧七公尺。它不僅是體積最大的金字塔，也是地球上體積最大的建築。

　　在它西南方是體積略小一些的哈夫拉金字塔，哈夫拉金字塔比胡夫金字塔略小，但其藝術風格的莊嚴與工程設計的精確，均可與胡夫金字塔相媲美。由於其建在一塊較高的臺地上，看上去彷彿比前者還要高。哈夫拉金字塔底邊長二一五‧七公尺，高一四三‧六公尺，用石灰岩和花崗岩砌成。它所遺存的附屬建築較為完整壯觀，包括以巨石建成的兩座廟宇：上廟和下廟。金字塔畔匍匐著著名的獅身人面像，它是在一塊巨大岩石上就地雕鑿而成的，有一種說法認為其面部是根據哈夫拉的容貌雕成。

　　更靠西南方的是高度不及大金字塔一半的曼卡拉金字塔，曼卡拉金字塔雖然體積最小，但十分精緻。它的基底邊長一○八‧七公尺，高為六六‧五公尺。大金字塔墓室入口離地二十七公尺，由花崗岩巨石壘成。

　　這三座金字塔和它們側面的三座小金字塔，以及金字塔東面的獅身人面像和若干相關的神殿，構成了吉薩高原上的古建築群。

　　數千年來，每個見過大金字塔的人無不為之驚歎不已。但運用現代科學知識對大金字塔進行準確測量和研究，卻是從十八世紀末以來才開始的。而測量與研究得到的某些資料和情況，卻使人們感到了更大的震驚與困惑。

首先令人困惑的就是大金字塔的一系列數字。大金字塔的建築選位是北緯二十九度五十八分五十一秒，這個數字非常接近北緯三十度。對此，天文學家曾表示，如果將大氣層中光線的折射也計算在內，人類肉眼測得的北緯三十度實際上是二十九度五十八分二十二秒。這與大金字塔的實際位置所差僅二十九秒。這不僅顯出大金字塔設計者們測量技術的精湛，而且說明他們早已具有經緯度的概念。然而人們都知道，直到十六世紀我們才懂得使用經緯度的概念。

穿過大金字塔的子午線將地球上各大洲與大洋的面積分為平均的兩半，誤差不大於百分之七。

大金字塔方向設置極為精確，四個底邊分別朝向正東、正西、正南、正北。其誤差不到百分之○‧○一五。直至今天仍然是地球上方向最為精確的建築物之一。

大金字塔原有高度為一四六‧七公尺，底邊周長為九二一‧五公尺米。底邊周長與高度之比為2π，即圓周率的兩倍。在歷史教科書中，圓周率是西元前二百多年的希臘數學家首先發現的。可是這個公式，早在四千多年前就已經體現在大金字塔的建造中了。

單單使用π也不足為奇，一個更令人深思的問題是：大金字塔的底邊與高度之比為何選用2π，而不是別的係數？

根據用人造衛星測量地球得到的可靠資料，北半球的半徑（從赤道到北極）為六三五六公里，這個數值是大金字塔高度一四六‧七二公尺的四三二○○倍。而地球赤道周長為四○○七五‧五公里，這個數字縮小四三二○○倍為九二七‧六七公尺，與大金字塔底邊周長相差不過六‧一七公尺，即誤差不過百分之○‧三。有的學者據此認為，從高度與底邊周長的比例來看，大金字塔實際上是地球北半球四三二○○分之一的縮尺。至於那百分之○‧三的誤差，可能是未將赤道不規則的凸出部分計算在內的結果。

◿ 埃及人的船

▷ 金字塔內部結構圖

而且必須指出的是，四三二○○這個數字並非隨意設定，而與地球的歲差運動有關。所謂歲差運動，是指地球自轉軸的週期性變化引起春分點在黃道帶上的位置移動。這種移動速度非常慢，每七十二年才移動一度，每二一六○年移動三十度即一個星座，每四三二○年移動六十度即兩個星座。因此，天文學家往往把七十二、二一六○、四三二○等數位稱之為歲差數位。據歷史記載，歲差運動是希臘天文學家希帕恰斯在西元前一二九年最先發現的，但它也早就在大金字塔與地球的比例關係中出現了。

大金字塔的內部結構也處處遍布數學的玄機。如塔中最主要的房間王殿，坐落在塔內不論垂直或水平都是正中央的位置上。從垂直上看，它恰好處於塔高度的一半。從水平切面來看，王殿地面面積也恰好是整個水平切面面積的一半。王殿地面長一一‧三八公尺，寬五‧六九公尺，按古埃及長度單位為二十乘以十腕尺。而其牆壁高度五‧八二公尺即一一‧一八腕尺。如從地面中心算起，恰好等於一‧六一八公尺，即所謂黃金分割率。這個比例被證實是人眼看到最和諧的比例，人們都知道它是古希臘的畢達哥拉斯學派發現的，希臘人曾得意地將其用於帕台農神廟的建造中。但更早兩千年，在大金字塔王殿中就早已有了。

馬克思曾說，一種科學只有到了可以用數學來表達的時候，才能稱之為完美。因為數學語言是一種超越了具體文字和文化形態的、任何智慧都可以感受到的語言。大金字塔中頻繁出現的數學語言，使我們不能不感到，這是一個高度發展的文明留給我們的資訊。它告訴我們，大金字塔的設計者不僅有著高深的數學造詣，而且似乎早已測量過地球，掌握了地球和太陽系的基本構造，並對歲差運動有著深刻的瞭解。

但在這遙遠的史前時代，人類還沒有發明阿拉伯數字，也不曉得「0」的使用。那時，誰能具有這麼高深的數學和天文學知識呢？

數學之謎還沒有得到解決，另一個更大的疑問又湧上人們心頭：「古埃及人究竟是怎樣建造這座巨大建築？」

大金字塔內由二百六十萬塊巨石堆砌而成，這些石塊每塊重達數噸至數十噸，石塊與石塊之間沒有任何水泥或灰漿之類粘合物。據記載，大金字塔表面本來還覆蓋著一層磨光的覆面石，大約共十一・五萬片，每片約重十噸。但在西元一三○一年大地震後，這些石片被當時的統治者拆下來充當重建開羅的石料。現在只有大金字塔底層和卡夫拉金字塔頂部還有少數覆面石片。但就是在覆面石片沒有了之後，大金字塔內部石塊之間的契合至今仍非常緊密，連鋒利的刀片也插不進去，那時的人們向無金屬工具，建造者們是怎樣加工這些巨型石塊的呢？

大金字塔不是簡單的石塊堆積物，它內部有著複雜的甬道和房室等空間。為了保持底邊周長與塔高度2π的關係，大金字塔設定傾斜角度為五十二度。與之相對應的是，塔內部所有甬道角度都是二十六度，正好是五十二度的一半。這顯然是根據地表動力學精心設計的角度，也非常符合建築學原則。但在施工上，要處處符合這樣的角度，卻必須要依照三角函數的計算來進行。特別是通向王室的大甬道，長達四十七公尺，地面寬二・一公尺，採取懸臂式建築，上下均維持著二十六度的角度。這在建築工程學上，是幾乎不可能的奇蹟。

大金字塔儘管龐大，但它在建築工藝上的精度卻極其細微。它的底邊平均長度為二三○・三五公尺，其中最長的一邊與最短的一邊誤差不足○・二公尺，也就是說誤差率不足百分之○・一。而它四個角的角度與理論上絕對的九十度直角誤差僅僅兩秒之微。就是在使用了各種最先進儀器的現代建築中，這幾乎也是無法做到的。

還有，不論在大金字塔內的甬道、迴廊，還是在王室、後室等房間內，都沒有任何使用過火炬之類的痕跡。當時的建造者們在金字塔內部是如何照明的？要知道，在金字塔深處幾乎沒有自然光線進入，不解決照明問題，根本無法施工。

在大金字塔的建造中，有著太多令人難以置信的精度，太多的「不可能」和找不到的答案。它是世界的奇蹟，也是世界的難題。

非洲▼埃及 孟菲斯及其墓地遺跡

英文名　Ancient Thebes with its Necropolis
所在地　埃及的盧克索至卡爾納克一帶，跨尼羅河中游兩岸

1.「百門之都」：底比斯

　　底比斯古城及其墓地是埃及著名古蹟，位於埃及的盧克索至卡爾納克一帶，跨尼羅河中游兩岸。底比斯是古埃及中王國和新王國（約2040～1085 B.C.）時期的都城，始建於古埃及第十二王朝。一九七九年，聯合國教科文組織將其定為人類文化遺產，列入《世界遺產名錄》。

　　底比斯原名盧克索。「沒有去過盧克索就等於沒有到過埃及。」這是埃及人經常講的一句話，用來說明盧克索的燦爛古蹟在埃及文明史上的重要地位是毫不過分的。

　　底比斯古城面積約十五‧五平方公里。古埃及國王都試圖透過建築讓自己的聲名載入史冊。為此，歷代法老們大興土木，在底比斯建造了無數神廟、宮殿和陵墓。

　　底比斯的建築規模浩大、工藝精湛，堪稱世界古建築藝術最為璀璨絢麗的瑰寶。雖然隨著幾千年歲月的流逝，宏偉的殿堂廟宇大多已湮沒無聞，但碩果僅存的廟宇遺址和帝后陵寢、貴族墓葬，仍不難使人想見底比斯鼎盛時期的風采。

　　如今我們看到的底比斯古城，一半給生者，一半給死者，東部是神殿林立的生者之城，西部則是安置法老和貴族陵墓的來世之都。它既是生者與死者共用的聖地，又是古代文明的舞臺。

　　作為古埃及的瑰寶，底比斯有三個鮮明的特點：

（一）歷史悠久：現存的遺址一般均建於西元前二十一世紀至前十一世紀之間。

（二）規模宏大：這些古代建築多用巨石建造，其中有高四十三公尺、厚十五公尺、寬一百一十五公尺的門樓；高十八公尺的雕像；高二十四公尺、周長十五公尺的石柱；高三十公尺，用整塊石料鑿成的方尖碑。所用石塊動輒重逾數噸，僅卡爾納克神廟使用的石料總計就達數百萬噸。

（三）精雕細刻，工藝精湛：建築物的石塊之間砌合得嚴絲合縫，渾如一體。神廟的殿堂廊柱布滿細緻的彩繪浮雕，陵墓中的無數壁畫形象生動，至今色澤如新。

A.底比斯主神阿蒙的女祭司埃魯本。

B.貴族賽瑞法爾墓的壁畫。賽瑞法爾是
　25王朝時蒙特神廟的花園總管。圖為
　一名祭司向墓主人夫婦灑聖水祝福。

C.卡爾納克神廟大門外排列的獅身羊頭
　石雕。在古埃及，獅身代表力量和威
　嚴，羊頭表示繁衍和昌盛。羊頭之下
　立著法老的像，顯示法老在神祇的庇
　護之下。

D.卡爾納克神廟石柱大廳一角，柱身布
　滿描述神和法老故事的浮雕。

E.盧克索博物館中的包金牛頭像。牛也
　為古埃及人所崇拜，這尊牛頭像造型
　優美，工藝精湛，堪稱稀世珍品。

F.卡爾納克神廟前院的法老帕納雍像。
　石像高約10公尺，站在他腳上的小石
　像是他的妻子。古埃及男尊女卑，法
　老的妻、母、女兒的像通常只高及法
　老本人石像的膝蓋。

G.卡爾納克神廟的兩塊方尖碑。

非洲▼埃及　底比斯古城及墓地

底比斯最著名的古埃及建築是卡爾納克神廟，它全部用巨石建造，是當今世界僅存規模最大的廟宇，占地八十多英畝，它由蒙特神廟、阿蒙大神廟和賴特神廟二組建築物組成，均有磚牆環繞。其中的阿蒙神廟，始建於西元前一八七〇年，以後的一千三百年間曾不斷增修擴建，是古埃及法老獻給太陽神、自然神和月亮神的廟宇。

　　卡爾納克神殿的大柱廳素有「藝術世界奇觀」之稱。大廳建於兩代國王統治時期，即西元前一三〇二年到前一二九〇年第十九王朝西提國王時期，和西元前一二九〇年到前一二二四年拉美西斯二世執政時期。大柱廳的建築面積達五千平方公尺，廳頂距地面約二十五公尺，由直徑為四公尺、高約二十一公尺的一百三十四根圓形石柱支撐，柱的頂端可站立一百多人，由高約一公尺的鼓形石塊疊成。廳壁上刻有許多奇妙的浮雕和銘文，記載了國王與諸神之間的關係。

　　走進神廟的小廳，可看到兩塊方尖碑，這是為紀念哈特謝普蘇特女王而建的。哈特謝普蘇特是圖特莫斯二世國王的王后，國王駕崩後，她於西元前一四八六年到前一四六八年執政，是埃及歷史上一位著名的女王。這塊方尖碑，用產自阿斯旺的整塊青色玄武石雕成，碑身高三十公尺，方尖碑直入雲端，是現存最高的方尖碑。傳說，碑的頂端曾因包了一層金與銀的自然合金而熠熠生輝、光芒四射。

　　神廟中的聖殿由花崗岩建成，分裡外兩間。裡間專為存放聖船用，牆壁上的浮雕描繪了當年聖船出發的盛況。神廟中的節日廳建於第十八王朝圖特莫斯法老執政期間，距今已有近三三九〇年的歷史。廳頂由五十二根石柱支撐，廳內牆壁上也有不少引人入勝的浮雕。

　　神廟的大庭院建於西元前九四五年，是埃及最大的神廟院，占地面積達七九八九‧七平方公尺。庭院的左邊有西提二世廟，右邊為拉美西斯三世修建的阿蒙神廟。中間有一間石柱廳，高達二十一公尺的大石柱矗天而立。

　　神廟除有雄偉的建築外，還有許多妙趣橫生的浮雕和彩繪。浮雕和彩繪的題材很廣泛，從不同角度反映了埃及古代社會的生活，其中有國王、貴族祭祀活動的盛大場面，也有農夫、船匠生產勞動

的情景。有些彩繪和浮雕逼真地刻畫出頑皮的兒童和爬動的蟲獸形象，充滿了濃郁的生活氣息。

盧克索神廟規模僅次於卡爾納克神廟，建築同樣精美壯觀。盧克索神廟建於西元前十四世紀，神廟原長一百九十多公尺，寬約五十公尺，裡面包括庭院、大柱廳和諸神殿等部分。神廟最南端是座單殿，殘存的遺跡中有一幅浮雕，描繪了艾米諾菲斯三世法老由神引導步入聖殿的情景。

◁ 埃及人的歷史書

中央大廳東面是一個小型禮拜堂，四周石壁上的雕刻描繪著特伊亞特和阿蒙太陽神象徵性結婚，以及他們在女神幫助下，生下王子時的情景。庭院四周二面建有雙排雅致、似紙草捆紮狀的石柱，柱頂呈傘形花狀，十分優美。

北部入口處是造型獨特的柱廊，柱子共十四根，每根約十六公尺高。在神廟塔門兩旁，聳立著兩尊高十四公尺的座像，是拉美西斯二世的雕像，神廟牆上的浮雕生動地描述了他執政初期與西臺人作戰的情景。左右兩邊的浮雕構成一幅完整的組織畫，左邊的畫面描繪了當時的軍營生活、戰前召開軍事會議及法老御駕親征、在戰車上指揮戰鬥的情況；右邊的畫面栩栩如生地描繪了拉美西斯二世向敵人發動進攻、彎弓拉箭的動作及西臺人潰逃的情景。在拉美西斯庭院裡，石柱中間有一尊拉美西斯二世的石雕像，旁邊的石壁上雕刻著浮雕和文字，敘述了當年這裡舉行慶典儀式的情形。

▷ 盧克索神廟的大圓柱

在荷馬的筆下，底比斯為「百門之都」。據史書記載，當時的底比斯城門多達百座，人煙稠密。兩座阿蒙神廟及其周圍為底比斯的城區，包括法老的宮殿、貴族大臣的官邸以及眾多的街道店鋪，是古代埃及最為繁華的一個城市。但這些建築如今已蕩然無存。

根據埃及古代宗教信仰，陰間冥府是按日落方向處於尼羅河西岸之遠方，所以古埃及每個城市的布局一般都是把居住區放在東岸，墓葬區放在西岸。

▷ 盧克索神廟夜景

所以，尼羅河西岸群山是古埃及帝王后妃和達官貴族墓葬集中之地，為西元前五五〇年到前二〇〇年間古埃及第十八到第二十王朝的王室陵墓，在沿尼羅河谷地邊緣山崖長達數十公里的地帶布滿著數以千計的古墓，這些墓穴都依山開鑿。在山

非洲 ▼ 埃及　底比斯古城及墓地

△ 尼羅河西岸的馬姆農石像。它們原是法老阿蒙霍特普三世(1546~1525B.C.)為自己建造的巨大廟宇前的一對石像，現廟宇已蕩然無存，只留下這兩座高18公尺的巨大石像靜靜地坐在曠野之中，看守著西岸大片王陵。

崖與河岸之間是各代法老建造的自祭廟。位於山崖背後的一個荒涼的山谷裡是法老木乃伊的祕密墓室，因為共計有新王國的六十二位法老長眠於此，故稱為「帝王谷」。帝王谷的法老墓有的洞穴深入地下一百多公尺，墓道起伏曲折，左右各有廳室，四壁和頂部繪著彩色壁畫並配有象形文字，貴族墓中許多反映古埃及人生活和信仰的壁畫有極高的歷史價值。

從帝王谷往東幾公里就是第十八王朝著名女王哈特謝普蘇特在位時興建的葬儀殿，其階梯式廟宇、希臘式廊柱和獨具特色的岩雕蜚聲世界。廟宇放棄了傳統的神廟布局，完全按山崖谷地的原有布局把整個建築設計成疊升的三層。臺階柱中央以平緩的梯道連接，最上層柱廊後面才是殿堂本部，其內殿則鑿於山崖之中。正面柱廊用簡單的方形柱，上層有些側廊則用刻有凹槽的圓柱，形制優美，各種廊廡牆面皆有彩色壁畫，柱廊外觀則以清亮純淨的色調和作背景的懸崖相呼應。這種建築手法被認為是古代建築中和自然景觀充分結合的典範。兩層平臺極其廣闊，每層平臺前設列柱和通廊，配有極細膩的浮雕，內容有女王誕生、女王出訪紅海最南端國家以及搬運方尖碑等，是古埃及最傑出的建築之一，雖歷經三千多年，大殿上的浮雕還保存完整。

古代埃及文明在它光耀古今的同時，也為人類留下了太多的未解之謎。葬在帝王谷中的法老圖坦卡蒙就始終披著神祕的面紗。因此，有位考古學家說：「關於圖坦卡蒙的一生，人們仍然不甚了了，表面上雖然光影浮動，深處依然是黑幔重重。」

2.圖坦卡蒙為何英年早逝？

圖坦卡蒙約出生於西元前一三四一年。儘管還不能確切地知道他的父母是誰，但最有可能的是阿蒙霍特普四世（後來稱為阿肯阿坦和皇后奈費爾提蒂），他在阿肯阿坦國王新的皇都中長大。阿肯阿坦國王反對埃及傳統神靈，而信奉新神靈阿托恩，還把皇宮從舊都

底比斯遷移出來。不像其他舊神，阿托恩沒有被描寫成人或動物，而被稱為太陽神。

圖坦卡蒙繼位時只有九歲，執政也只有十年左右，便命歸黃泉，當時只有十八、九歲。由於他死得太早，歷史上關於他的記載很少，他的陵墓也長時間掩埋於地下，不為人知。

一九二二年，圖坦卡蒙的陵墓得以重見天日，因其陵墓之完整和奢華而震撼了世界。本來默默無聞的圖坦卡蒙法老一下子引起學術界的重視，成為世界上最家喻戶曉的一位。究其原因有兩點：一是他與眾多的埃及法老不同，其陵墓從來沒有被盜墓者掠奪過，所以墳墓裡埋藏著許多最珍貴的寶藏；二是他的死因亦引起人們眾多的猜測。

圖坦卡蒙法老陵墓的發現頗費周折。因為，從埃及第十八王朝始，法老為躲避當時日益猖獗的盜墓者的騷擾，開始把享殿和墳墓分開建造。他們在首都底比斯坐落的河對岸，即帝王谷裡，建立起自己的享殿，而他們的墳墓則處在帝王谷北面的一個荒涼的小山谷裡，祕密不為人知。

直到西元一九二二年，圖坦卡蒙墓地三千五百年沉寂的歷史結束了。英國考古學家霍華德‧卡特發現了他的墓穴。在貴族卡納文勳爵資助下，卡特自一九一五年起一直在帝王谷工作。一九二二年十一月四日，工人們發現了由一段石頭臺階引至的一扇緊閉的大門。門上封條完好無損，並寫著此墓主人的名字——圖坦卡蒙。通過這扇封閉的門，有一條通道可達第二扇門。卡特在門上鑿出一個小洞想看看裡面的情形，只一眼他就看到「到處都是金光閃爍」。他查看了前四間墓室，儘管不大，但卻塞滿了金銀珠寶。第一間屋，或者說是前室，據測算有七‧八公尺乘以三‧五公尺大。室內最引人注目的就是靠近後牆的三個神化動物形狀的鍍金典禮用長凳，和門左邊一組六個拆卸了的四輪馬車。還有兩個門可以離開前室。第一個門通到一個叫安奈克斯的小屋內，在那裡好像存放著過世國王的食品、酒和油。另外一個門完全關閉，有一對和真人大小的木質雕塑守衛著。這個門通向最有價值的地方——墓室。墓室對於一個國王來說非常小，只有六‧三公尺乘以四公尺大小。這也是墓裡唯一塗飾了牆壁的墓室。更為重要的是，圖坦卡蒙的遺體就躺在這裡。

遺憾的是卡納文勳爵卻不知道圖坦卡蒙石棺裡到底有什麼。他於一九二三年四月去世。那時，清理墓穴和保存從墓裡出土物品的漫長工作才剛剛開始。卡特於一九三二年才最終完成了這項工作。七年後，卡特也離開了人世。

A.埃及人的祭司和墓地監工，古埃及人對死亡的崇拜，使得祭司和監工成了擁有重要權利的人，圖中端坐的祭司，手握權杖，身後牆上繪有對死亡崇拜的圖像。監工則坐在下方，展開紙卷，像是在向他彙報建造陵墓的情況。

B.埃及人的送葬儀式。

C.埃及神話中的「創造宇宙」。

D.圖中描繪的是發現圖坦卡蒙墓地情景。一名工人出現在分隔前室與墓室的門口。門口由兩個真人大小的雕塑守衛著。

E.這是圖坦卡蒙金色寶座的背面，其中詳細地描繪了國王與妻子的形象，夫婦兩人都佩戴著華麗的珠寶皇冠。

圖坦卡蒙的木乃伊被層層棺槨包圍，巨大的木質外層嵌有黃金，上面幾乎布滿了文字。裡面是蓋著一層薄薄黃金的柏樹棺木，再裡面是第二個鍍金的木質棺材，並用許多珍貴的材料，如上彩釉的陶器、黑曜石和天青石精心裝飾著。最後，是一個重達一百一十公斤的金質木槨。而當揭開裹在木乃伊臉上的最後一層亞麻布時，國王的遺體便顯現出來。令人驚奇的是，上面放著一件用純金、天青石和藍色玻璃裝飾的喪葬面具。如今，這價值連城的面具已成為古埃及最著名的象徵。國王的手上佩帶著金子，木乃伊的覆蓋物上也含有大量珠寶。

更令在場所有人驚訝的是，儘管他的遺體並沒有什麼異常痕跡，但在臉上靠近左耳垂的地方卻有一處致命的創傷，這是怎麼回事？

同時，人們還發現，圖坦卡蒙的去世好像很突然，因為在帝王谷中還沒有準備好他的墳墓，他的墓穴又窄又小，這個墓穴可能是為某個大臣準備的小型非皇家墓穴，裝飾也十分潦草，墓穴四壁的壁畫上潑濺了許多顏料，也沒有人將其擦拭乾淨。同時，陪葬品似乎也不是法老自己的日常用品，因為考古發現，這些用品上本刻著別人的名字，圖坦卡蒙的名字是把原有名字擦去後臨時加上去的。此外，這個墳墓倉促地開始使用，在屍體防腐處理所需的七十天內很快地裝修完畢。墳墓樸實簡單，不像在帝王谷內的墳墓大而奢華。

圖坦卡蒙的墓室之外有另外一個墓室，它被稱做「珍寶室」，主要是因為在此發現了許多極為珍貴的物品，包括船的模型、黃金王冠和許多珠寶箱。另外在珍寶室裡還有兩個微型的棺材，每一個裡面都有一個胎兒木乃伊。這些是國王夭折的孩子嗎？難道這就是圖坦卡蒙為什麼沒有繼承人的原因嗎？這個祕密至今仍無法揭開。

有關圖坦卡蒙的生平，史料上並無記載。我們

圖坦卡蒙陵墓中最大的寶藏之一——鍍金的木棺。

圖中描繪的是主持圖坦卡蒙的葬禮儀式時的情景。

這件墜飾發現於圖坦卡蒙的墓地，用黃金和各類珍貴的石頭製成。它以聖甲蟲的形象製成。

裝著圖坦卡蒙內臟的金色棺槨，上部屋簷部分裝飾著聖蛇——眼鏡蛇，四位姿態優雅的女神守護在四周，相當豪華而精緻。

只知道，圖坦卡蒙繼位時尚年幼，由埃赫那吞法老時期的老臣阿伊共同執政。同時，圖坦卡蒙的父親在當政時是一位備受爭議和嫉恨的國王，這使他很容易惹上麻煩。一九五四年，在卡爾納克發現的一塊石碑上寫著阿伊是圖坦卡蒙的共同攝政王。又在一個被發現的戒指圈上看到阿伊和安開孫巴阿頓二人的名字，後者即圖坦卡蒙的寡妻。歷史學家們據此推測阿伊娶了前法老的寡婦，但其實情況如何，不得而知。另外，從西臺人方面的史料中，知道有一位埃及王后，可能是圖坦卡蒙的寡妻，曾發出一封信給西臺的國王，請求和他的一個兒子結婚，並說她將使他成為埃及的法老。西臺國王小心地答覆，詢問已故法老的兒子何在。她發出另一封信，說國王並沒有兒子，並請求趕快派一個繼承人來，但是，西臺王子卻被在敘利亞的埃及軍隊伏擊殺死。最後老臣阿伊繼承了王位，而不是由王室中的任何一位成員繼任。那麼，圖坦卡蒙法老的死是否和阿伊有關呢？我們沒有更多的材料來證實此一猜測，因此圖坦卡蒙早逝之因仍懸而未知。

所有這一切，都自然使人們聯想到他的英年早逝，難道他是非正常死亡？難道在這處致命的創傷後面，還隱藏著什麼巨大的祕密？難道他是被謀害致死？兇手是誰？

二○○四年十一月二十六日，一條來自盧克索的消息吸引了世界上許多人的注意：X光掃描木乃伊將破解法老英年早逝的死因。

據有關媒體報導，一些埃及科學家和考古學家正準備用先進的X光揭開埃及法老的死亡之謎。他們在十一月底將圖坦卡蒙法老王的木乃伊從石棺中取出，隨即運用高科技查明這位年輕統治者的真正死因。

埃及最高古文物協會主席、考古理事會祕書長紮希·哈瓦斯博士在接受記者採訪時透露：「我們此次行動的目的就是要查出圖坦卡蒙在生前患過什麼疾病，受過何種身體上的傷害，還有就是他死亡時的具體年齡，這些在書上都沒有記載。」

他表示：「如果進展順利的話，我們將會知道這位德高望重的國王是自然死亡還是被殺害的。因為這是一項將揭開

千古之謎的巨大行動，所以要儘早在二○○四年底完成。」

二○○五年一月五日，在盧克索的帝王谷。圖坦卡蒙法老木乃伊在這裡接受了掃描。

在帝王谷地下墓穴的一座石棺中，圖坦卡蒙的木乃伊放置在一個特殊的的木盒內。考古人員小心翼翼地取出盒子，沿墓穴石階將其移至地面上。這裡停放著一輛裝備特殊的廂型貨車，掃描工作在車上進行。

放置入掃描器中時，圖坦卡蒙的面部輪廓，乃至腳趾、手指都清晰可見。整個掃描過程持續了大約十五分鐘，從頭到腳共為木乃伊拍攝了一千七百多張照片。檢查後，專家們將木乃伊放回棺中保存，並在棺內放置儀器，用於監測和控制裡面的溫度和濕度。考古學家之前曾三次開棺對木乃伊進行「體檢」，最後一次是在一九八六年，當時發現這位年輕法老的頭部曾遭致命重擊。

哈瓦斯是這次十人考察小組的成員之一，他事後向記者透露：「掃描結果將於本月晚些時候在開羅正式向外界公布。關於他的死因和年齡，有著太多的神祕，今天我們將查出當時到底發生了什麼。」

但是，不知為什麼，埃及官方考古學界並沒有立即公布這次掃描和檢測的結果。看來，目前我們能做的，只有耐心等待……

▷ 圖坦卡蒙的妻子，在她丈夫駕崩後，生下了兩個死嬰。

非洲 ▼ 埃及　底比斯古城及墓地

英文名　**Aksum**
所在地　衣索比亞北部

　　阿克森姆考古遺址，位於衣索比亞北部，這裡豎立著舉世聞名的方尖碑，是非洲阿克森姆文明的發源地，被譽爲衣索比亞的「基石」和「古代文明的搖籃」，同時，阿克森姆文明也是古代非洲的重要文明。一九八○年聯合國教科文組織將其定爲文化遺產，列入《世界遺產名錄》。

　　二○○二年五月二十八日，來自義大利首都羅馬的一條消息不但引起了世界轟動，更讓衣索比亞舉國上下格外關注——羅馬市中心，現聯合國糧農組織總部前廣場上的阿克森姆方尖碑，因二十七日深夜遭雷擊而嚴重受損，導致三大塊碑體掉了下來，二十八日一大早，義大利政府文物部門趕緊派人前往現場收集從石碑上掉下來的碎片，並將其送到聖米夏埃爾研究所進行修復。

　　爲什麼遠在羅馬的這塊方尖碑遭遇雷擊，卻讓衣索比亞人民格外揪心呢？

　　原來，這不是一座普通的碑，它來自衣索比亞，是衣索比亞古代文明的代表。這塊方尖碑建造於西元四世紀阿克森姆王朝時期，有著一千七百年的歷史，重達一百八十噸，高二十四公尺。不論從文物價值和在歷史上產生的深遠影響來看，都可謂價值連城。

　　一九三七年，阿克森姆方尖碑被墨索里尼下令從衣索比亞掠走。從那時起，歷屆衣索比亞政府均要求義大利歸還這塊石碑。一九四七年，義大利與聯合國達成協議，同意將方尖碑還給衣索比亞。一九九八年，義大利答應將方尖碑空運回衣索比亞。

　　二○○三年十一月，具有歷史意義的一刻終於來臨，運送重達一百八十噸的方尖碑工程正式啓動。由於二○○二年的雷擊事件，爲了減少對方尖碑的破壞，義大利相關單位在文物的表面塗上了特殊的碳元素塗料和樹脂，方尖碑共被切割成三部分，隨著一塊高七公尺、重四十噸的花崗岩石塊平穩地落地，離家六十多年的阿克森姆方尖碑，終於邁出了回家的第一步……

　　接著讓我們來看看方尖碑的家鄉——衣索比亞的阿克森姆考古遺址。

阿克森姆文明的大致範圍，在衣索比亞北部和厄立特里亞西部地區。大約在西元一世紀，阿克森姆王國在此出現，並定都於此。四世紀，阿克森姆國王埃紮那開始信奉基督教，四到六世紀是王國的鼎盛時期，作爲阿克森姆王國當時政治、文化的中心，即使後來遷都拉里貝拉，新國王的加冕儀式仍在這裡舉行。

　　據說西元一世紀，一個埃及商人寫了一本《紅海回航記》，書中稱阿克森姆是當時世界出口象牙的主要市場。西元三世紀，在一個名叫摩尼的先知寫的一本書中，稱阿克森姆是當時著名的「世界第三大帝國」，其版圖一度包括今天衣索比亞北部、蘇丹和阿拉伯半島南部的大片土地。

　　作爲當年的歷史名城，城內眾多的寺院、雕刻和碑文、巨大的石桌、石凳、殘破的石柱以及一座座王陵，都是當年輝煌歷史的見證。阿克森姆考古遺址現存的一塊方尖碑高達三十三公尺，其重量大約有五百多噸。它被認爲是古代世界成功開採並豎立的最大整塊岩石，也是人類有史以來豎立起來的最高的石碑。石碑如同一座九層塔樓，其正面的主要雕刻，如一些木質窗戶、過樑等，都象徵性地嵌在牆壁上。每層之間的空隙由象徵性的圓木柱區分出來，一扇象徵性的門則使石碑更像座樓屋。

　　值得注意的是，在非洲西撒哈拉地區，沒有一個地方存在著與這些石碑稍微相似的石碑，因此，沒人知道它的起源，也沒人記得它的靈感來自何處。

　　巨型方尖石碑、尖石塔和巨大無比的石柱是阿克森姆文明的標誌性建築。在現在的遺址上，有許多高高聳立的花崗岩方尖石塔和巨大無比的石柱。這些方尖石塔、石柱大約建於西元三〇六年，碑體一般高三到四公尺，都是從花崗岩山石上直接開鑿雕刻而成。遺址上原有一個由七座方尖碑組成的石碑群，其中的五座早已倒塌，剩下兩座中的一座高三十三公尺，另一座高二十四公尺，在碑頂下雕刻著一面類似盾牌的圖案。這座石碑在一九三六到一九四一年義大利占領衣索比亞期間，被墨索里尼掠往羅馬。

　　阿克森姆考古遺址北面，有西元五三五年阿克森姆國王卡列卜的陵墓，墓室的頂部和牆壁都是用整塊的花崗岩石雕砌而成，墓壁上刻著衣索比亞最古老的文字——蓋埃茲文，今天衣索比亞的官方文字——阿姆哈拉文就是在其基礎上演變而來的。西元七世紀，阿拉伯人的勢力日益強大，阿克森姆王國開始走向衰落。到了十世紀，雖然阿克森姆文明逐漸衰亡，但方尖碑這種紀念碑建築形式被全世界的人們所採用。

　　阿克森姆石碑不遠處，有一處外有圍牆的寬敞建築群，包括兩個教堂。

其中一個很古老，而另一個的年代顯然要近得多。這兩個教堂都是為錫安山的聖瑪利教堂建造的。

根據當地教會的傳說，《聖經》中記載著裝有摩西十戒的金約櫃不知去向，後來經過所羅門和示巴女王的一個後裔運至此地，珍藏在本地的教堂中。也就是說，阿克森姆是金約櫃最後的安放地。

離這個古代教堂不遠，有一片大廈的廢墟，這是第一座錫安山聖瑪利教堂的遺跡，建於西元三七二年，是一座具有五個側廊的長方形大教堂。它很可能是非洲西撒哈拉地區最早的基督教堂，被視為全衣索比亞最神聖的地方。據說，它是為了存放金約櫃而建造的。

據說一六二〇年代，有個名叫阿爾瓦雷茲的歐洲人參觀聖瑪利教堂時，金約櫃還保存在這座古代教堂的內殿裡，並且還記錄著衣索比亞人有關示巴女王及其獨生子門涅利克的傳說。十六世紀三〇年代，一個名叫阿赫邁德，綽號「格拉金」（意為「左撇子」）的人，宣布對衣索比亞發動聖戰，當阿赫邁德·格拉金的大軍日益逼近時，這件聖物便被轉移到了「另外某個地方」。

一百年後，整個帝國恢復了和平，金約櫃又被放回了第二座聖瑪利教堂。據說，它一直被保存在那裡，直到一九六五年海爾·塞拉西皇帝下令把它移到一座更安全的新禮拜堂裡。按照衣索比亞人的說法，當時的海爾·塞拉西皇帝是門涅利克第二二五代後裔，而門涅利克是示巴女王和所羅門王的兒子。

在衣索比亞，還有人把這些遺址和示巴女王連結起來。位於阿克森姆古城附近一個小山上的露天水庫，被傳為是示巴女王的池塘；阿克森姆古城西邊的一個陵墓，被稱為是示巴女王之子門涅利克的墓葬。

那麼，金約櫃是怎麼和這裡的遺跡聯繫在一起的呢？它又到底是怎麼樣的一件器物呢？

在以色列早期的紀錄當中，金約櫃用來盛裝上帝在西奈山賜給摩西的石碑。因此，石碑以及用來盛裝它們的櫃子就成了上帝與以色列之間的見證。在〈出埃及記〉第二十五章第二十二節裡，上帝對摩西說：「我會讓你知道我就在那裡，就在櫃蓋上兩個小天使之間和你講話，在見證之櫃的上面。」出於這個原因，

▷ 當年的金約櫃被猶太人抬往戰場，以助軍威。

金約櫃有時候被看做上帝的踏腳凳。據傳，就是這個金約櫃率領以色列人進入迦南地區。後來櫃子被大衛王帶到了耶路撒冷，然後被所羅門國王安放在新修神殿的至尊堂中。

金約櫃被當做耶路撒冷的珍寶，然而有關它的下落，可謂眾說紛紜，千百年來它似乎也成了一門獨特的學問。

許多人認為，金約櫃是西元前五八七年或前五八六年當巴比倫人攻占和夷平耶路撒冷時被毀的。

有一種說法是，金約櫃註定要返回聖殿山，將被安放在一座新建神殿的至尊堂裡。新的神殿將在彌賽亞時期建成，並以此昭示天地。

阿拉伯編年史家說，金約櫃被安全地轉移到了阿拉伯。十字軍東征並占領了耶路撒冷城之後，基督教聖殿騎士們到處尋找金約櫃，但是始終不知道它的下落。

還有一種說法，認為金約櫃現在封存在梵蒂岡的地窖裡。

最近的一種理論是說：當羅馬人在西元七〇年將第二座神殿燒毀時，人們透過暗道把金約櫃搶救了出來。地道大約三十公里長，一直通向東邊的庫姆蘭附近，現在金約櫃仍然埋在庫姆蘭。

還有一種流傳甚久的傳說，認為金約櫃被安放在神殿中後，就被所羅門王與示巴王后所生的兒子竊走，帶回了衣索比亞。

衣索比亞的法拉沙人聲稱，自己是當年護送金約櫃到達衣索比亞的猶太人後裔。該國君主傳統的頭銜之一就是「猶太雄獅」，歷史悠久的衣索比亞皇家都自稱是大衛王和所羅門王的後代。衣索比亞教會也宣稱，幾百年來金約櫃一直封存於該教會。

那麼，有關金約櫃被帶到了衣索比亞的傳說是怎麼來的？示巴女王是否確有其人？她在所羅門時代（大約三千年前）真的去過以色列嗎？

原來，在《舊約全書》〈列王記〉第十章，有這樣一段記載：西元前十世紀中期，以色列王國在國王所羅門的治理下，國泰民安，十分興盛，特別是他花了二十年時間建造的金碧輝煌、雄偉壯觀的耶和華聖殿和王宮，更加使他馳名遐邇。當時，異國君主示巴女王對他十分仰慕，於是在龐大護衛隊的陪同下，用駱駝馱著香料、寶石和許多金子，浩浩蕩蕩來到耶路撒冷，拜會所羅門王。

所羅門王大約是西元前九六〇年至前九三〇年在位，據此推算示巴女王當生活於西元前十世紀，即距今三千年前。關於示巴女王訪問所羅門王，在《舊約》〈歷代志下〉第九章中又做了類似的記述。《古蘭經》第二十七章也

▷ 這幅中世紀的繪畫描繪示巴女王帶來豐厚的禮物，前往耶路撒冷會見所羅門王，並受到所羅門王的熱情歡迎。

▷ 圖為衣索比亞古代的插圖，圖中描繪著所羅門王和示巴女王的傳說。一千多年來，歷代衣索比亞皇帝的加冕典禮都以這段歷史為中心。

提到示巴女王訪問所羅門一事。但是《舊約》和《古蘭經》中，關於示巴女王的記載，都是寥寥數筆，既沒有說明這位女王的姓名，也沒有指明她是何方人士，因此示巴女王究竟是何許人？其事蹟如何？三千年來一直是一個難解的謎團。

然而，除了《聖經》的記載之外，在民間也還有一些關於示巴女王美麗而動人的傳說。

有人認為，現今葉門一帶是古代文明發祥地，米奈人和薩巴人交替統治過這裡。繼米奈人和薩巴人之後，同一種族中的一支希木葉人統治了這個地區達數百年，它與非洲的衣索比亞有密切的關係。《舊約》中提到的示巴女王是屬於這個支系的國王。

在衣索比亞的傳說中，認為示巴女王是西元前十世紀衣索比亞阿克森姆城的女王。有關傳說稱示巴女王名為馬克達。據說她到耶路撒冷之後，受到所羅門王的熱情接待。後來所羅門王對她一見鍾情，使她懷了孩子。示巴女王回國前，所羅門王給了她一個指環，並說：「如果妳生下一個兒子，就把指環給他，讓他拿著指環來見我。」示巴女王回國後生下一子，取名埃布納・哈基姆，意為「智者之子」。

埃布納・哈基姆長大成人後，示巴女王就把指環給他，讓他去以色列覲見父王。埃布納・哈基姆來到耶路撒冷後，所羅門王欣喜若狂，想讓他留下來繼承王位，統治以色列。哈基姆執意不肯，所羅門王只好替他塗上繼承王權的聖油，才放他回衣索比亞，並立下只有哈基姆的子孫後代才能統治衣索比亞的規定。埃布納・哈基姆回國後便成了衣索比亞的國王，稱為「門涅利克」。從此，他的後代繼位時，都要舉行一番莊嚴的儀式，宣誓他們的王統來自所羅門王。

自從門涅利克即位後，示巴女王就銷聲匿跡了，傳說並未交待她的後半生。於是，此後示巴女王的真實面目就變得更加迷霧重重，示巴古國究竟在何處也懸而難決。

值得一提的是，有的歷史文獻還把示巴女王在衣索比亞的傳說視爲史實，寫入正史。例如，在衣索比亞的《國王豐功編年史》中，就把示巴女王寫爲衣索比亞歷史上的馬克達女王。

　　一九二八年，衣索比亞末代皇帝海爾‧塞拉西在登基儀式上曾莊嚴地宣布：「我是大衛‧所羅門、埃布納‧哈基姆之嫡裔」。一九五五年衣索比亞頒布的新憲法第二條寫道：「海爾‧塞拉西國王的家系傳自衣索比亞女王，即示巴女王和耶路撒冷的所羅門王的兒子門涅利克一世……」這說明衣索比亞一直是以示巴女王的後代自居。

　　示巴女王是否爲所羅門王生下一個名叫門涅利克的兒子？她的兒子是否去了耶路撒冷？是否把金約櫃運回了阿克森姆城？面對這一系列的疑問，都在等待著回答。

馬利│傑內古城
尼日河谷的寶石

英文名　Old Towns of Djenn
所在地　尼日河與巴尼河匯流的內陸三角洲附近

　　傑內古城，以獨特的撒哈拉──蘇丹式建築風格著稱於世，被世人美喻為「尼日河谷的寶石」。一九八八年，聯合國教科文組織將其定為文化遺產，列入《世界遺產名錄》

　　傑內古城位於非洲的第三大河──尼日河與其支流巴尼河形成的內陸三角洲附近。古城始建於西元前兩百年。剛開始只是西非人在尼日河邊建起的一個小定居點，隨著這個定居點的規模逐漸擴大，到了西元八○○年至西元一○○○年期間，傑內已發展成繁華的貿易中心，被稱做「傑內─傑諾」，它可能是撒哈拉以南非洲最古老的城市。

　　在西元八世紀以前，商人們穿越撒哈拉沙漠時，是靠駱駝來馱貨物的，到西元八世紀時，橫越撒哈拉沙漠的貿易已完善地建立起來。傑內人有經商傳統，他們從南撒哈拉地區以船運來黃金、象牙和動物製品作為交換，然後買到鹽、布匹、陶器、玻璃、水果和馬匹。十四世紀時，傑內古城達到了鼎盛期，黃金帝國馬利的名聲甚至傳到歐洲。當時，黃金是非常重要的出口品。歐洲人發現美洲之前，非洲黃金（或稱「幾內亞」黃金）幾乎是歐洲唯一可被買賣的黃金。稱做「幾尼」的英國舊金幣就是用西非黃金製造的。

　　對當時的西非農民來說，鐵器遠比黃金要珍貴得多，因為黃金不可能製成鋤頭，因此那些將礦石變成金屬工具製品的鐵匠，就成了令人尊敬的人。學者們發現，西非的鐵匠能夠使用撥火棍紅熱的尖頭和活體病毒，成功地為人們接種天花疫苗，這比歐洲發明出來的辦法要早得多。

　　傑內古城的中央廣場將古城分為東西兩部分。東部的建築物較多，商業活動頻繁，王侯宅第頗具特色。西部為手工業區。大清真寺占據了市集廣場，據有關資料顯示，當時的傑內古城大約有兩萬七千

▷ 馬利傑內古城

人，有各種專門的手工業者，包括泥瓦匠、能製造出帶有黑白花紋的精緻器皿的陶匠，以及加工鐵、銅和黃金的工匠。古城中寬窄不一的沙石街巷向兩大廣場蜿蜒延伸。城裡民居的住所也頗具特色，房屋一間緊挨一間，中間是狹窄陰暗的小巷，其寬度僅容兩人並行通過，曲折環繞，有如迷宮一般。方形的房屋遠遠望去宛如一塊塊切削整齊的大泥塊，院牆用泥沙塗抹，院子中央有一個公共場院，整座院子只有一個出口，木製大門用粗大的鐵釘裝飾。

▷ 傑內古城的大清真寺

令人不解的是，在十三世紀時，這座被長達兩公里多的厚重土坯牆圍擋著、有著十一個街區的自然古城，和它周邊附屬的村落，一起被廢棄了。

那麼，考古學家是怎麼在這個大土丘之下發現傑內古城，他們如何判斷傑內古城是在歷史上的某個階段被遺棄的，又是怎麼知道傑內古城在此持續了一千五百年之久的光景呢？

▷ 在馬利出土的一對富有的夫妻的陶像

原來，發現傑內古城的是兩個美國的考古學研究生——蘇珊和羅德‧麥金托什。

一九七五年，他們在距離現在傑內新城兩公里的地方，發現了一大片被廢棄的台形土丘。幾個月之後，在查看了一些空照的圖片後，他們從那些台形土丘中發現了一個呈淚珠狀的台形遺址，它由六十五個土墩構成，輻射半徑足足有二‧五公里。

▷ 傑內古城的原始泥材建築

一九七七年一月，兩人再次來到這個人造土丘上面。在當地雇了一些助手後，他們先挖了四個取樣探坑，其中兩個是在台形遺址中心的附近，另外兩個則是在它的周邊。他們一直向下挖掘了大約二十英尺才到達遺址的最底層，挖掘的結果令他們驚喜萬分。他們發現，在這個大土丘下面，散落著斷壁殘垣及大量的陶土玩具和銅鐵飾物。

他們發現，傑內古城最早的先民們居住的房屋是用圓木杆與蘆葦蓆搭建起來的，外面再用泥巴覆蓋。有些牆上的泥巴已經被陽光烤乾，又被意外的大火燒硬，上面至今依稀可見草蓆編織的印痕。從灶坑中挖出的骨頭和炭化的穀物證明，當時城鎮的財富是建立在它的農業活動基礎之

△ 從傑內挖掘出來的赤土陶像。

上，包括飼養牛羊、捕魚、種植高梁、穀子和非洲稻。

他們的考察，早在西元前，當時傑內古城的先民不僅從事農業，而且還掌握了煉鐵的技術。在此發現的熔爐以及大量的鐵礦渣可以證明，早在西元前三世紀，傑內古城的居民們就已經在大規模地進行煉鐵。

距其東南五十英里，他們發現環繞該城的小型台形土墩遺址是盛產鐵礦的貝尼杜古地區。鐵並不是當地手工藝作坊裡使用的唯一金屬，在遺址民居中發現的古代銅製髮飾表示，該城與遠在其北部六百英里以外的礦區也有貿易往來，而在古城牆下挖掘出來的耳環則證明，其加工所用的原材料來自草原與森林地區的金礦，它們位於距離這裡很遠的南方和西方。其中一個飛鳥造型的精美飾物很可能是當地一個工匠的作品。

如今，從世界各地來的遊客，到了傑內的古城遺址，在遺址的入口處先看到一個巨大的告示牌，上面用圖表的形式標出傑內古城遺址的四個斷層，分別代表這座城市經歷的四個不同發展時期，在遺址的任何一個地方都可以找到四個不同時期的陶片，從它們的精細程度可以區分它們的不同年代。

隨後對挖掘出來的穀物進行放射性碳十四鑑定，表示這個城市的歷史從西元前三世紀開始一直延續到十三世紀為止。也就是說，人們在那裡生活了一千五百餘年後神祕地將這座城市遺棄了。

到了十四世紀，一座新的傑內城在距舊城西北數英里以外的地方發展起來，這就是今天的傑內城。進入傑內城中心廣場，在十四世紀清真寺舊址上重建的傑內大清真寺，屬於典型的蘇丹式建築。清真寺呈四邊形，長寬約七十五公尺，高二十公尺，建築面積達三○二五平方公尺，在建造時沒有用一磚一石，而是用一種特殊的黏土和椰子樹樹枝為骨架建造而成。一百根粗大的四方體泥柱支撐著祈禱大廳的屋頂，屋頂上密密地排列著一○四個直徑十公分的氣洞。高大寬闊的寺門極為壯觀，寺院的主牆由三座塔樓構成，塔樓在五根泥柱的連結下成一體。寺內靠西邊一半是一個院落，也供禮拜用，另有土梯直通寺頂的宣禮台。清真寺朝東的正牆上有三個尖形塔，塔尖放置著象徵繁榮與純潔的鴕鳥蛋。寺內可同時容納兩千多人作祈禱。據當地人介紹，在當地高達攝氏四十六度的氣溫下走進清真寺也會感到涼爽。

傑內清眞寺不僅造型奇特，其頂端呈彈頭形的壁柱超出牆壁高度一大截，給人精巧別致的美感，尤爲值得一提的是，這樣一座壯麗的沙堡，線條簡練、圖案精美的土木結構，對當今從鋪天蓋地般的「鋼筋叢林」中走出來的遊客來說，的確具有貼切、自然、毫不造作的親和力，也可以說，它是非洲土地上最具視覺和諧感的建築。

　　同時，它也是傑內伊斯蘭教育、文化和神學的靈魂所在，是一個群體文化的象徵，在長達七百年的時間裡，這裡一直是西非伊斯蘭教的中心之一，至今仍是馬利伊斯蘭教的聖地，每年都有眾多的學生來此讀經。

　　但是，曾經顯赫一時的傑內古城爲什麼被廢棄了呢？最簡單的一種回答是當年的人們皈依伊斯蘭教後，傑內古城以及其附屬的村落便被遺棄。但是這種回答並不能完全消除人們心中的疑問，有人指出，如果僅僅是宗教的改變，那麼傑內的居民只要放棄原來的寺廟改建清眞寺就行了，完全沒有必要把自己一千多年間辛辛苦苦建造起來的全部城市、住房以及所有的生活資料統統丟掉。於是又出現了新的看法：有人提出可能是一支新來的伊斯蘭教民族驅逐了古城中的原始宗教民族。但這種看法只是一些人的猜測，沒有什麼依據。

　　歲月流逝，文明交替，留下了無數謎團。現代考古學喚醒了人們對這個早已被廢棄的古城的記憶，但願也能在將來的某個時候揭開這個古城被廢棄的疑雲。

▷ 生土的讚歌，馬利古老而簡單的建築。

▷ 傑內舊城鳥瞰

英文名　Mapungubwe Cultural Landscape
所在地　南非的北部邊境，靠近辛巴威和博茨瓦納的河谷地帶

　　馬蓬古布韋坐落於南非的北部邊境。馬蓬古布韋鐵器時代遺址是南部非洲最爲人知的鐵器時代遺址之一，代表馬蓬古布韋的鐵器時代文化。作爲橫跨西非港與阿拉伯和印度之間最強大的國際貿易區，它的建立是非洲次大陸歷史上的一個重要里程碑；它還見證了馬蓬古布韋王國的成長和衰落，記錄了一段由於不可逆轉的社會變革而變得脆弱的文化發展史。二〇〇三年，聯合國教科文組織將其定爲文化遺產，列入《世界遺產名錄》。

　　馬蓬古布韋遺址是一座平頂山丘，在靠近辛巴威和博茨瓦納邊境的南非北方省河谷地帶高起，簡直是渾然天成的要塞，四邊是幾乎垂直的峭壁，人們只能通過一道狹窄的裂縫才能攀登上去。這個地方最早引起人們的注意力是由於一些古代小東西的發現。在一九三〇年代，有些人在這裡找到了石頭圍牆、陶器、鐵製工具、銅線、玻璃珠、金器和骨骸等遺物，從那以後，馬蓬古布韋引起了考古學家的關注。

　　據說在二十世紀初，有個在南非出生的白人從當地人那裡聽到了有關馬蓬古布韋埋藏著黃金以及財寶的傳說，便開始了多年的探尋。一九三二年，他終於說服了一個當地的居民當嚮導，在山頂發現了一些散落的陶器碎片、玻璃珠串、銅器殘片、古代鐵具的殘餘物及黃色金屬。第二天，他們又找到了一些黃金。這些黃金的製造年代可以追溯至一二〇〇年左右，這也是其遺址中發現到最早的黃金。

◁ 這尊鍍金犀牛出土於南非的馬蓬古布韋，約長55吋，奇怪的是，它是一頭獨角犀牛，而非洲犀牛均爲雙角，由此推斷，這件手工藝品可能是從獨角犀牛的家鄉——印度進口來的。

從那以後，馬蓬古布韋開始引起了考古學家的關注，一九三三年六月，馬蓬古布韋已經置於南非政府的保護之下，開始了對其遺址的挖掘。隨後，在馬蓬古布韋一些淺層淤積中發現的陶器碎片被認爲是早期鐵器時代的陶器，其地質年代被確定爲西元八○○年到一○○○年間。

深厚的考古文化層顯示，馬蓬古布韋山頂本來是當地黑人貴族的領地，具有豐富的墓葬。同辛巴威一樣，馬蓬古布韋的統治者將自己和普通人分離。爲了表示自己的尊貴，其居住地被一些石頭的圍牆保護和隔離著，山頂上的住房被接二連三的擴建，而山下的河谷地帶則是面積廣大的居民定居地。

經過多年的考古研究，人們已經知道，大約在十二世紀左右，馬蓬古布韋達到鼎盛時期，是一個高度發展的經濟和政治都城，其繁榮的貿易網路綿延四百英里，一直到達印度洋海岸。象牙是該城最爲貴重的商品，因爲當時東非商人對這種貴重商品一直有所需求，他們要將象牙出售給海外貿易夥伴，也由此使得馬蓬古布韋王國得以繁榮發展。

但是，馬蓬古布韋繁榮的時間很短。在十三世紀的時候它就已經開始衰落，在大約一二五○年左右就被人遺棄，成了一片廢墟。

對於馬蓬古布韋被遺棄的原因，考古學家們曾經認爲，是環境的變化、乾旱和疾病導致馬蓬古布韋王國迅速衰落。但氣象學家們經研究後卻發現，十二、十三世紀前後的南非氣候和自然環境沒有什麼變化。也有人認爲，馬蓬古布韋王國興盛時，曾經控制著東非沿岸和伊斯蘭城邦的貿易，起初是用象牙，後來是用黃金來作爲交換。由於阿拉伯商人們對黃金的強烈欲望不斷增長，因此，他們最終放棄了不占地利的馬蓬古布韋，跟隨著黃金產地轉移到了北方以及黃金運輸必須經過的港口，正是在這種情況下，馬蓬古布韋走向衰落，而這又促使了它東北方的辛巴威王國逐漸崛起。

由於這些非洲古代的國家都沒有文字，無法找到確鑿的記載，而他們的文明又都早已中斷和被人遺忘，今天這些遺跡是近代歐洲考古學家們重新挖掘出來的，所以誰也無法準確地解釋他們的興亡之謎，只能對著這一片遠古時代遺留的廢墟，留下無窮的感慨。

英文名　Great Zimbabwe National Monument
所在地　辛巴威的馬斯溫戈省，距首都哈拉雷250公里

△ 舉世聞名的大辛巴威遺跡

△ 圖為辛巴威氣勢輝煌的大院落，而此一遺跡
的真正建造者，隨著歷史的流逝似乎已無從
尋覓。

大辛巴威遺址，位於辛巴威的馬斯溫戈省，距首都哈拉雷二五○公里，它證明南部非洲曾經有過高度發展的黑人文明，是非洲著名的古代文化遺址，也是撒哈拉沙漠以南非洲地區規模最大、保存最為完好的石頭城建築群體。一九八六年聯合國教科文組織將其定為文化遺產，列入《世界遺產名錄》。

「辛巴威」一詞源於班圖語，意為「石屋」，或「受敬仰的石頭城」。辛巴威及其周邊共有兩百多座規模不同的石頭城。當地人視石頭城為文化的榮耀，不論國名、國旗、國徽和硬幣上，石頭城都被當做這個國家和民族的象徵。

該國國名原來叫做「羅德西亞」，在此一地區淪為英國殖民地時期，英國以老殖民主義者羅德斯的名字，命名為「南羅德西亞」（後改為羅德西亞）。一九八○年四月十八日，該國正式宣告成立，並定名為辛巴威。辛巴威國徽下部的圖案為大辛巴威遺址，而「辛巴威鳥」也成為這個國家的象徵，被印在國旗和硬幣上。

辛巴威的居民大部分為馬紹納族和馬塔貝勒族人。馬紹納人把散布於當地的兩百處石頭建築都稱作「辛巴威」。而位於維多利亞堡東南部（距首都哈拉雷以南三二○公里處）的一大片石頭城廢墟，則被稱為「大辛巴威」。

大辛巴威遺址四面環山，一面是波平如鏡的凱爾湖。整個的遺址範圍包括山頂的石岩和山麓的石頭大圍圈及其東面的一片廢墟，組成

了相互聯繫的建築群。據考證，這座石頭城建於西元六○○年前後，是馬卡蘭加古國的一處遺址。古城分為外城和內城兩部分，外城築在山上，城牆高十公尺，厚五公尺，全長二四○公尺，由花崗岩巨石砌成。內城建在山坡谷地，呈橢圓形。城內有錐形高塔、神廟、宮殿等，都由石塊砌築，而且這些建築的入口、甬道和平臺等都是在花崗岩巨石上就地開鑿出來的。

有關辛巴威遺址奇觀的傳說，大約在中世紀就透過阿拉伯商人傳到了歐洲。然而，在阿拉伯人的傳播中，卻把辛巴威與所羅門王的名字連在一起。這樣一來，當歐洲人發現這個廢墟時，誤認為這就是所羅門王的藏寶之地。

一八七一年，來到這裡探險的德國地理學家卡爾‧莫赫最先把這個奇蹟公諸於世。他說：「那是一大片聚在一起的石造建築物，全沒屋頂，都用灰色的花崗岩石塊以精巧的技術建成，有些石塊還曾雕琢。山上那些高大的石牆，分明是歐洲式的建築。」莫赫進入城內作了一番考察，認為有證據顯示石頭城的最初建造者們生活富裕、勢力強大。然而，對於究竟是什麼人、在什麼年代以及為什麼要建造這麼龐大的石頭城等諸多疑問，卻沒有找到任何線索。但是他認為，石頭城的建造者不可能是非洲人，更不是當地馬卡蘭加人的祖先所為。莫赫的這種說法也許不足為信，但他所寫有關辛巴威的報告，於一八七六年出版，卻引起了世界各地不少學者和探險者們的興趣，他們開始相繼前往大辛巴威考察。

大辛巴威遺跡是一個大面積的複合體，有防禦工程、塔狀建築和排水系統，占地達一萬多畝，共有三組建築：第一組是一連串如堡壘般的城牆，內有複雜通道、石階和走廊，這組建築現在一般稱做「衛城」。城牆與一個大孤丘結合在一起，隨著岩石起伏，以精湛的技術把花崗岩石堆砌起來，順其自然之勢與大孤丘合為一體。站在衛城頂上，可把整個辛巴威遺址風光盡收眼底，可見當初設計者的別具匠心。第二組是一處橢圓形花崗石圍牆，稱做「神廟」。圍牆的東北、南、北三面分別有一個入口，圍牆高約六公尺，東面城高約九公尺，圍牆底部寬約五公尺。神廟位於衛城下的平地上，至今仍然完整無缺，充分顯示出當初建造者的藝術才幹和建築水準，廟內有一座氣勢莊嚴的高塔。第三組介於圍城和神廟之間，包括許多小房屋。

在辛巴威的維多利亞博物館裡，陳列著早年土著人的繪畫和從「大辛巴威遺址」出土的文物，其中有中東的陶瓷、阿拉伯的玻璃等。在遺址旁還保留著古代的梯田、水渠、水井，遺址地基上還找到了古代鑄造錢幣的泥模。博物館裡還陳列著從大辛巴威遺址中找到的四塊中國明代瓷器碎片，其中兩塊大的可以辨認出是青瓷大花瓶的底座部分，底圈中央有用青釉繪製的「大

A.大辛巴威遺址共有三組建築,第一組一般稱做衛城。圖為這座遺址的一段花崗石
　圍牆,至今依然完好。

B.圖為衛城的城牆與一個大孤丘結合在一起,隨著岩石起伏,以精湛的技術把花崗
　岩石堆砌起來,順其自然之勢與大孤丘合為一體。

C.站在衛城頂上遠眺,可把整個辛巴威遺址風光盡收眼底,可見當初設計者的別具
　匠心。

D.在大辛巴威遺址中,再沒有比這座神廟裡面的圓錐塔更令人費解的了,許多考古
　學家都找不到該塔的入口,最終不得不認定這是個實心塔。

明成化午製」六個字。

從已經挖掘到的文物看，大辛巴威遺址曾經是一座非常繁榮的城市，農業、冶煉業、對外貿易都相當發達，而且一度與中國、阿拉伯、波斯等許多國家有著經濟、文化的交流。

大辛巴威遺址中最珍貴的文物是當年用於裝飾大圍圈頂部的「辛巴威鳥」。鳥用淡綠色的皂石雕刻而成，鳥身如鷹，而頭似鴿子，脖子高仰，翅膀緊貼身子，長約五十公分，雄踞在一公尺高的石柱頂端。這種石雕鳥是辛巴威一個部族世世代代崇拜的圖騰，一直信奉至今，其工藝精細，造型雄健，藝術價值連城。據說，在大辛巴威遺址中，曾先後發現八隻這樣的辛巴威鳥。皂石柱上的鳥後來被當作辛巴威的象徵，印在國旗和硬幣上。

二〇〇三年五月十四日，一隻辛巴威鳥引起了人們的關注。

辛巴威政府在其國家宮舉行辛巴威鳥皂石柱底座移交儀式。辛巴威總統穆加貝從德國駐辛巴威大使彼得‧施密特手中小心翼翼地接過一塊皂石柱底座，自此丟失一百餘年的辛巴威鳥石柱底座終於重返故里。

原來，這塊高約五十公分的石柱底座是辛巴威丟失的八個辛巴威鳥石柱底座中的一個，一八九〇年被人從大辛巴威掠走，一九〇六年在南非出現，次年被德國柏林博物館收藏。一九四四年至一九四五年原蘇聯軍隊占領德國之後，它被帶到列寧格勒人類文化博物館。德國統一後，這塊石柱底座重新回到柏林。一九九八年，在比利時首都布魯塞爾舉辦的非洲藝術品展覽會上，這塊石柱底座曾與其連體的「辛巴威鳥」石雕短暫「團聚」。二〇〇〇年二月，辛巴威和德國簽署協定，使它重返故里，得以與其上半部的石雕重聚。

據最初記載，大辛巴威衛城上有七座實心塔，現今只剩下四座。這四座塔的真正用途，人們至今仍弄不明白。更令人費解的是神廟裡面的圓錐塔，此塔高二十公尺，沒有任何文字標記。多少年來，一批又一批考古學家和前來企圖在塔內搜尋黃金寶藏及古物的人，曾千方百計想鑽進去探查，卻無法找到一個入口。近年來，又有人前來對此塔刨根問底，有的在地下挖了一條壕溝穿過塔底，也有人為尋找塔內的通道在塔內搬開了許多石塊，但還是找不到一個入口，最終不得不認定這是個實心塔。離圓錐塔不遠處有一座祭塔臺，據說，在原始社會，這裡是舉行生殖崇拜的場所。對塔的作用，專家們眾說紛紜，有人認為它是瞭望台，有人認為它是宗教象徵，有人認為它是糧倉的模型，還有人說它是男性生殖器的象徵，但這種種說法都缺少足夠的依據，至今人們仍不明白它的真正用途。

▷ 一根直入雲霄的石柱昂然聳立在大辛巴威遺址上。

事實上，不僅圓錐塔，就是那整座的石頭城到底有什麼功用，人們至今也無法真正了解。有人說這是一個失落帝國的皇帝住所，有人說這是宗教場所，但是也有人認為這是古代人開採、提煉黃金的地方。由於這些石頭建築上沒有文字，歷史上也沒有記載，這種種說法都不過是人們的推測和設想。但是有一點可以肯定——大辛巴威以及其他石頭廢墟是歷史上已經湮沒的一個帝國保存的全部遺跡，是古代非洲文明的傑出代表，它代表著非洲撒哈拉以南地區文明發展的極高成就。

與此相關的問題是：「辛巴威遺址是什麼人建造的？」有人認為它是由西元前來自地中海的腓尼基人建造的，也有人認為是阿拉伯人建造的，但更多的人則認為是非洲黑人建造的。根據歷史記載，最後在辛巴威這個已頹敗的城市居住的民族，由於戰爭的原因，大約在一八三〇年「祖盧戰爭」期間，早已被全部趕走了。後來聲稱擁有大辛巴威的阿孟瓜人，實際上並未在當地居住過，這裡現在生活的是馬紹納族人的一個分支——卡蘭加人，但他們至今還住在低矮簡陋的窩棚中，他們的生活似乎和這些建築毫無關係。而此一古蹟的真正建造者，隨著歷史的流逝似乎已無從尋覓。

阿爾及利亞 | 阿傑爾高原的塔西里
世界上最大的史前岩畫博物館

英文名　Tassili n'Ajjer
所在地　阿爾及利亞東南撒哈拉沙漠中部的山脈內

　　阿傑爾高原的塔西里，位於阿爾及利亞東南撒哈拉沙漠中部的山脈內。阿傑爾山脈長八百公里，最高峰為二三三五公尺。作為阿爾及利亞著名的風景區之一，它以陡峭而舉世聞名。在荒無人煙的大沙漠中，阿傑爾的塔西里地區中心處，保留著一萬五千多幅史前時代的岩畫和雕刻作品，記錄了從西元前六千年到一世紀撒哈拉氣候的變化、動物的遷徙以及人類生命的進化。一九八二年，聯合國教科文組織將其定為文化遺產，列入《世界遺產名錄》。

　　撒哈拉這個詞在阿拉伯語中就是「沙漠」的意思。從大西洋到紅海，撒哈拉沙漠東西綿延近五千公里，南北縱深近兩千公里，橫貫整個北非，全區四分之一是沙海，其餘部分是荒涼的山嶺和滿地圓石的乾涸平原。

　　自從人類有文字記載的歷史以來，人們一直認為撒哈拉是個不適宜人類居住的神祕地方。但考古學家和地質學家考古發現，撒哈拉自古並非不毛之地，而是一個年輕的沙漠。早在八千年前，撒哈拉水源豐富、湖光漣漪、林木繁盛，是一片青蔥肥沃的大草原，也為大量動物提供了良好的生存環境。正因如此，才使得後人能在撒哈拉眾多的洞穴石壁上，看到遠古人類留下的河馬、大象、長頸鹿、犀牛、獅子、水牛、野牛、羚羊、鴕鳥、豪豬等眾多野生動物嬉戲的圖像。

　　大量的證據表示，遠在史前遠古時代，撒哈拉就早已有人類居住。其最有力的證據就是在該地區洞穴中或岩石上數以萬計的岩畫。可以說，撒哈拉沙漠是世界上岩畫最多的地方。這些岩畫記載了撒哈拉地區氣候的演變，也見證了撒哈拉地區曾出現過的高度繁榮的遠古文明。

　　撒哈拉沙漠岩畫群的發現可以上溯到一八五〇年，

▷ 撒哈拉的荒涼山嶺及乾涸平原，至今偶爾可以看到石器時代留下的石製工具。

▷ 撒哈拉地區的壯觀岩畫

▷ 撒哈拉雕刻史上最著名的《水牛》，雕刻於8000年前。

▷ 這是世界上已知最早的椰棗樹岩畫。

德國探險家巴魯特在一次途經費贊（屬於利比亞）、塔西里—阿傑爾等地的旅行中，曾在無意中發現了一些岩壁上刻有牛群和長著動物頭形的人物畫像，以後又發現了一些線刻和文字。但他還不理解這一發現的意義，也沒有引起人們的重視。一九三三年，一支法國騎兵駱駝隊途經撒哈拉中部的阿傑爾時，在高原上發現了長達數公里的壁畫群，他們立刻將此一重大發現公布於世。一九五六年，一支法國探險隊再次深入撒哈拉沙漠，共發現了一萬多幅岩畫。他們把其中部分精品複製後帶回巴黎，造成了轟動。隨後，由藝術家與攝影家組成的考察小組，又在塔西里—阿傑爾地區對這些岩畫進行了一年多的研究與臨摹的工作，其臨摹的圖像和照片在歐洲展出之後，引起了世界各地的關注。 如今塔西里—阿傑爾已被公認為世界上最大的史前岩畫博物館。

考古學的研究表示，距今八千年前，最早的畜牧人群帶著牛群來到了這裡。從西元前七千年至西元前兩千年期間，撒哈拉氣候濕潤，草木繁茂，在此間幾千年的歲月中，居住在此地的先民創造了大量精美的岩畫，許多岩畫由巨大動物的圖像組成，大象、河馬、犀牛、長頸鹿和野水牛處處可見。這些岩畫既有畫的也有刻的，表現形式和手法相當複雜，內容豐富多彩，展示了當時人們的種種日常生活場景。最難得的是，雖經過幾千年的風吹日曬，許多岩畫的顏色卻仍然鮮豔奪目。在塔西里—阿傑爾地區，人們還發現了很多握斧、石斧、石鏃等石器時代的工具。 但岩畫到底是用什麼工具把顏料塗上去的，卻至今沒有找到實物的證據。而植物學家根據古花粉分析，在這一時間，塔西里—阿傑爾曾生長過大量的杉、櫟、榆、胡桃、木菠蘿等樹木，其中有的樹根部分殘留至今。

塔西里岩畫上的動物形象、動物種屬的變化、岩畫中日常生活的主題內容、作畫民族的更迭、岩畫上的人物所持的武器和甲冑等，對考古學家斷定北非岩畫的年代方面，具有至關重要的作用。比如在屬於早期的刻繪中，人類手持回力棒、標槍、石斧為武器，以後才出現弓箭。馬匹時代的人物使用長矛和盾牌，一直到駱駝出現之後，盾牌才逐漸消失，

取代的是劍和火器。

關於撒哈拉岩畫的年代，有人認為，其最早的岩畫屬於新石器時代，也有人傾向更早的時間，確定為中石器時代。早期岩畫最突出的特點是經常描繪水牛，所以這個時期又被稱為「史前水牛時期」。水牛的存在說明當時的撒哈拉氣候濕潤，水域眾多。當然也有當時的其他動物形象，如犀牛、鴕鳥、野驢、獅子、大象、河馬、羚羊等也在岩畫中出現。

在西元前三五○○年到前一二○○年的岩畫上，水牛不見了，人們放牧的牛群卻頻繁地出現於畫面上，這個時期被稱為「放牧時期」，說明這時撒哈拉的氣候已經開始變得乾燥，以至於逐水而生的水牛已經無法生存。但大象、犀牛、鴕鳥、獅子等大型動物仍然得到描繪，當時的生產和生活方式是放牧牛，所以又稱「牛的時代」。

西元前一五○○年左右，岩畫中馬的形象逐漸增多，而牛的形象不再突出。這一時期被稱為「馬匹時期」，畜養的馬出現了，首先是作為拉車用的馬。

西元前二○○年以後，岩畫上馬的形象也已消失，而駱駝卻逐漸多了起來。這一時期被稱為「駱駝時期」，隨著撒哈拉乾燥速度的加劇，馬匹無法繼續生存，駱駝便代之而起。但是，關於駱駝引入撒哈拉的年代，學者們的意見至今仍存在著分歧，沒有定論。

岩畫是撒哈拉地區先民祖先的記憶，但對現代人來說，撒哈拉岩畫始終蒙著一層神祕的色彩，其中有許多手印、足印和稀奇古怪的圖印至今仍令人迷惑。最令人不解的是在手持長矛的遠古人像中，卻夾雜著一些奇怪的神祕人像。這些人像被稱為「偉大瑪斯神」，他們戴著

圖中的這棵橄欖樹已有著千年的樹齡，是撒哈拉沙漠殘存的少數生物之一。

舉世聞名的岩畫《瞪羚》

▷ 岩畫中可見「偉大瑪斯神」，這幅高原
崖壁上的岩畫製作於7500年前。

▷ 著名的《黑人跳舞》

圓形的全罩示頭盔，穿著連體的緊身衣，很像現代太空人的樣子。在阿傑爾高原上還有一幅巨型岩畫，畫上有一群土著圍繞著一個身材高大、頭身一體、上有雙角而看不出五官的奇怪人物。這些奇異的圖像一再出現，引起了人們的種種猜測。這是當時人們崇拜的神靈，還是身穿連體太空服、頭盔上有天線的外星人呢？

在撒哈拉岩畫群中，人們還發現了兩種特殊的文字，即撒哈拉文字和拉費那固文字。撒哈拉文字可以隨意從上至下或從下向上，也可以從左向右或從右向左任意書寫，其特點是沒有表示母音的符號，雖然可以讀出，但其涵義極難理解。在撒哈拉文字之後，又出現了更為簡化的古代拉費那固文字。

幾千年前生活在撒哈拉地區的人們為什麼要製作這些岩畫？是宗教活動、遊戲娛樂，還是為了記錄社會生活？岩畫中那些被稱為「偉大瑪斯神」的怪異人像到底是什麼？這一切至今都沒有答案。撒哈拉沙漠的荒涼乾旱、人跡罕至，更加深了這種神祕印象。撒哈拉岩畫，世界遺產中的又一個謎。

英文名　Gebel Barkal and the Sites of the Napatan Region
所在地　沿尼羅河河谷周圍60多公里的區域內

1.努比亞：世界上最偉大的露天博物館

博爾戈爾山及納巴塔地區的五個考古遺址，分布在沿尼羅河河谷周圍六十多公里的區域內，是庫施第二王國納巴塔文化和麥羅埃文化的歷史見證。在其遺址中，考古學家發現了二十多座歷史悠久的金字塔和大量的陵墓、神廟、王宮等建築。二○○三年，聯合國教科文組織將其定為文化遺產，列入《世界遺產名錄》。

尼羅河是世界上最長的河流，縱貫非洲大陸東北部，全長六千多公里。它也是世界上唯一一條由南向北流的大河。

◹ 尼羅河全程流域圖

尼羅河流域是世界文明發祥地之一，她的兩岸孕育出多少璀璨奪目的古代文明，點綴著多少人類智慧的瑰寶，珍藏著多少歷史的奧祕，保存著多少鮮為人知的故事，至今令人神往。提到尼羅河，人們首先會想到古埃及，想到尼羅河畔聳立的金字塔。其實，在埃及以南、蘇丹境內的尼羅河岸邊，也有一處舉世聞名的考古遺址——博爾戈爾山及納巴塔考古遺址。

古代努比亞人生活在非洲東北部的一個地區，這個地區包括現今的埃及南部和蘇丹北部。努比亞境內一邊是尼羅河和撒哈拉沙漠，另一邊則是紅海。尼羅河由蘇丹流入埃及，「尼羅，尼羅，長比天河」，是蘇丹人讚美尼羅河的諺語。

努比亞為東北非古代地區名，幾千年前，古埃及人把蘇丹稱為努比亞。努比亞大體上北起尼羅河第一瀑布，東至紅海之濱，南達喀土穆，西接利比亞沙漠。其南半部一直延伸到尼羅河第二瀑布的南端，在古代埃及第十八王朝法老的統治時期稱為庫施。

西元前六千年，在廣大的努比亞地區，已經存在著相同或相似的社會組織形式、生活方式，包括狩獵、捕魚、畜牧和相關的原始農業。千年之後的今天，雖然此一地區有些地方已被努比亞沙漠覆蓋。但是在古代，努比亞是眾多古代文化的故鄉。因其地理位置得天獨厚——向東，努比亞人同阿拉伯人相互交往；向北，他們同古埃及人和地中海地區的人民相互往來；往南，他

✍ 這些武士俑出土於一座大約可追溯至西元前2100年的埃及古墓。這兩
支隊伍中，黑色皮膚的是由努比亞弓箭手組成的部隊，而對面的是埃
及士兵，他們是由膚色較淺的埃及長矛隊組成。

們則同非洲民族互通來往。因此，在埃及與非洲熱帶內陸繁榮活躍
的貿易往來之中，一代又一代的努比亞人都做著中間商的生意。非
洲熱帶內陸擁有多種天然財富：黃金以及其他貴重金屬、象牙、紫
水晶、黑檀木、薰香、鴕鳥蛋和鴕鳥毛、野生動物及其皮毛等。

　　埃及統一（約 3100 B.C.）後，由於位於尼羅河上游的蘇丹一直
是古埃及擴張的主要對象之一，所以努比亞與埃及的往來是伴隨著
戰爭和掠奪進行。從埃及第一王朝的法老起，就開始採掘努比亞的
礦產。約西元前二六一三年，法老斯奈夫魯大肆劫掠努比亞，把當
地文化破壞殆盡。第五和第六王朝時期，埃及阿斯旺省的總督們開
始在努比亞進行遠端貿易，但這種貿易在很多的時候是伴隨著武裝
掠奪進行。

　　尼羅河發源於與東非大裂谷相接的高原，從蘇丹的喀土穆往北
至阿斯旺水壩，尼羅河繞了幾個彎，形成一個「S」形的大彎道，從
埃及的阿斯旺到蘇丹首都喀土穆之間，由北向南，尼羅河著名的第
一瀑布到第六瀑布就依序分布在這段河道上。而處於第三瀑布和第
四瀑布之間的棟古拉地區，這裡水量充沛，耕地遍布，所以此一地
帶曾是庫施王國的中心地帶。喀土穆以北的第六瀑布形成了努比亞
的南北邊界，再往北幾乎一直延伸到第五瀑布，其間是寬闊的尚迪
平原，也是後來努比亞人的麥羅埃王國所在地。

　　大約在西元前一九二〇年，埃及國王塞努斯萊特率兵向尼羅河

上游進發，入侵了努比亞人的土地。埃及人將這一地區稱爲庫施，對埃及人來說，他們對這裡早已垂涎三尺。一是這裡地下富藏著珍貴的金屬和礦產資源，特別是黃金；二是他們能在這一地區捕獲到很多牛和奴隸；三是埃及人明白，通過庫施他們就可以深入非洲，和那裡的人民進行貿易，換取烏木、象牙和香料。

幾百年來，這兩大王國展開了一系列的侵略，庫施人也搶奪了很多埃及財寶並把它們帶回自己的首都科爾馬。科爾馬建在尼羅河上的第三瀑布附近，位於今天的蘇丹境內。

雖然從很早的時候，人們就將這片綿延近一千英里（從第一瀑布直至第六瀑布）的廣闊地域稱爲古埃及文化的源泉，但人們對努比亞一直沒有給予足夠的重視，直到十九世紀才逐漸有所改變。

一八二〇年七月，埃及總督，同時也是阿拉伯人的穆罕默德·阿里帕夏派出四千人大軍從開羅出發，沿尼羅河逆流前行。因這次遠行是爲了探尋和開採金礦，埃及人答應了法國礦物學家與地質學家弗雷德里克·凱利奧德和他的同伴皮埃爾·萊托澤克隨隊前往的請求，值得慶幸的是，在這次遠征中，凱利奧德和他的同伴萊托澤克首次來到蘇丹，見到側壁陡峭的麥羅埃金字塔，成爲首次親眼目睹蘇丹金字塔的歐洲人。一八二六年，凱利奧德以著書的方式，記述了他沿著尼羅河的這次旅行，書中還附有他們繪製的地圖，親臨現場的圖畫和素描。這不但引起了許多人對這些金字塔的興趣，也爲後人在麥羅埃的考古挖掘打下了堅實的基礎。

隨著對努比亞文明的不斷探索，人們對努比亞有了越來越多的瞭解。大約西元前兩千年左右，在原來努比亞地區南部，今天蘇丹北部的尼羅河流域，出現了歷史上的第一個黑人國家——庫施王國。從尼羅河第一瀑布到今天蘇丹首都喀土穆綿延千里的尼羅河古河道上，不斷征戰的庫施王國盛極一時，它的歷史成爲蘇丹歷史的重要部分。

當埃及在第十一王朝末期勢力衰微的時候，庫施王國乘機開疆闢土，向北蠶食埃及南部地區。約西元前十七世紀，由於埃及北部面臨著一個更大的威脅：希克索斯王朝的侵略大軍從巴勒斯坦一路殺過來，橫掃了整個尼羅河三角洲，奪取了埃及法老的統治權，埃及法老被迫向南逃往底比斯。由於實力受到了極大的削弱，埃及不得不放棄某些軍事要塞，向南退到阿斯旺，這使得努比亞幾百年來第一次沒有了最高領主的統治，庫施王國填補了這個勢力空間。

在吉爾吉薩，考古學家在埃及堡壘高聳的城牆附近發現了一個墓葬群，

圖中的陶器做工精巧，器壁極薄，被稱為「蛋殼陶」，是努比亞文化中的代表作，他們大約在西元前3000年達到鼎盛時期。

內有二十二位凱爾邁武士的墳墓。在整個下努比亞曾經發現過大量凱爾邁式墓葬，其中大多都位於埃及軍事要塞的附近，其歷史可追溯至希克索斯王朝征服埃及北部之時。據此推斷，凱爾邁王國的君主曾經在原埃及軍事要塞派駐軍隊，他自己則成為這些地區的統治者。

當時的庫施王國，伴隨著埃及軍隊的不斷入侵，埃及文明被傳到了這裡，使庫施早期的文明深深打上了埃及文明的烙印。庫施王國的一些政治體制，最早取自埃及，國王仿效埃及法老的官僚體系，建立起自己的專制統治，國王本人享受至高無上的權力。

在努比亞人早期的宗教建築西戴富法遺址周圍，就是庫施王國的第一個首都凱爾邁。

一九一三年，考古學家在凱爾邁城附近的墓葬群中發現了成千上萬座墳墓，其中有八座大墓尤其引人注目，它們上面覆蓋著用土堆成的圓形巨塚，最大的有如一個足球場大小。墓室的主人顯然是一位達官顯貴，他的屍體蜷臥於一張床上，床上撒滿了黃金，周圍擺放著青銅器、象牙雕刻和彩繪陶器等精美的手工藝品。但在墓室的旁邊與床上的黃金形成鮮明對照的是由土坯磚牆砌成的坑道，在坑道內散布著數百具扭曲變形的屍體，男女老幼俱全，其遇難者屍體大概有三二二具之多。

考古學家還勘察了這個被稱為西戴富法的大型土坯建築物，它位於距離上述墓葬群大約九英里的地方。由於這一帶不產石料，所以這個土堆完全是用未經燒製的土坯壘起的，現在的高度有六十英尺，有的土牆之間還留著一人寬的通道，兩側還可以見到幾個拱門。這個建築物西側正對著幾間土坯房，內有一些埃及器物的殘片，其中包括石膏模子、彩陶、石皿、珠串、水晶和青銅器等物。此外，考古學家還在此發現了五六五個曾經粘貼在陶器和籃子上的埃及泥封印痕等，有人認為，這個地方可能是個加工廠或者尼羅河岸的倉庫。

還有人認為，這個建築物原來最早應該是一座神殿。根據著名考古學家邦尼特的解釋，西戴富法的存在說明古城凱爾邁是精神與

物質的雙重中心。從西元前四千年晚期開始，凱爾邁就開始逐漸發展。直至西元前十六世紀初，它已經達到全盛時期，成為一個面積達一百多公畝、居民約兩千人的城鎮。工匠、祭司、官吏、商人和農夫都定居其間，在這個城池的周圍則是一圈土坯製成的城牆。

目前，西戴富法的周圍已經挖掘出許多建築遺址，考古學家已經復原出這座城市的模型，蘇丹政府準備以遺址為中心建立博物館。

到了西元前十六世紀末，曾退居底比斯的埃及法老東山再起，他發動了一場收復埃及失土的運動，其軍隊對下努比亞的肥沃平原進行了徹底掃蕩。大軍所到之處，莊稼與糧倉被大火燒光，茅屋與石宅被夷為平地。在到達凱爾邁的時候，士兵們一把火將整個城鎮燒個精光。這個昔日曾經熙熙攘攘的商貿中心幾乎被夷為平地，而西戴富法神殿也遭到了玷污。在凱爾邁被燒焦的巨大城牆上，大規模的焚毀與破壞痕跡至今仍然可見。

當埃及第十八王朝的國王圖特摩斯一世（約1525～1512 B.C.）即位後的第二年，就親自率軍出征努比亞，其目的是為了此地的金礦，也想一舉徹底根除庫施王國這個禍患，他的艦隊沿尼羅河向南艱難進發，沿途碑文證明他曾越過第四瀑布，並在卡尼薩一庫爾古斯立標劃界。他將埃及的疆域向南推進到阿布哈邁德平原。值得一提的是，圖特摩斯一世在位期間，曾把中王國時期的底比斯阿蒙神廟整修一遍，並創造了對稱式廟宇，這種新的樣式後來成為新王國的標準建築模式，他也是在底比斯國王陵墓谷地安葬的第一位國王。

圖特摩斯一世的兒子圖特摩斯二世（約1512～1504 B.C.）即位之後，庫施北部一名部族首領曾經煽動暴亂，反對埃及的宗主權，這樣的暴亂當然會威脅到駐努比亞的埃及軍隊。於是，圖特摩斯二世派兵平息暴亂，屠殺了當地所有的男子。而那位暴亂首領的兒子則被埃及人俘虜，押至埃及本土，直到同化後才被放回，充當附庸國首領。

圖特摩斯二世去世之後，他的兒子圖特摩斯三世（約1479～1425 B.C.）即位。在圖特摩斯三世在位第三十三年，他曾親自率兵北伐，攻占了美吉多，隨後又占領了卡選什和貝卡谷地的其他城市。這位埃及法老還發兵進攻強大的米坦尼王國，結果米坦尼國王倉皇逃走，三十名后妃被俘。在南方，圖特摩斯三世正式吞併了第四瀑布以北所有努比亞人的土地，有效地徹底瓦解了庫施王國，將埃及在努比亞的統治擴展至博爾戈爾山附近的納巴塔，並在那裡修建了一座阿蒙神廟。圖特摩斯三世在位期間，曾利用努比亞的土著開採金礦，為埃及帶來了大量的黃金。

圖特摩斯三世之後，埃及統治努比亞的時間又延續了五個世紀。在此期間，努比亞的上層社會完全接受了埃及的文化，無論是在衣著服飾、宗教信仰，還是在殯葬禮儀等各個方面，他們都已經完全埃及化了。然而，在他們的內心深處，卻一直頑強地保持著自己的文化，並最終發展為高度發達的努比亞文化——納巴塔王國與麥羅埃王國。

2.建立埃及第二十五王朝

在過去的數千年之間，努比亞人就一直生活在埃及這個比自己強大的北方鄰國的陰影之下。西元前一千年，埃及不僅在經濟上一直控制著努比亞，而且在政治上也對其進行了很長一段時期的統治。埃及的壁畫上描繪著最早期的努比亞人形象，他們正在向埃及法老或者王宮大臣進獻貢品。而底比斯的一座古墓中則畫著一隊英俊年輕的努比亞王子，他們帶來了獸皮、象牙等奇珍異寶，而其中最令納貢者感興趣的還是產自努比亞金礦的黃金戒指。古墓的考古發現表示，努比亞人從埃及殖民統治者那裡吸收了大量的文化與宗教。然而，儘管努比亞人與埃及人信奉相同的神祇，穿著一樣的亞麻衣服，但是在埃及人的眼裡，努比亞人始終處於臣服的地位。

正可謂風水輪流轉，約西元前七四〇年，努比亞人征服了古埃及。庫施地區出現一個新的王國，它在其統治者卡什塔的治理下，開始了迅速地埃及化，並占領了上埃及。

卡什塔之子皮安基在統治努比亞二十年之後率軍北上，向埃及進攻。經過一番激烈的鏖戰，皮安基統領的努比亞大軍將特夫納科特及其盟軍全部擊潰。凱旋的皮安基及其後裔成為埃及第二十五王朝的法老，統治時間將近一個世紀之久。皮安基將自己的赫赫戰功用古埃及象形文字記述在一塊凱旋碑上，並將其豎立在納巴塔的阿蒙大神廟內。這塊凱旋碑於一八六二年被發現於該神廟遺址之中，整塊石碑由灰色花崗岩雕刻而成，現收藏於開羅的埃及博物館。

繼任的庫施國王沙巴卡（716～695 B.C.），繼皮安基之後，繼續向北挺進，俘獲埃及第二十四王朝第二個法老博寇里斯。沙巴卡可能以開羅附近孟菲斯為其都城，並採用傳統埃及法老稱號，他在底比斯建造了很多宗教建築，死後葬於巴爾卡爾山金字塔內。

塔哈卡（691～664 B.C.）是沙巴卡之後另一個出身於努比亞人

的埃及法老。

　　好景不長，亞述人於西元前六五四年左右大舉進攻埃及。在和亞述人的交戰中，庫施的軍隊被打敗了。亞述人不僅攻占了底比斯城，塔哈卡在大軍潰敗之時僥倖生還，但也不得不撤回努比亞，他在那裡繼續執掌朝政，直至其歿。其後，他的侄子坦威塔馬尼繼任，他曾經試圖奪回埃及，但是卻以失敗告終，只好也像自己的叔叔一樣，向南撤回，最終抱恨而死。

　　在庫施王國時期，這裡的畜牧業已高度發達。當時的庫施已經進入了灌溉農業時期，種植的農作物有高粱、大麥、小麥，以及扁豆、黃瓜、甜瓜等蔬菜和棉花等。

　　西元前五九三年，埃及法老薩美提克二世派兵遠征庫施，洗劫了納帕塔，搗毀了宮殿廟宇建築等。西元前五九〇年，庫施人又將首都從納巴塔南遷到尼羅河第五、第六瀑布之間的麥羅埃（今喀土穆北）。從此，又被稱為麥羅埃王國，也就是今天的蘇丹，在那裡倖存達九百年之久。

　　新統治中心的建立，代表著庫施文明開始進入麥羅埃時期。麥羅埃王國雖然小了一些，但沒有埃及的影響，這個小小的王國又興盛起來。庫施人不僅是尼羅河流域最早種植棉花的居民，可能還是古代非洲冶鐵技術的起源地。他們在此發現鐵礦石之後，將其熔化，鑄成鐵製的工具和武器，製陶業也是他們一個重要行業。當時的各種手工藝產品的出現，說明當時可能存在一個人數較多的工匠階層，包括鐵匠、木匠、建築設計師、和泥瓦匠、陶工、織布工、製革匠、金銀珠寶匠、石匠等。麥羅埃和納巴塔都在同一條古代商旅路線上，在麥羅埃，庫施人用磚頭和石塊建築了一座王宮；在河邊建造了一座碼頭和很多坡度很大的金字塔。這些金字塔建築在墳墓之上，比埃及的金字塔更小、更陡。

　　西元一世紀左右，麥羅埃王國更加繁榮昌盛。麥羅埃地處東非的交通要衝和貿易樞紐，同埃及、衣索比

▷ 努比亞的金字塔

▷ 本圖的背景是按比例縮小的庫施王國首都──努比亞城市凱爾邁的模型。

非洲 ▼ 蘇丹　博爾戈爾山及納巴塔

197

亞、印度、西亞等地都有貿易來往。在麥羅埃出土的中國銅鼎，說明當時麥羅埃王國和中國也有文化交流。麥羅埃時期的統治者遠離了埃及，越來越非洲化。但在許多方面，他們仍受到埃及的影響，國王和王后們死後，也同樣製成木乃伊葬在金字塔裡，追求來世的永生。

▷ 在凱爾邁，一座西元前18世紀的皇家墓室外緣散落了牛角等供祭祀用的動物遺骸。後來，考古學家在此皇家陵墓裡發現上百個人的屍骨。

3.探尋麥羅埃文化

　　庫施王國地處西亞、北非與非洲腹地的交通要道，成為非洲東北部的一個重要貿易中心。麥羅埃人和埃及人一樣，曾創造了燦爛的古代文化。

　　麥羅埃的城市分布在尼羅河以東土壤肥沃的布塔奈草原，這些城市因養牛與穀物種植而日益繁榮昌盛。

　　麥羅埃人依然信仰阿蒙神，他們還建造了許多神廟以供奉這位埃及的主神。麥羅埃的阿蒙神廟將近有五百英尺長，與這種建築風格形成鮮明對比的，是供奉努比亞獅神阿佩德馬克的神廟，此類神廟僅由一個單間構成，通過一個巍峨的塔式門樓進入殿內。麥羅埃人認為，與阿蒙神相比，獅神的地位僅居其次。

　　在麥羅埃以北十英里的穆索瓦拉特，考古隊發現了一座龐大帶有圍牆的綜合性建築，它與努比亞和埃及各地的任何建築都不一樣，是由眾多封閉的房間組成的一個圍牆迷宮。遺址的中間矗立著一座神廟，而廊柱都已毀棄。它的周圍是開放的廣場與院落，其間有走廊和坡道相連。如今已知，這座綜合性建築就是大圈地：「它是一座氣勢恢弘的建築，裡面有裝飾華美的圓柱。石工技藝成為它最為顯著的特點，由於風化作用，其白色的砂石已經泛紅。」

　　對於這個建築的用途，至今無法定論，有些學者推斷，這裡應該是飼養與訓練大象的地方。也有人認為，這個大圈地應該是商隊的目的地，或者是信徒們來此參加宗教節日的地方。

　　考古學家發現，麥羅埃還盛產鐵礦與木材，因此這裡的工業也

相當發達。來自利物浦大學的英國考古隊於一九一〇年至一九一四年期間在此展開了遺址挖掘工作，他們不僅發現了大堆的礦渣，而且還發現了用於冶煉的熔爐，由此可以說，麥羅埃是個重要的鐵礦冶煉中心。

麥羅埃最大的優勢還是來自於其地理位置的優越性，它正處於陸路貿易通道與尼羅河水路貿易通道的交會點，尼羅河在此處變得非常適於航行，可以遠達蘇丹，直至南方的蘇德沼澤為止。商旅們趕著牛、驢、馬等駄畜，還有西元前一世紀出現、更吃苦耐勞的駱駝，從麥羅埃向外四散輻射，穿過沙漠，越過草原，深入非洲的中心地帶，再到達阿比西尼亞高地，到達紅海，或者沿著尼羅河順流而下，到達埃及。

尼羅河下游的政權變換直接影響到了努比亞人的命運，當埃及成為托勒密王朝的領土之後，它從此就被納入了希臘社會。因為托勒密家族源於希臘，他們希望埃及能夠為他們提供非洲大陸上的豐富寶藏。而麥羅埃王國正好是運輸黃金、食鹽、奴隸、珍貴木材、象牙、獅皮和豹皮等貨物的必經之路，此後正好可以從中坐收漁利。

在那個時代，麥羅埃曾經聲名遠播。在古希臘與古羅馬作家的筆下，麥羅埃是埃及以南一個遙遠的大城市，古希臘歷史學家希羅多德曾於西元前五世紀沿著尼羅河上游到達如今的阿斯旺，他被告知，麥羅埃距此大約還有六十天的路程，它的財富多得令人難以置信，擁有不計其數的金銀珠寶，死後都用水晶棺材埋葬，就連囚犯的腳鐐都是黃金所製。現在看來，這些有關麥羅埃的種種傳聞，大多誇大其詞。

據說，古羅馬歷史學家普林尼不僅記錄了住在麥羅埃城的眾多希臘人姓名，而且還講述了羅馬皇帝尼祿於西元六〇年派隊遠征麥羅埃的故事。根據古希臘地理學家與歷史學家斯特拉博的描寫，麥羅埃的王宮擁有一個長滿果樹的花園，而市民們都彬彬有禮，住在磚房或者以劈開的棕櫚樹搭建的房屋裡。

好幾個世紀以後，在這些古典作家作品的誘惑之下，歐洲人開始尋找這個如同神話傳說般的非洲城市。一七七二年，一位名叫布魯斯的探險家來到了蘇丹的巴格拉維亞村，在那裡他發現了成堆的破碎底座與方尖石塔的殘跡。他在日記中斷言：「它可以

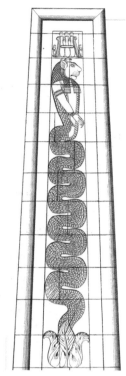

◁ 納蓋的神廟裡供奉了努比亞獅神阿佩德馬克，祂被刻畫成獅、人、蛇三合一體的形象。努比亞人認為獅神僅次之於阿蒙神。

▷ 尼羅河從這裡流入蘇丹境內。

▷ 這是一座祠堂的入口處，牆上刻滿了浮雕。這座祠堂配屬於麥羅埃一位王后的金字塔。麥羅埃的祠堂一般都建於皇家金字塔的東面，是祭司為死者舉行儀式的聖地。

令人大膽地猜想，這就是古城麥羅埃。」

在一八四二年至一八五九年之間，一支德國考古隊到麥羅埃考察，並把他們的考古發現寫成了《埃及與衣索比亞的文物古蹟》一書，此後，在一九〇五年至一九七一年之間，美國、英國、波士頓藝術博物館和加拿大的考古學家也相繼來此考察和挖掘。

考古學家認為，大約在西元前二四年，一支來自麥羅埃的大軍出現在羅馬的歷史舞臺上，當時，一位名叫阿瑪尼雷納斯的努比亞王后，率領著一支努比亞大軍長驅直入，占領了阿斯旺以南的所有領土。根據古希臘歷史學家的記載，她發兵將羅馬人控制的聖島菲萊洗劫一空，並搗毀了當時羅馬皇帝奧古斯都（63～14 B.C.）在阿斯旺的雕像。但羅馬人很快便採取了報復行動，羅馬統治者手下的埃及官員蓋厄斯·彼得羅尼爾斯派遣遠征軍直搗努比亞，給予麥羅埃軍隊迎頭痛擊，不僅將這位王后趕回了她的首都，而且還洗劫了納巴塔，以雪菲萊島遭劫之恥。麥羅埃只得有條件地投降，與羅馬人簽署條約，劃定了羅馬人統治下的埃及與麥羅埃王國之間的邊界。

雖然麥羅埃軍隊被羅馬人擊敗，但兩國之間的貿易往來卻日漸增多。從遍及努比亞的墓葬中都可以找到這種關係的證據。一世紀至二世紀的皇陵與富有者的墓中曾經出土了大量的銅器、陶瓷、珠寶、銀器和玻璃等文物，它們都來自於羅馬帝國的邊遠地區。此外，他們的隨葬品還反映了地中海、埃及和非洲內陸等各地不同的風格特色。

在後期的麥羅埃墓葬中反映出這個曾經富強的王國正在逐步走向衰落的跡象。對三世紀至四世紀的遺址挖掘表示，此時的努比亞君主們已經沒有建造大型神廟的能力，他們自己的金字塔也變得越來越小，越來越不堅固。而且，在他們的墓室中，外國進口的奢侈品也從隨葬品中消失殆盡，這些足以說明，麥羅埃的黃金時代已經一去不復返了。

西元一世紀，麥羅埃南面原本豐美的牧場遭到破壞，長期的放牧導致了尼羅河兩岸的水土流失，大量的牲畜毀壞了草地，也毀壞了灌木叢和樹木，土壤再次沙漠化，這時的麥羅埃王國開始衰落。

　　西元二○○年以後，羅馬人放棄了由麥羅埃控制的艱險沙漠之旅，開始採用其他貿易通道。他們透過紅海和阿拉伯半島進行貨物運輸，以此促進與東方市場之間的商貿往來，這使麥羅埃失去了商貿上的重要性，變得愈加貧窮，終於到了日暮途窮之際。

　　西元三二○到三五○年間，麥羅埃東邊的阿克森姆王國（今衣索比亞）日益強盛，阿克森姆國王艾伊梨尼斯率軍入侵庫施，摧毀了麥羅埃城，庫施統治者被迫向西逃亡到乍得湖地區。一個統一的、曾經強大的庫施王國被徹底摧毀，麥羅埃人似乎完全消失了。麥羅埃所創造的燦爛文化、宏偉建築、宗教與政治傳統也隨之湮滅。但在歷史的長河中，庫施─麥羅埃王國卻永遠成為非洲古代文明史中不可磨滅的一頁。

　　當一九○七年考古學家在距阿斯旺以南僅有數英里之遙的地方挖掘到古墓時，他們找到了一些數目龐大的古墓遺址。考古學家把它命名為巴拉納文化，據推測，這些古墓中的人可能是麥羅埃人的後代傳人。

　　一九三一年，經過對古墓的挖掘，考古學家在這兩個遺址共發掘出一百八十座古墓，其中大約有四十座古墓都非常富有，從中出土了珠寶、銀器、鑲飾的木櫃與象牙櫃、武器、燈具、香爐、玻璃器皿、紡織品和陶器等大量隨葬品。在這些隨葬品中，最引人注目的還是十頂銀製王冠，冠上鑲有寶石，裝飾著王權的標誌，上面還有太陽神何露斯、生育女神伊希斯以及主神阿蒙的神像。其中最華麗的三個王冠上裝飾有銀質浮雕，在畫面上，一隻公羊的頭頂裝飾著造型別致的羽飾。在麥羅埃和納蓋的神廟裡，國王和王后的畫像上也戴著同樣的王冠。考古學家認為：「這些古墓中的人可能是麥羅埃金字塔墓主的直系後裔，在麥羅埃金字塔的地面建築之下，隱藏著通往墓室的地道。」

　　此後，考古工作者們又在阿斯旺以南大約一百英里的易佰利姆堡發現了有關努比亞人生活和信仰的重要資訊，從而理出了一條更為完整的努比亞文明線。

　　在易佰利姆堡的挖掘工作始於一九六一年；該遺址埋藏的文物異常豐富，在似乎已經與世隔絕的孤島上，考古學家們對長達三千年的努比亞歷史展開了考察工作。該遺址還擁有數座供奉生育女神伊希斯的大型神廟，這是埃及與努比亞古老宗教信仰最後倖存下來的殘跡。易佰利姆堡當時是一個重

要的行政管理中心，許多文書官員都曾伏案於此，在草紙和羊皮紙上抄抄寫寫，留下了爲數眾多的文獻資料。然而，其語言也是五花八門，其中還包括雙語手稿。

但令人遺憾的是，雖然早在西元前兩百年，發達和富裕的麥羅埃社會就已經創造出了自己的語言文字——麥羅埃文，這是一種近似古埃及象形文字，但意思已經完全不同的另一種象形文字，面對古老的麥羅埃文，現代學者經過了半個多世紀的研究，卻至今無法解讀。儘管其中的二十三個字母符號的語音與名稱大多數都已經破解出來，但是現代學者卻無法破譯出麥羅埃語言的語法和辭彙。

4.走進蘇丹麥羅埃金字塔

在麥羅埃城外的兩條沙脊上，麥羅埃歷代國王和王后們建造了幾十座金字塔，作爲自己的陵墓。與埃及金字塔不同的是，它的側面是陡峭的斜坡，金字塔前還附設祠堂，裡面裝飾著浮雕與題字。自從西元四世紀麥羅埃衰亡後，其蹤跡也無從查考。直到十九世紀後期和二十世紀前，才被西方的考古學家重新發現。

因爲現代學者至今無法解讀麥羅埃文，如今人們所瞭解的有關庫施君主的故事大多來自於一些古埃及文的銘文傳記，其中有一部分是在博爾戈爾山周圍的遺址中發現，還有一部分是來自博爾戈爾山附近的庫魯皇陵。在那裡，埃及第二十五王朝的法老們及其王后們，還有此後的努比亞歷代國君都被埋葬在坡度陡峭的小型石築金字塔中，時間從西元前三世紀初直至西元四世紀。

△ 在麥羅埃以南320公里處發現的努比亞遺址。

與博爾戈爾山的金字塔一樣，這裡的金字塔相互之間距離很近，推測是因爲沙脊頂部面積有限。沙脊頂部本身地勢起伏，各座塔的高度也不相同，形成高低錯落的格局。這些金字塔都用砂岩建造，裡邊都用沙子和碎石填充，塔的高度大致在一、二十公尺之間，最高的可能超過三十公尺，最低的只留下幾公尺高的殘基。這些金字塔都沒有頂，即使看似有頂的塔，實際上

也是平的。大部分塔前還保留著祠
堂，但完整的很少，有的只剩下一
圈牆基。兩千多年的歲月風霜，已
使它們表面風化，使它們已經難見
全貌，有的地方已部分傾塌，但還
是可以辨認出所刻大多是墓主的形
象。在一些祠堂的殘基上還能看到
用努比亞文字刻的銘文或題記。

▷ 一位努比亞公主乘著由兩頭牛拉的戰車，而她的
隨從們則手捧金指環、豹皮以及其他禮物，將其
獻給古埃及第十八王朝法老，感謝他為庫施派來
了代其行使權力的總督哈伊。

　　這些金字塔多數已被挖掘，有
的墓室中的全部物品、包括壁畫都
已被運往英國、美國的博物館。這
些金字塔及神廟內所書的碑銘，為
瞭解麥羅埃王國統治者提供了大量
的珍貴史料。從這些碑銘之中，考
古學家們不僅得知許多君主的姓名，還瞭解到某些君主統治時期的歷史事
件。

　　例如，納塔卡馬尼國王與阿瑪尼托王后在統治著麥羅埃時，夫妻兩人很
可能對修復舊神廟與建造新神廟相當熱情。為了歌功頌德，許多碑銘題字中
都出現了兩人的名字，其中包括麥羅埃的阿蒙大神廟、納蓋的兩個神祠以及
納巴塔的祭祀中心。

　　根據這些碑銘記載，阿瑪尼托王后並非只是其夫君的附庸，而是自己親
掌大權，與國王聯合執政。從其他王后的金字塔以及一些建築與造像上有關
她們的題字記載可見，這些王后也都採取這種聯合執政的統治方法。

　　一八三四年，一個名叫弗里尼的義大利探險者來到此地尋寶。他以為墓
室就在塔中（其實是在塔下），於是將其中的五座金字塔翻了一遍，卻只找到
一些馬鞍、金屬鈴鐺及人和動物的屍骨。弗里尼幾次想要離開，又心有不
甘，後來，他在墓葬與神廟內的浮雕中，看到阿瑪尼托王后和西元前一世紀
的另一位名叫阿瑪尼莎科海托的王后（西元前一世紀最後十年期間麥羅埃的
統治者）的形象被刻畫得極為剛硬、強悍，於是想到去挖掘阿瑪尼莎科海托
王后的金字塔。果然，在她的金字塔內，弗里尼終於發現了一個藏寶之處，
裡面珍藏著各種精美的黃金玉石等珠寶首飾。更令這位探險家驚異的是，他
在金字塔內發現了一些巨大的石塊，他以為此地有可能蘊藏著更大的財富。
為了保密，他辭退了大多數工人。然而這群工人覺得事有蹊蹺，不但沒有離

▷ 考古學家發現的廢墟

↗ 這件臂環上面裝飾著同心圓、繩辮鑲邊以及諸神的頭像，而正中央覆蓋著一位長著翅膀的女神。

開，還預備了長矛，準備以武力強行分享這些寶藏。為了保命，弗里尼帶著阿瑪尼莎科海托王后的黃金珠寶連夜逃脫，回到歐洲後，將這些不義之財分別賣給柏林和慕尼黑的博物館。直到一九九二年，這些稀世珍品才又得以團聚。

除此之外，考古隊還發現了努比亞國王塔哈卡本人的墓葬。考古學家賴斯納在一九一八年回憶說：「我們打開了向下通往墓室的樓梯，在滿是殘骸的樓梯裡發現了一個破碎的石像，上面寫著塔哈卡的名字。」

這位庫施的統治者被安葬在紅砂岩建造的金字塔下面，這座荒廢的金字塔大約有一六五英尺高。毫無疑問，它是努比亞王國有史以來最大的金字塔。據說，單是塔哈卡的一座金字塔內就有一千多個精美的石製雕像。

此外，考古隊還發現了其後十九位努比亞國王與五十三位王后的陵墓。儘管沒有一座金字塔能夠逃過劫掠，但是埃爾‧庫魯和努里兩地的墓葬已足以證明，努比亞人在殯儀方面吸收了鄰國埃及的諸多風俗。他們學著埃及人的方式將王室成員的屍體製成木乃伊，然後將之置入飾有黃金、黑曜岩和雪花石膏的棺槨中，此外還有小型侍從雕像在其左右伺候，為他死後提供服務。

然而，埃及的影響並不能完全取代努比亞人的本土殯葬方式。而且，努比亞國君還對曾經拉過戰車的戰馬給予了崇高的榮譽，即使是在牠們死後也是禮遇有加。在距離埃爾‧庫魯皇陵只有兩百碼的地方，考古隊員們發現了埋葬戰馬的墓地，在那裡他們共發現了二十四個戰馬墓。根據墓內的銘文記載，這些戰馬屬於佩耶和埃及第二十五王朝其他三位國王的財產。馬匹皆筆直地站在墓內，身披珠網，上面還串著彩陶護身符、貝殼、銀器和銅器等各種飾物，在一些馬匹的旁邊還發現了銀軛。

有關博爾戈爾山附近的金字塔，至今有些疑問仍

然沒有得到各方面都滿意的解答：比
如，這些金字塔是怎麼建造的？造好
之後，如何能進入到金字塔內？考古
學家一直不得其解。有人甚至認為，
蘇丹金字塔是宗教建築，而非王朝歷
代國王和王后的陵墓。

△ 這些是從塔哈卡已被毀棄的墳墓中挖掘出來的雕
像，並經過考古學家的復原。

　　一九一六年，考古學家在博爾戈
爾山附近挖掘一座金字塔時，意外地
發現了進入金字塔的方法，後來證
明，這種方法適用於所有此類墓葬。
在距離金字塔不遠的地方，工匠們預
先修砌了一個緩坡下行的階梯，這個
階梯貫穿岩石，直通建築物基座下面
的墓室。當人們破解通道之謎之後，
有人提出，當初金字塔的建造者是否也是這麼進來的呢？

　　還有，人們普遍認為，在埃及，建造巨大金字塔前要先把沙子沿塔的四
周堆成斜坡，這樣工匠們才能順著緩坡把巨石推到規定的位置上，因而有的
學者就認為蘇丹金字塔採用了同樣的建築方法。然而，曾多年研究蘇丹金字
塔的德國著名考古學家欣克爾博士卻認為，這些金字塔和埃及金字塔的建造
方法不一樣，因為麥羅埃金字塔之間的相互距離很近，不可能以把沙子沿塔
四周堆成斜坡的方法建造。

　　欣克爾提出，從結構上看，這些金字塔有一個共同特點，它們不像埃及
金字塔那樣一下子就建到頂端。從一些塔頂長時間沒有被風化或盜墓者摧毀
來看，可能在離塔頂幾公尺的地方建築工作就中止了，然後把一塊大圓石吊
上去放在塔頂，整個塔就算竣工。對此有這樣一種解釋：作為塔身結構的砂
岩巨石是用固定在塔頂上的一種吊車一塊一塊吊上去的，這種吊車在工作時
只能直上直下。這就是塔在最後幾英尺處不能完工的原因，也是這些塔的塔
基比埃及金字塔小並且塔身很陡的原因。

　　那麼，這些金字塔當初到底是怎麼建造的呢？

5.神祕莫測的聖山

　　在尼羅河畔，距離喀土穆城以北大約兩百英里的地方，孤零零地聳立著
一座五二〇英尺高的砂岩孤山，其側有一形狀獨特的山峰兀然而立。如今，

A. 博爾戈爾山山頂上題刻的碑文

B. 這座位於納蓋的亭子建於1世紀至3世紀之間，該城位於沙漠旅行隊的必經之路，這條通道從尼羅河岸邊的瓦德班納蓋港一直通往紅海。

C. 這座花崗岩石碑屬於生活在西元前100年左右的庫施國王坦伊達馬尼，在以尚未破譯的麥羅埃語題記的碑銘之中，它是最長的一塊，現藏於波士頓藝術博物館。石碑由整塊巨石雕製，挖掘於博爾戈爾山。

人們稱它爲博爾戈爾，而在西元前十五世紀，征服努比亞的埃及人則將其稱爲「純山」。

　　新來的統治者在這裡建立了納巴塔城，四個世紀以來，此城一直標誌著古埃及帝國在非洲南部的邊界。後來，在埃及人從努比亞撤出之後，努比亞人建立了自己的獨立王國——庫施，而納巴塔便成爲庫施王國的北部都城以及主要祭祀中心，如今納巴塔城遺址依然可見。

　　考古學家已經發現，在該山前面曾經建有大量神廟、王宮和其他建築。在二十世紀初期和八十年代，美國的考古學家曾相繼對該遺址進行考察，並繪製出了遺址地圖。

　　早在一八二〇年代，一些觀察者就確信，博爾戈爾山的孤峰實際上是一座飽經侵蝕、龐大無比的雕像，它頭上戴著一頂高大的上埃及（指埃及南部地區，包括開羅南郊以南直至蘇丹邊境的尼羅河谷地）球形王冠。到了一九四一年，有些來訪者們用雙筒望遠鏡仔細查看了這些露出地面的岩層，他們在山頂附近發現了一些古代的刻字。但是僅僅只憑肉眼根本看不到靠近山頂的刻字，這不僅是由於它們的位置實在太高，而且山間還有一個很深的山峽阻擋。

　　一九八六年，一位名叫肯德爾的考古學家試圖利用望遠鏡察看這些刻字，但是由於它們已經受到了嚴重侵蝕，因此幾乎無法辨識。然而，他們可以看到在與山頂相對的懸崖邊緣上排列著一個個深洞，洞眼中至今仍有插入木棍時殘留下來的砂漿印痕。

　　一九八七年，肯德爾決心對博爾戈爾山孤峰探個究竟，他和一位攀岩者費盡周折登上了二八四英尺高的尖頂。他們終於可以看清上面題刻的是兩位王室人物的名字。兩人還在上面發現了一座曾經鍍金的紀念碑殘跡，它屬於埃及最後一個偉大的庫施法老塔哈卡。同時，透過他們在山頂上的觀察和事實證明，這座山峰是自然形成，而非人工雕鑿。然而，在孤峰的頂上卻保存著庫施法老塔哈卡時期一座建築的遺跡。

　　一九八九年，在即將對博爾戈爾山進行發掘之時，肯德爾的考古隊全面考查了博爾戈爾山的神廟和金字塔。他們的目標之一就是要繪製一幅高度精確的最新地圖，並將資料送到電腦之中，得到一個立體電腦模擬圖，使他們能夠看到博爾戈爾山的建築群在二千五百多年以前的外貌。

蘇丹博爾戈爾山的神廟建築群中，努比亞國王塔哈卡的巨大雕像。作為25王朝的第三代法老，他不僅統治著努比亞，並統治著埃及。

非洲　▼　蘇丹　博爾戈爾山及納巴塔

透過大量的考察，現在已經證實，博爾戈爾山腳下所有的神廟都是刻意面向山峰而建。有人推測，博爾戈爾山山峰從正面看上去形似一條昂首挺立的眼鏡蛇，它頭戴一只翼盤或者是一頂高大的上埃及球形王冠。也許古人可能是將這座形狀奇特的孤峰想像成一條巨蛇。因為，對於庫施人和埃及人來說，王權的象徵就是一條昂首挺立的眼鏡蛇，國王的權杖上就有這種標誌，他們相信，這個標誌就像王權本身一樣，都是由阿蒙神授予的。由此推測，也許他們將這座孤山視為阿蒙神的居所，而山峰不僅是一個偉大王室的王冠，而且還是王室權力的源頭。

在有些人眼裡，如今的博爾戈爾山依然神祕莫測。或許人們要問：「當初博爾戈爾山腳下的神廟為什麼要刻意面向山峰而建？古代的努比亞人為什麼要把紀念碑和神廟建造在這座山頂上，他們又是如何在這座現代人都難以攀登的山頂上建造這些建築的呢？」

世界遺產 **機密檔案**

南美洲

33

祕魯 │ 庫斯科古城
印加文明的搖籃，巨石建築的古堡

英文名　City of Cuzco
所在地　祕魯東南部的庫斯科省

　　庫斯科城位於祕魯東南部的庫斯科省，今天的庫斯科是由西班牙殖民者在印加帝國故都的廢墟上建立起來，是古印加文化的搖籃。因而，它以保存有大量印加古蹟和巴洛克式建築而聞名。一九八三年聯合國教科文組織將其定為文化遺產，列入《世界遺產名錄》。

　　在歐洲人到達南美洲之前，南美印第安人建立的最強大國家就是印加帝國。印加人自稱是太陽神的子孫，發源於南美的的喀喀湖畔。

　　一般認為，十二世紀時，印加人部落在庫斯科地區崛起。十五世紀初起，印加人一個名叫印加‧尤潘基登上王位（後改名為帕查庫提），開始宣布對周邊地區的統治權。根據印加歷史學家的記載，帕查庫提於一四三八年開始統治。因此，這一年也被看做是印加帝國的開始。

　　庫斯科原來是印加人的古都，也是偉大的印加文明的搖籃，它位於海拔三四○○公尺之上的東安地斯山脈豐饒的山谷中，素有「安地斯山王冠上的明珠」之稱。

▷ 今日的庫斯科城

　　印加文化是十六世紀初西班牙殖民者入侵以前南美洲最發達的文化之一，它形成的基礎是南美洲西部農業文化，然後又借助於安地斯山地區一些部落集團所取得的文化成就，而發展成為璀璨輝煌的印加文明。

　　在印加帝國時代，印加統治者以庫斯科城中心為起點，將帝國分成四個地區，因此庫斯科本身也被劃分為四部分。儘管現代地圖顯示帝國的四個地區所占的面積大小不同，但基於管理的需要，這四個地區都處於同等地位。

　　一五三二年，西班牙殖民者入侵庫斯

科，庫斯科城成為西班牙殖民地，遭到嚴重破壞。但也有一些印加帝國時代的街道、宮殿、廟宇和房屋保留至今。幾個世紀以來，西班牙人又在這裡興建了大批建築，把兩種建築風格融合起來，形稱成「印加—西班牙」的獨特建築風格。

在印加帝國統治下，庫斯科成為帝國的中心。當初，它是一座用巨大石塊建造並與廣場接壤的城鎮。據印加人傳說，庫斯科城最初的設計是依照美洲豹的形狀，其輪廓現在仍然依稀可見，頭部是位於安地斯山脈的薩克塞華曼神廟，中部是印加王宮，貴族的住宅在美洲豹的尾部。

▷ 庫斯科遺跡

庫斯科城的印加建築之所以聲名顯赫，不僅因為它們的精美堅固，還因為當初的建造者那駕馭石頭的非凡技能和獨特匠心。

印加人以擅於建造巨石建築著稱。印加石匠和建築工人把安地斯的巨石切割成塊，使每一塊石頭都能夠嚴密地銜接起來，建造成富麗堂皇的宮殿、廟宇和公共建築。令人不可思議的是，安地斯地區頻繁而又猛烈的地震雖然摧毀了很多現代人建造的巨型建築，但印加人建造的一些建築物卻仍巍然屹立在祕魯高原之上。在庫斯科城，令遊客們最為驚歎的，就是完美的印加巨石建築與周圍的環境渾然一體，排列巧妙。

▷ 為了拱衛首都，印加人又在庫斯科城周圍建起了許多巨石堡壘。但在古代，巨大的岩石如何被切割得如此精細？他們又是怎麼製作並建造堡壘的呢？

庫斯科城中心是兵器廣場，這裡曾是印加帝國時期舉行慶典的場所。廣場正中聳立著印第安人的全身雕像。幾條狹窄的石鋪街道呈放射狀通向四周，街道兩旁仍矗立著許多用土坯建造的尖頂茅屋，其中很多石塊房基還是印加帝國的遺物。現在倖存下來的一些宮殿、廟宇和房屋，大多是從九十公里外的安地斯山上採集的巨石堆砌成的。在勝利大街的印加羅加宮牆上，有一塊著名的十二角形巨石，鑲嵌之精巧令人稱絕。在這些巨石建築面前，還能感到幾分印加帝國時代的遺風。

西班牙殖民者在印加帝國故都的廢墟上建立起今天的庫斯科城。廣場北側的庫斯科大教堂始建於一五六〇年，前後花費了一百年才建成。這座教堂融匯了文藝復興風格和巴洛克風格，其頂端的福音鐘樓上懸掛著一口重達一

三〇噸的巨鐘，據說它是南美大陸最大的鐘，鐘聲能傳到四十公里之外。教堂內有高大的鍍銀祭壇和雕刻精美的布道壇。

廣場東側的拉孔帕尼亞教堂建成於一六六八年，是全城最漂亮的教堂。教堂牆壁飾有絢麗多彩的繪畫，還有精雕細刻的祭壇。然而，它是在印加人建造的太陽神廟的基礎上建造的。當庫斯科還未被西班牙摧毀之前，城中最重要的建築是座極為富麗堂皇的神廟，神廟裡供奉的是創造印加民族的太陽神維拉科查。那尊用大理石雕鑿而成的維拉科查塑像，就矗立在太陽神廟的內殿。因此，這座神廟也成了印加人心目中的聖地。據說，當年的整棟廟宇覆蓋著七百多片黃金（每片重達兩公斤），寬闊的庭院栽種著好幾畦黃金打造的玉米。

考古研究顯示，印加帝國是通過征服周圍其他部落而不斷擴大版圖的。為了鞏固和發展自己的統治，印加帝國統治者不但組織修建了固若金湯的城池，而且建造了四通八達的大道。凡是到庫斯科旅遊的人，都不得不對印加帝國那寬闊的道路網深感驚訝，這種大道幾乎囊括了印加帝國所有廣袤的疆域，印加大道穿山越嶺，橫穿所有各式各樣的地形。沙漠地區，大道兩邊都建著防護牆；深山峽谷，大道上都鑿出了蜿蜒的石階。高原上，大路兩旁有石牆防護，而在沼澤地區，高高的土堤使人們能順利通行。在山區的河流和峽谷上，如果跨度短，他們就簡單地用木頭或木塊搭橋，如果跨越寬且深的大河或者峽谷，他們就架設牢固的橋樑。透過這一系列浩大的工程，他們成功地建立了全國性的有效交通道路網路。

為了拱衛首都，印加人又在庫斯科城周圍建起許多巨石堡壘，其中以薩克塞華曼古堡最為有名。「薩克塞華曼」在奇楚阿語中是「山鷹」的意思，它位於庫斯科北面的一‧五公里的三百公尺高處，是印加帝國最重要的城堡，也是迄今保存最好的印加帝國遺跡之一。

薩克塞華曼城堡占地約四平方公里，主體由裡外三層圍牆組成。這些圍牆全用巨型石塊堆砌，高十八公尺，最外面的那道圍牆全長達五四〇公尺，而且牆身不平直，呈鋸齒狀，共有六十六個凸出的銳角形牆垛，牆垛上的士兵可以利用這種陣地交叉投擲標槍，射殺來犯的敵人。

整個城堡在建造中共用了三十多萬塊石料，全部都是重達數十

甚至數百噸的巨石。在這些精心雕鑿的巨石中，其中最大的石塊高達九公尺，寬五公尺，約三六一噸重。令人難以置信的是，這些笨重的巨型石塊被精細地雕鑿成多角形，然後又巧妙地拼合在一起。有些石塊上不僅鑿有臺階和斜坡，而且刻著螺旋形的洞眼，以便與別的石塊吻合。雕琢的手法極為輕巧流暢，縫隙之處細如髮絲，連手指也摸不出來。為了整體的堅固，有些巨大無比的石塊竟然倒著安放。薩克塞華曼城堡經歷了無數歲月的風風雨雨，至今巍然屹立。印加人還以這座古堡為起點，修築了漫長的棧道，全長兩萬三千公里，是祕魯古代一條主要交通幹線。

▷ 鬼斧神工的薩克塞華曼城堡

　　一九五〇年，庫斯科地區發生強烈地震，許多西班牙時期的建築轟然倒塌，而薩克塞華曼城堡卻安然無恙，令世人歎為觀止。

　　一位西方史學家在目睹了薩克塞華曼城堡之後，曾萬分驚訝地寫道：「只有當你親眼目睹城堡時，才會發現它在整個設計建造上的鬼斧神工，使人不得不懷疑它是全能者的傑作，而非出自人類之手！」的確，面對這些無比巨大的石塊組成的建築，現代人除了驚歎，更多的是困惑——當初這些建造者是採用什麼方法，將這些巨石切割、挪移、倒置並精確地安放在指定的位置上呢？

　　在相當長的時間內，見到這些巨大建築的歐洲人一直想當然地認為，這些人間奇蹟全部是印加帝國的子民所創造。可是考古研究發現，即使在印加帝國鼎盛時代，印加人也沒有發明鐵製工具和帶輪子的交通工具。他們沒有大型牲畜，安地斯山區飼養的最大家畜是南美洲的羊駝，這種動物體形太小，即使一隻大羊駝最多也只能馱運不到二十公斤的貨物，所以當時的大部分貨物都靠印加男人用人力揹送。他們靠什麼來加工和搬運這些巨大的石塊呢？

　　而且，薩克塞華曼城堡中最大的石塊重達三百噸，不要說當時的印加人，就是在今天，在全世界所有的地方，恐怕也都找不到搬運重達三百噸石塊的巨型車輛。要想把重達兩、三百噸的巨石運到蜿蜒陡峭的半山腰，再壘砌成密不透風的石牆，確實是難以想像。建造者們用什麼辦法建成了這座巨石古堡，實在是一個難解之謎。

據祕魯史料記載，曾有一位印加君王試圖效法修建薩克塞華曼城堡的先人，從數公里外運來一塊巨石，想要豎立在城堡中，以增加他的光彩。「兩萬餘名印加人牽引著這塊大圓石，沿著崎嶇陡峭的山路前進……途中石頭忽然墜落懸崖，壓死三千多名工人。」這段記載說明，印加人似乎並不具備這種非凡的建築技術。

所以，有的專家不同意薩克塞華曼古堡是印加帝國鼎盛時期建成的這一個結論。他們認為，根據古堡的建築風格和技巧，應當是印加人來到此地之前的某個不知名的民族，用一種現在已經失傳了的高難度技術建成。

而且，當地的印加人自己對此也另有一種說法。他們說，根據一個古老的傳說，這些四通八達的道路網和這座宏大的巨石建築早在印加時代出現前就已經存在，它們都是很久之前由一個名叫維拉科查的神祇和祂的信徒們建造。而他們只是這些巨石建築的使用者與南美古老文化傳統的最後守護者。這位大神維拉科查，也就是庫斯科太陽神廟未被毀滅之前供奉的主神。

印加人有自己的語言，但沒有發明文字。印加人的紀錄系統叫「奎普」，這是一種用來記錄重要官方資訊的繩結語。只有受過專業訓練的抄寫員才懂得「奎普」語，它可能用來記錄貨物的數量和人數，也可能還記錄歷史事件。但不幸的是，隨著西班牙人的入侵，這種「奎普」語也早已消失。

那麼，薩克塞華曼的巨石建築到底是用什麼方法建造的，庫斯科太陽神廟中供奉的大神維拉科查又是什麼人呢？

34

祕魯 | 馬丘比丘歷史聖地
印加人最後的避難所？

英文名 Historic Sanctuary of Machu Picchu
所在地 庫斯科西北120公里處

　　馬丘比丘位於印加王朝首都庫斯科西北一二○公里處，是印加文明最後的遺存。它坐落在層巒疊嶂，高達兩千公尺的安地斯山脈之間，烏魯巴姆巴河與兩座山峰間的盆地上，四周被崇山峻嶺、懸崖峭壁所包圍著。周圍的群峰隱沒在雲堆之中，遠遠望去，給人一種虛幻縹緲的迷茫之感。一九八三年，聯合國教科文組織將其定為文化和自然雙重遺產，列入《世界遺產名錄》。

　　西元十一世紀，南美腹地的印加人以庫斯科為首都，建立了顯赫一時的印加帝國。印加人自稱是太陽神的子孫，有「黃金帝國」之稱。在西班牙人到來之前，那裡有一座座用黃金做成外殼的神廟，有數不清的金銀財寶。十六世紀，西班牙入侵者向印加帝國發動突襲，處死了印加皇帝阿塔雅爾帕，掠奪了印加人的黃金和財寶。僅僅一年時間，印加帝國轟然倒塌。

　　相傳頑強抵抗的印加人陸續逃入安地斯山脈的幽深山谷，還將數千萬磅的黃金埋藏在安地斯山脈的一個祕密處所中，建立了另一個宏偉的城堡，作

▷ 馬丘比丘遺址全景

▷ 以巨石砌成的城門——光榮門

為他們最後的避難所。但是，隨著這些避入深山密林的印加人的消失，這個避難所的全部祕密也被帶進了墳墓。印加帝國最後的居留地究竟何在？傳說中的古城和黃金藏在哪兒？這成了許多人所關注的重大謎團。

西班牙的探險者們在庫斯科附近的叢林裡和高山中到處搜索，又沿著印加帝國道路網反覆尋覓，但最終一切都是徒勞，並沒有發現任何線索。在經歷了無數次失敗之後，他們終於放棄了尋找。

三百年過去了，傳說在時間的消磨中褪色，人們逐漸忘記了這個傳說中的城市。

一九一一年一月，美國耶魯大學研究拉美史的年輕學者賓海姆率領一支探險隊離開了祕魯境內的庫斯科城。他的目的是要找到名叫「維爾加班巴」的印加古城市。賓海姆從歷史書籍中得知，維爾加班巴於一五一二年落入西班牙人手中。但是，該城的實際遺址卻一直未能找到。賓海姆決心要找到它。

賓海姆和他的探險隊用幾匹騾子載著行李，沿著烏魯巴姆巴河向西南方向出發。他們五天大約才走了一百公里。到了七月，眼看著這次探索又將以失敗告終，賓海姆在無奈之下走進了另一條山路。在一位小旅店老闆的陪同下，賓海姆爬上了傳說中的太陽之河——烏魯巴姆巴河對岸的山腰。在那裡他們遇到了兩個印第安人，印第安人告訴他們，轉過山去就有一座古城。

太多的失敗使賓海姆似乎已不敢抱太大的奢望，經過一番艱難的攀登，賓海姆和他的同伴來到了一些石頭牆邊，只見牆體都被蔓藤植物和青苔覆蓋著。接著，他們又看到了一些用白色花崗岩建造的建築物，部分掩映在蒼翠的草木中間。賓海姆驚詫不已，他簡直不敢相信自己的眼睛——呈現在他

們面前的是一個早已荒蕪、空無一人但極為壯觀的古城。古城全部用巨大的花崗石砌成，坐落在二四五〇公尺高的懸崖之上，緊傍頂峰，氣勢磅礴。正如他後來寫道：「到處都是建造優美的石階臺面，約有一百多處。我發現自己面對的是印加最好的石工，幾個世紀以來，儘管這宏偉的建築被樹木和苔蘚所掩蓋，但是樹林和藤條的背後，那片陰暗的隱蔽地全都是巨大的白色花崗石造的牆壁，全都經過仔細琢磨，精巧地砌在一起。」

這就是後來舉世聞名的神祕古城——馬丘比丘。

與別的印加帝國留下的遺跡不同的是，自從西班牙人征服印加帝國後，這座城堡被遺棄之後的幾百年間，一直湮沒于高山密林之中，一直沒被別人發現。因此也沒有遭到西班牙人的破壞。

馬丘比丘在印加語中意為「古老的山巔」。馬丘比丘遺址占地面積約十三平方公里，東北西三面緊挨峭壁。看得出來，古城是經過精心規劃的，而且設計古城藍圖的印加建築師們很可能在設計時使用了泥模或石模。這座古城的全部建築都用巨型花崗岩石塊疊砌而成，四周環繞著城牆。城內街道依山鋪設，所有建築物都設置在不同的層面上，相互之間全都用層疊的石階連接，錯落有致。古城中心是大廣場，為一處露天的開闊地。當年的印加人可能在這裡召開大型聚會，向公眾發布通告。一座巨石砌成的城門——光榮門，矗立在六二五英里長的道路盡頭，這是整個山城唯一供人出入的城門，居高臨下，形勢險峻。

馬丘比丘古城的建築物中既有供當地顯貴們居住的房屋，也有周圍農田勞動的普通人居住的民房。不同的是，顯貴們曾經居住的是用石頭構築的建築物，而工匠和勞工則在古城中心以外的地方建有矮小的住房。這些粗陋的住房屋頂都是以草鋪成，通常只有一間房供全家人居住。有關聯的家庭都住在庭院周圍的二到八間的小房子裡。

人們發現，古城中的農民在馬丘比丘附近開鑿山體，修建成頗為壯觀的梯田。為了防止土壤流失，他們在周圍還用石塊修造了圍牆。考古表示，印加的工匠加工打造金屬器皿和石器的技藝十分精湛。他們把銅熔入錫，製造出青銅。利用這種金屬，他們製造出斧、鑿和刀。他們還用一種叫做「閃長岩」的黑色堅硬岩石打造出錘頭和刀具；並將一種稱為「綠色片岩」的石頭做成串珠。

於馬丘比丘挖掘的墓葬有一百多處，出土遺骨一七三具。在這些陪葬品中，發現有銅鏡、一把手柄呈飛鳥形的刀、飲酒用的碗、別針、銅製的鑷子和裝飾性的刀具等器物。

▷ 馬丘比丘的聖地——「三窗神廟」

▷ 這件形狀奇特的石雕又被稱為「太陽神的拴
馬椿」，它也是印加人崇拜日神的一件聖物。

▷ 馬蹄鐵形的日神塔

　　著名的「三窗神廟」是馬丘比丘最重要的聖地，一堵巨大石牆上的三扇窗戶正對著安地斯山脈的重巒疊嶂，據說印加王朝的創始人就在那裡出現。城內設有用來測定時間的日晷，這件形狀奇特的石雕又被稱為「太陽神的拴馬椿」，它也是印加人崇拜日神的一件聖物。而馬蹄鐵形的日神塔是馬丘比丘舉行宗教儀式的地方，建塔的石塊精工細琢，而砌合之處幾乎沒有縫隙。

　　日神塔下有一座皇室的陵墓，這是馬丘比丘古城最怪異的建築之一，在洞穴的牆壁上鋪著精心製作的石板，在穴內堅硬無比的岩石上，有雕刻出的寶座和凹室，至於這裡葬的是誰，目前仍屬未知。

　　馬丘比丘的所有建築全都是用石塊砌成，石塊之間沒有任何黏合灰漿，全靠石匠用鑿子、鐵鎚之類的工具鑲嵌起來，但石塊貼合得十分緊密，極為牢固。城中建有設計巧妙的飲水管道，全城可供一千五百多人居住。由於周圍都是難以翻越的大山所形成的天然屏障，到處都是密不透風的密林所掩蓋，所以遲遲未被發現，整個古城保存得相當完整。

　　馬丘比丘的發現，曾引起舉世轟動，當人們進一步考察這座古城時，又發現了更多疑問。首先，考古學家們發現，建造這座古城所用的成千上萬塊花崗岩，來自同一個採石場。它坐落在距離馬丘比丘六百公尺以下的山谷裡。其中有好幾十塊打磨得十分光滑的巨石，重量絕對不下於兩百噸。人們發現，古城的建造者與現在的建築工人不同，他們不使用灰漿之類粘合劑，相反地，他們往往把石塊切割成各種不規則的形狀，然後再把這些石塊以各種角度連鎖拼合，就像拼接玩具那樣相互交錯地

搭建在一起。有關人員經過仔細勘察，發現有的巨石竟有三十三個角，每一個角度都和毗鄰的石頭角緊密地結合在一起。如此精密的工程，當初的石匠是如何設計，又靠什麼工具來加工它們？更困難的是這些巨石的運輸，當時的印加人不但沒有這些運輸工具，而且不會使用車輛，他們怎麼能夠把這些巨大的石塊從六百公尺之下的採石場搬運到高山上呢？

安地斯山脈的森林中有取之不盡的木材，但馬丘比丘的建造者們卻放著現成的木材不去使用，偏要修建耗時而又費力的巨石建築，這又是為什麼？難道他們掌握了某種我們尚不知道的技術？

▷ 日神塔下有一座皇室的陵墓，這是馬丘比丘古城最怪異的建築之一，在洞穴的牆壁上鋪著精心製作的石板，在穴內堅硬無比的岩石上，有雕刻出的寶座和凹室，至於這裡葬的是誰，目前無法說清。

更重要的問題是：「這座古城是作什麼用的？」以賓海姆為代表的一些人認為，它就是印加帝國最後的避難所。但另一些人卻認為，它只是賓海姆在尋找傳說中的印加帝國避難所時所發現的。除此之外，並沒有足夠的證據能夠證明這一點。那麼，它到底是為何而建造的呢？

與之相關的問題是：「馬丘比丘建於何時？」祕魯一些考古學家根據該城出土的陶器和金屬製品，認為該城大約建於十五世紀。而德國學者洛夫‧穆勒等人根據該城建築中反映出的「歲差」現象推測，其設計和建造是在西元前四千年至西元前兩千年之間。兩種觀點年代差異懸殊，誰也說服不了誰。

最後還有一個疑問：「誰是馬丘比丘的建造者？」一般認為它是印第安人建造的。另一些人卻提出：「那麼，為什麼生活在馬丘比丘附近的印第安人對這座古城的來龍去脈一無所知呢？」

馬丘比丘古城的石壁上刻著許多符號和標記，至今還沒有破譯，沒有人知道它們究竟代表著什麼。它真的是印加帝國最後的避難所嗎？

雲霧繚繞中的馬丘比丘古城，始終披著神祕的面紗，每年考古學家都會有新的發現，但往往解答了一些疑問，又帶來更多的疑問。

　　查文德萬塔爾山位於安地斯山脈祕魯境內，海拔三一七七公尺。西元前一五〇〇年至前二〇〇年間，在這裡的高山峽谷中發展出安地斯最著名的早期文明——查文文化，以查文德萬塔爾考古遺址命名的查文文化即為此文明之發展地，也被認為是當時南美洲最重要的文明之一。一九八五年聯合國教科文組織將其定為文化遺產，列入《世界遺產名錄》。

　　高居安地斯群山峽谷之中的查文德萬塔爾，是祕魯安地斯山區的一個村落，位於瓦切薩和莫什納兩河的交匯處，地處祕魯群山峻嶺間貿易往來的多條交通要道上。考古學家認為，可能是這種優越的地理位置，使查文人得以開展和控制來自安地斯山區各地的沙漠，掌握安地斯山脈以及東部叢林等地的各種物品交易。在其鼎盛時期，查文德萬塔爾居住人口大約有兩、三千人，不僅是當時重要的貿易中心，也吸引了大批朝聖者前往朝拜查文諸神。

　　考古發現，當時查文人的居住地，不論其地上、地下物產都比較豐富，這裡產的許多穀物、礦石和原材料都是獨一無二的。村落周圍的土地不僅適宜耕種，而且適宜放牧。所以，查文人不僅是種植農作物的農民，而且還是在周圍的高原上放牧的牧人。著名的美洲駝和羊駝，不僅為查文人提供了肉食，美洲駝還是重要的役畜。查文人用它來馱運東西。最早的有組織的大型美洲駝隊可能為查文人帶來了許多當地沒有的水果、辣椒、可可、魚等他們喜歡的東西。隨著貿易的往來，查文人不僅得到了許多異國他鄉的產品，也使查文德萬塔爾日漸強大起來。

　　西元前九百年左右，查文人開始在查文德萬塔爾修建石廟，這就是後來安地斯山區最重要的一座金字塔形廟宇。後來從濱海村落到安地斯山間小城方圓數百英里的人們，都開始信奉這些面目猙獰的查文神。這些神祇以及查文文化的其他許多方面都對周圍地區的藝術和宗教產生了深遠的影響。

　　查文德萬塔爾村落遺址被發掘以後，人們發現，查文考古遺址中的建築物包括一系列石頭建造的宗教建築，這是一些附加建築和

改建後建築的綜合體，也被人們稱爲老廟和新廟。老廟廣場的中心是圓的，而新廟廣場的中心則是正方形。

老廟是用大石塊和大小各異的石像建築而成，其原始建築的建立時間大約要追溯到西元前八百年，因此被稱爲老廟。它包括三個相互連結的土墩，形成 「U」字形結構，這個「U」字形結構正好圍繞著一塊凹陷的圓形廣場。北部的土墩高十四公尺，中部的土墩高十一公尺，南部的土墩高十六公尺。廟宇下面有四通八達、像迷宮一樣的狹窄通道和無數房間（人稱畫廊）。有些石像是刻在巨石上直接砌到牆裡的。「畫廊」裡的地上滿是遺留下來作爲貢品的陶器。人們發現，在這些陶器中，有的是從很遠的地方帶來的，說明查文當時是一個祭拜中心。

查文德萬塔爾廟宇上面的方磚簷口上有浮雕，建築的門楣一般採用兩根柱子來支撐，楣上刻著一排站著的鳥兒，柱子上刻著浮雕人像、鳥頭、鳥翅、尖牙和利爪。在一塊著名的方尖碑上，刻有鱷魚形象，還裝飾著眼睛和尖牙。有人認爲，當時的查文文化深受周圍環境，尤其是山脈東部的茂密叢林所影響，叢林中的動物在查文文化中十分普遍，美洲豹、蛇、凱門鱷（一種短吻鱷）等都頻繁出現。所以，在查文的浮雕中，動物常和人類形象結合在一起，形成半人半獸的怪物。

值得一提的是，人們在挖掘中發現，戰爭，至少是（戰爭儀式）對查文人來說極爲重要。廟宇中發現的一些彩塑雕像中有矛、盾、刀、棒等多種武器，甚至有幾個雕像手持砍掉的人頭。由此可見當時一部分人的悲慘命運，這其中多半是些打了敗仗的人。

查文石板雕刻中，有塊刻有美洲虎形象的石

這個凹陷的長方形庭院曾是查文德萬塔爾神廟的中心，這座神廟曾吸引了無數附近村鎮的朝聖者。

查文德萬塔爾的大石廟遺跡，原來的牆高達10公尺。

▷ 石廟下面的一處地下畫廊，這裡有雄偉的蘭藏獨石柱或立碑，由花崗岩建成，考古學家認為蘭藏獨石柱可能曾被古人用於占卜。

▷ 蘭藏獨石柱上刻著某種神祕動物的花紋。

板極爲著名，而另一塊最令人費解的當屬蘭藏獨石柱（即立碑）了，這塊石柱高達四‧五公尺，通體用白色花崗岩雕成，底部埋藏於查文德萬塔爾神廟的地基內，頂端直達廟頂。在這塊巨石上，刻有一隻貓口犬牙、大眼、口中長著獠牙、頭上爬滿蛇、手腳似人形的生物。這個生物帶有明顯的貓科動物特徵，有人認爲，這種東西上可通天堂，下可接地獄，它可能是某種神諭物，也可能是一種發源於亞馬遜的宗教崇拜。 同時，人們猜測，這座神廟實際上是圍繞這座雕像建的，因此它在這個遺址上或許是矗立在原來地點的唯一一座石雕。

而查文遺址最重要的石刻可能是一個戴著精美頭巾的人像。這幅石刻作於西元前四百年左右，人像的雙臂垂在身旁，雙手各握著一根節杖。這種人稱「節杖神祇」的雕刻還以略微不同的形狀出現在蒂瓦納科和瓦里。

考古學家在查文北部沿海的遺跡中，發現了大量的黑、土褐及紅色陶器。它們由查文人製造，陶器造型最有特色的是優雅的鐙形嘴罐和粗頸瓶。鐙形嘴罐需要很高的技術水準才能製成。陶器以低浮雕裝飾，用抽象的圓環和螺旋形組成，也有抽象的動物形象。用錘、鍛、焊加工的金製品也出現在查文藝術中，如來自蘭巴耶克谷地的長方形凸紋飾板和圓柱形王冠上的金飾。

考古學家認爲，在大約西元前四百年，這座神廟經過了一次修繕和一系列的修建，修繕後的規模比原來的更大，但仍呈「U」字形。正是這種結構形成了新「U」字形平臺和遺跡，它們聚集於正方形的廣場上，形成了新廟宇。 但是，大約西元前兩百年，查文文明開始衰落，村落建設停頓下來。這座著名的神廟，當地的人們也不再用它了。

一九四五年一月，附近山腳下的一個湖泊決堤，大水裏著泥石漫下斜坡，捲走了藏有人工製品和較小石刻的小型博物館，查文神廟不僅被覆蓋了一層厚厚的淤泥，上層的畫廊也被毀壞了。

學者們普遍認為，查文文化在西元前曾廣泛傳播，不僅是當時的文明中心，而且有著較高水準的金銀冶煉技術和紡

↗ 查文人製作的器皿

織品工藝，其文化影響十分深遠。稍後興起的文明，諸如納斯卡文明和莫奇文明，其設計的裝飾圖案以及生產的陶器、紡織品和金屬製品都與查文文化有明顯的相似之處。查文的興盛時期大約在西元前九百年到前兩百年，有人推測其社會性質屬原始社會後期的酋長國階段。但查文為何衰落與被人放棄，以及在此後的歲月中，人們不再把它用為祭拜場所的原因，至今尚不清楚。

1.神祕消失的民族

　　昌昌古城是南美古代契穆王國都城遺址，位於祕魯西北部太平洋沿岸拉利伯塔德省特魯希略城西北四公里的沙漠地區，十四世紀之前最為繁榮。古城完全由土磚建造而成，為世界最大的土城遺址，也是南美建築中的傑作。一九八六年，聯合國教科文組織將其定為文化遺產，列入《世界遺產名錄》。由於大自然的侵蝕，盜寶者的破壞，加之暴雨和洪水的威脅，使這座舉世聞名的古城岌岌可危。在一九八六年十一月二十八日的世界遺產大會第十次會議上，被納入《世界瀕危遺產名錄》。

　　早在印加帝國建立之前，在祕魯的北部海岸莫奇河谷，就有一座巨大而繁華的城市，這也是西班牙人到來前南美洲最大的城市，這座城市就是契穆王國的首都──昌昌古城。

　　十五世紀初期，自詡為太陽子孫的印加部落，以祕魯的庫斯科為中心，相繼征服鄰近的部族，建立了強大的印加帝國，這也是古代南美洲最強大、最有影響力的文明社會，在印加帝國最為鼎盛的時期，帝國統治的疆域包括現在的厄瓜多爾、祕魯和玻利維亞以及智利和阿根廷的部分地區。

　　據說，當印加人的勢力越來越強大時，為了拓展帝國的版圖，在和周圍部族的連年征戰中，征服了當時已由強變弱、四分五裂的昌昌王國。從此，這一地區也被置於印加帝國統治之下。幾十年後，始建於十一世紀的昌昌古城被徹底遺棄。

　　昌昌，契穆語為「太陽、太陽」。對考古學家而言，今天的昌昌古城早已變得既面目全非又神祕莫測。早在哥倫布一四九三年到達美洲時，昌昌就早已被廢棄。歐洲人來到這裡時，看到的只是一座被人遺棄的空城。歐洲人並沒有見過昌昌的居民是怎樣生活的，他們只是從印加人那裡得到了一些有關這座古城的傳說。

　　昌昌古城全城占地約三十六平方公里，中心地帶六‧五平方公里，包括十個長方形的城堡。每個城堡平均長約四百公尺，寬約兩百公尺，四周有高九到十二公尺的圍牆，最高的可達十五公尺，牆

基厚三公尺。目前，古城只挖掘出極少一部分。專家們相信，還有大部分的城牆和古物被掩埋在沙石下面，需要長時間的挖掘才能使它們重見天日。

從目前挖掘出的一小部分來看，這座古城非常壯觀。其城市布局被嚴格地分為幾個等級，反映出一種嚴謹的社會觀念，當時的契穆人似乎已經有了比較細緻的社會等級制度。

城裡一些主要的建築群，都是用各種不同的土磚所造，看上去簡單樸實。但在另一些重要的建築物上，有飾有金箔嵌在泥土牆面上的裝飾圖案。可惜的是那些最珍貴的東西已流失多年。城內設有非常複雜而有效的水道系統，用來供應城內的食用水，其中有一條水道長達八十多公里。從供水設施來判斷，當時在這座城裡的居民大約有五到千萬人之多。

近年來，考古學家對其中的一個城堡作了詳細研究。城堡北面有一個狹小的入口，堡內以高牆分為北中南三部分。北入口處為一略呈方形的大院，兩側是廚房和一些小院落，南側有許多土坯房屋，有的牆上有淺浮雕的鳥、魚、漩渦紋、格子紋等圖案。中部近入口處也是一個小院，周圍有一些小院落和可能是貯藏室的小房間，另有一個巨大的陵墓。這些城堡大概是統治者及其親屬的生活區，一般居民則住在城堡之外。

考古人員發現，這些城堡不是同一時期建造的，但其年代前後相接。近年有研究者認為，因為這十座城堡正好和歷代契穆君主的數目吻合，因此有人認為可能是這些君主各有一個城堡作為王宮，在他死後又成為他的陵墓。類似的習俗後來也流行於印加文化的庫斯科。

在十個城堡的西側和南側發現了四個手工業區。手工製作業似乎主要有木器加工、紡織業和金銀製作業。在古城中，也出土有銅器、金銀器、陶器、織布機、紡織品等。

據考證，契穆人操容卡語（現已消失），沒有文字。昌昌古城後來雖被歲月和沙石所湮沒，但因為這個地區雨水罕見，所以古城的遺址保存非常完整。

作為世界上最大的土城，昌昌古城中，不論城牆或是房屋，一律不見石頭，全部用土坯壘成。土坯有大有小，依不同建築物而定，砌得天衣無縫。土坯常以品字形逐層砌造，以防地震的破壞。讓人驚訝的是，一九七〇年祕魯大地震，後人修復的城牆倒了，殘存的古城牆卻安然無恙。後來人們發現，原來當年的契穆人在建造這座土城時，其土坯是用粘土、貝殼、砂粒磨成細粉，混和摻水成型，以火焙燒製成，成品呈紫紅色，堅牢度不亞於現代混凝土。再加上當地氣候乾燥，幾乎終年無雨，才使得這些土坯建築經受住幾百年的風吹雨淋。

其實，現代人對莫奇人的許多情況並不瞭解，這座大土墩之所以被命名爲太陽金字塔，是因爲它是在太陽峽谷中被發現的。

　　昌昌古城和它的建造者契穆人引起了世界考古學家們的強烈興趣，又使他們感到困惑。而到了一九八〇年代，在昌昌古城以東不遠的沿海地區，一些新的考古發現，更使世人感到了極大的震驚。

　　一九八七年，人們在莫奇河谷接近沿海的地方，發現了一系列壯觀的金字塔。這一發現，使人們重新瞭解了這一地區的古代民族及其文化。這些金字塔之所以很晚才被發現，是因爲它們全部都是用泥磚砌成的，而且時代非常古老，由於受到嚴重侵蝕，從外表看來，幾乎很難辨認出它們是人工建築。其中最大的一座名爲「太陽金字塔」，它之所以被命名爲太陽金字塔，是因爲它是在太陽峽谷中被發現的。太陽金字塔高度爲四十公尺，原本還要更高，但因遭到風化的侵蝕和盜寶者的破壞，已經變矮了很多。它的基座面積達五四四〇〇平方公尺，遠遠望去就像一座巨大的土山。在塔的二十三公尺高處爲一平臺，平臺高十八公尺。經過計算，有人認爲，當年爲建築這座金字塔，估計用去了一‧四億多塊磚坯。這座金字塔是西班牙人來到之前美洲最大的土坯建築，也有人認爲它在剛剛被建成的時候，很可能就是美洲最大的人造建築物。

　　在太陽金字塔附近，還有一座略小的金字塔，人們把它叫做「月亮金字塔」。兩座金字塔大約建於同時代，有些建築學家認爲兩個金字塔是一個整體，其建造很可能與葬祭有關。

　　最令人驚訝的是，考古學家發現，這兩座金字塔的建造年代大約是西元二〇〇年到六〇〇年間。也就是說，它們比契穆王國的年代更早。那麼，這兩座金字塔是什麼人建造的呢？

　　經過長時期的考察和研究，考古學家們終於發現，它們的建造者是一個名爲「莫奇」的南美古代民族。據研究，莫奇人興起於西元前二〇〇年，繁榮於西元一世紀至八世紀的祕魯北部沿海地區。他們曾沿著祕魯海岸建成了一個綿延三百五十公里長的國度。莫奇人是契穆人在文化上的先驅，契穆人使用土坯建築這一特點就是從

莫奇人那裡繼承來的,因此莫奇人曾被稱做原始契穆人。但他們似乎並不是一個民族,契穆人的帝國興起之前兩百年,莫奇人就已經消亡。

2.陶器寫成的歷史

　　在考古研究的基礎上,現在人們已經知道,莫奇是一個階級鮮明的社會,由不同階層的統治者、武士、手工藝人和農民組成,由國王統治。在他們的墓室裡,人們發現過金光燦燦的王冠、王杖、金花生、精緻的項鍊和精美的陶器。

　　莫奇人雖然沒有文字,但卻以特殊的方式留下了他們的資訊,就是他們的陶器。他們是製造陶器的高手,也可以說陶器是莫奇文化的精髓,莫奇人用陶器創造了他們的歷史,他們遺留下來的陶器也讓我們認識了這個神祕的民族。

　　莫奇人的陶器製作之精美,讓後世的考古學家們歎爲觀止。他們陶刻的技巧在古代祕魯舉世無雙。從莫奇陵墓中出土的那些琳琅滿目、千奇百怪的陶器,每一件都淋漓盡致地向我們展示了當時人們的生活、習俗、活動以及植物、動物、建築等等。陶器上有的繪有精美的宗教和政治儀典的場面。其他器皿則被製成人和動物的形狀,上面的彩繪反映了莫奇生活的方方面面。另一種精美的實用陶器則是「陶製肖像」,它是人頭狀的模子,曾被深埋在墓穴之中,人像的臉部特徵刻畫得十分細緻清晰,它們可能就是莫奇人的眞實寫照,而且多半是他們領袖的頭像,其擁有者曾經是莫奇社會的掌權人物。他們另一種出名的陶器就是所謂的「色情陶器」,有各種細緻入微、奇奇怪怪的性交行爲。但也有人認爲,這些陶器是爲了某種宗教目的而非生殖或色情目的。除陶器外,莫奇人也善於製作金銀飾品,用來裝飾歷代國王的生活器具和墓葬。

　　一九八八年七月,考古工作者在祕魯北部拉姆巴耶克地區的錫潘高臺底下發現了一座保存完好的莫奇墓室,這就是名聞遐邇的錫潘古墓。據研究,古墓約修建於西元三○○年,正值莫奇文化發展時期。考古工作者從墓室中發掘出六具屍體,墓主約三十歲,身高一‧六八公尺,屬武士和祭司階層。除此之外,還有多名殉葬者。在墓主上下和左右,有兩個約二十歲的女子,還有兩個約四十歲的男子,其中一人是武士,另一人是主人的侍者。在主人的斜上方,還葬有一個約二十歲的男子,大概是衛兵。

　　但是令人費解的是,衛兵沒有雙足,兩個女子和兩個男子中也各有一人缺一足。據推測,爲了防止他們在殉葬時逃跑,會在陪葬前將

　　莫奇人也擅於製作金銀飾品,用來裝飾歷代國王的生活器具和陵墓。大多由黃金和綠寶石製成,是美洲最精美的飾品之一。

227

A.一位莫奇族統治者的頭像。

B.莫奇人製作的人像陶器。

C.有些器皿被製作成人和動物的形狀。

D.這樣的陶器即使經過了數百年的歲月,仍然可以讓今天的人們感受到人物的喜怒哀樂。

E.考古工作者在祕魯北部的錫潘高臺底下發現了一座保存完好的莫奇時代墓室,圖為金光閃閃的墓室復原圖。

F.莫奇人雖然沒有文字,但卻用陶器留下了他們的訊息。

他們的腳砍掉。在古墓中，還挖掘出大量的陶器和金銀銅器等陪葬品，其中有工藝精湛的貴金屬工藝品，如「金頭人」，其眼睛由珠寶和青石雕成；還有金杯，其裝飾圖案反映了古祕魯的發達農業。此外，還有貌似美洲虎的貓科動物雕刻品，和比實物大兩倍的金花生。在出土的一千多件陶器中，有壺、碗、模子、酒杯等。許多陶器上飾有精美的圖案和人物形象，如：身披鎧甲的武士、裸體的戰俘，以及各種動植物和昆蟲。

莫奇人建造了重要的建築物，作為行使權力的中心，如雄偉的太陽金字塔和月亮金字塔。但他們最突出的藝術貢獻是冶金和製陶。而且，他們生活的地方原是世界上最乾燥的地區，莫奇人將水引入乾旱的土地，建立了良好的農業灌溉系統。

但是這個創造過輝煌文化的古老民族，在大約西元八世紀以後便漸趨衰落，最終湮沒於荒野之中。又過了兩百多年，在大致同一個地方，契穆人開始崛起。

從莫奇文化到契穆文化，這裡面充滿了令人困惑之處。首先，契穆人是不是莫奇人的後裔？這個問題沒有人能夠回答。剛剛發現莫奇文化時，有人認為他們就是原始契穆人。這兩種文化確實太相似了。從不用大多數民族所用的石頭和磚塊而用獨特的土坯建築，到陶器和金銀器的製造技術，都彷彿一脈相承。但這種看法有一個最大的問題，就是莫奇文化消亡兩百年之後，契穆文化才出現，這裡有兩百年的歷史斷層。所以現在大多考古學家都放棄了這個看法，改執存疑態度。

是什麼原因造成莫奇文化的終止呢？這是國外不少學者所努力探究的一個問題。

最簡單的一種看法是自然災害。有人說，自西元六世紀以來，這裡遭受了長期的乾旱。後來又有過地震、洪水和沙塵暴，使這裡原本肥沃的土地變得無法生存。但如果是這樣，為什麼後來的契穆人卻能在這裡生活並建立強大的帝國？也有人認為是來自安地斯山區的部落集團，可能是瓦里人，從東部入侵，最終毀滅了這個祕魯沿海的古文化中心。但瓦里人卻沒有在沿海地區留下痕跡，因此這種說法也有些勉強。還有一種說法是在祕魯沿海存在另一個強大的文化核心，它從南向北推進，從而湮沒了莫奇文化。那麼這個強大的民族是不是就是契穆人呢？如果是，他們的出現為什麼要相隔兩百年？如果不是，那麼又是什麼人？

不論是莫奇人還是契穆人，他們都沒有留下文字，又都在世界主流文化接觸他們之前就已經銷聲匿跡。

37

祕魯│納斯卡和胡馬納草原線條圖
神祕的史前地畫

英文名　Lines and Geoglyphs of Nasca and Pampas de Jumana
所在地　祕魯西南部的伊卡省

納斯卡地畫，位於祕魯西南部的伊卡省，被稱為「人類第八大奇蹟」。如果說，南美洲是個用謎鋪成的大陸，那麼納斯卡地畫也許就是其中最難解的謎團之一。一九九四年聯合國教科文組織將其定為文化遺產，列入《世界遺產名錄》。

納斯卡位於祕魯海岸乾旱的荒涼高原，在這片乾涸、荒涼的不毛之地上，分布著一些卵石和碎石塊堆成的長壟。這些石頭壟堆有的是長長的一條直線，有的卻莫名其妙地拐了彎。早在十六世紀，西班牙人就知道這些奇怪的石頭壟堆的存在，但他們卻一直不知道這是做什麼用的，也未給予更多的注意。直到二十世紀，現代人學會飛行之後，科學家們才認識到，納斯卡高原上那些壟堆原來是一些用碎石塊砌成的巨大圖畫！後來，人們把納斯卡高原上的這些線條，稱之為「地畫」。

▷ 納斯卡空照圖

納斯卡地畫是一次為修建水利灌溉工程時，用飛機進行勘測，從空中俯瞰地面偶然發現的。

那是在一九三九年，紐約長島大學的保羅・科索克博士駕駛著他的小型飛機，沿著古代飲水系統的路線，在飛過乾涸的納斯卡平原時，偶然發現了世界上最大的天文書籍！

科索克博士這個驚人的發現，很快在世界各地引起巨大的反響。人們驀然發現，全世界規模最大、只能從三百公尺以上的高空中才能觀賞的平面藝術作品，原來千百年來就存在於這片荒涼而貧瘠的高原臺地之上。

納斯卡地畫占地約五百平方公里，是在黑褐色地表石頭上，向下刻鑿十公分，使之露出黃白色沙土所形成淺淺的溝槽，以此組成圖形，頗似單線勾勒的白描畫。地畫之所以歷經幾百年而沒有被風沙消蝕掉，是由於在地畫圖形上，堆砌了阻礙激烈溫差與風蝕作用的小石塊。

科學家們對納斯卡地畫半個世紀的勘查和研究，特別是德國天文學家瑪利亞・賴希小姐在納斯卡工作了三十多年，為此獻出了畢生的精力，現已發現納斯卡鎮南部的整個谷地布滿了深度約為○・

九公尺而寬度不一的溝槽。溝槽有的寬達數公尺，有的不超過○‧一五公尺。這些溝槽的形狀和走向組成了許多抽象的圖形。

從飛機上俯瞰納斯卡高原，可以看到荒原上的線條綿延數公里，跨越了山谷和低矮的丘陵。有些以一定中心向外輻射，有些連在一起，而大部分線條呈筆直而有規則的幾何圖形。目前，人們已在納斯卡高原上辨認出數百個形狀各異的巨大圖形，有三角形、不規則四邊形、長方形、方格、平行或交叉的線條，以及種種莫名其妙的奇異圖形。其中有的筆直平行線很像飛機跑道，有的是交叉線、鋸齒線、迴旋紋等，還有眾多的飛禽走獸、鳥類、動物和植物圖形。

▷ 納斯卡線大部分線條呈筆直而有規則的幾何圖形。

納斯卡高原上的地畫，幾乎每一幅都稱得上規模宏大又精緻嚴謹，而且全都是使用難度極大的「一筆劃」方法製作出來：一條連續不斷的線條，小心翼翼地描繪出一個個精確的輪廓。最引人注目的要屬那些動物圖形。其中鳥類圖形共有十八個。著名的蜂鳥圖長達五十公尺，其形態與出土的古代

▷ 納斯卡地畫中的蜂鳥圖

納斯卡陶器上的蜂鳥圖非常相似，可見蜂鳥是古代納斯卡居民特別喜愛的藝術主題之一。

但僅從面積上看，蜂鳥圖形還遠遠不是最大的。另一幅兀鷹圖形長達一三五公尺，展翼寬達一二八公尺。一條三‧七英里長的太陽準線，從巨大的鳥翼上穿過。要說這裡是世界上最大的飛鳥圖畫，應該沒有人會提出異議。

有幅螺紋迷宮中心的圖案特別引起考古學家們的關注。其實，這是個由一連串謎樣的幾何圖形構成的一隻龐大猴子，這個螺紋迷宮實際上是猴子捲起的尾巴。這幅巨大的猴圖長達一三○公尺，卵石堆砌成線條越過山丘，穿過溝渠，通過一切地形阻礙，精確無誤地勾勒出猴子的圖形。

但最大的還要屬一幅蜥蜴圖，它的身體竟然達到將近兩百公尺，從皮斯科南下的泛美公路從這裡穿過，把它的尾巴切成了兩半。

蜘蛛圖是納斯卡最耐人尋味的圖形之一。圖上這隻蜘蛛長達四十六公尺，奇怪的是它並非產於納斯卡當地的蜘蛛，而是一種十分罕見的「節腹目」蜘蛛，它只生存在亞馬遜河流域最偏遠、隱密的森林中。圖畫十分準確地勾

△ 納斯卡地畫中的蜘蛛圖

△ 圖為由一連串幾何圖形構成的一隻猴
子，螺旋紋迷宮實際上是猴子的尾巴。

△ 考古人員在納斯卡地區挖掘出來的木乃
伊，雖然距今已2000年，但木乃伊身上
的斗篷卻鮮艷如昔。

勒出蜘蛛的體型，特別是它右腳末端長長的接交
器。但是，遠古的納斯卡人爲什麼要畫一隻產於千
里之外的蜘蛛呢？曾有人認爲它可能是某個部落的
圖騰，也可能與預卜未來的儀式有關。近年美國芝
加哥天文館的菲利斯‧皮魯格博士透過電腦分析認
爲，這幅蜘蛛圖所顯示的實際上是獵戶星座的形
狀，而連接這個圖形的筆直線條，作用在於追蹤獵
戶座三顆恆星的路徑。

納斯卡高原圖形中所描繪的動物除了兀鷹之
外，幾乎沒有一種是產於當地的。例如亞馬遜河蜘
蛛、鯨魚和猴子等等。在這片荒漠之中，描繪出如
此龐大、精確而又並不產於當地的動物圖形，實在
令人不可思議。

納斯卡地畫的發現給世人帶來了極大的震驚，
也帶來了巨大的疑問。任何人對此都不禁要問：
「在這種不適合人類居住的沙漠環境中，這些巨大無
比的地畫是怎麼製作出來的？它們的製作者是誰？
製作這些地畫的目的又是爲了什麼呢？」

從作畫的技術上考慮，據專家們計算，每砌成
一條線條，就要搬運好幾噸重的卵石。而圖案中的
線條又必須精確無誤，因此製作者們絕不可能直接
在地面上憑空鑿出溝槽並堆砌卵石，而必須依照事
先精心設計好的圖紙進行施工。對此，瑪利亞‧賴
希認爲，古代納斯卡人可能先用設計圖紙製作模
型，然後把模型分成若干部分，最後按比例把各部
分複製在地面上。

也有人認爲，這些巨畫是按照空中的投影在地
面上製作的。這樣解釋雖能比較直截了當地解決設
計和計算的困難，但卻引出了更多的問題。首先，
使用空中投影技術來創作這些地畫，必須具備高度
的設計、測量和計算能力，以及對幾何圖形的認識
程度，而且必須要有在空中飛行的能力，而納斯卡
地畫製作的年代，專家們根據一幅畫面上殘留的木

椿，對木椿進行碳十四測定，確定為西元前三○○至西元六○○年，也就是說，納斯卡地畫製作的年代最少也有兩千三百年至一千四百年的歷史。實際上，它們可能比這年代更為古老。古代納斯卡人是否已掌握了空中飛行的技術呢？

與此相聯繫的問題是，當初的作者製作這些地畫具有什麼作用？

學者們一致認為，可以肯定的是，這些地畫在古代納斯卡人的生活之中絕對具有重要的象徵意義，但遺憾的是，並不清楚其中的含義。

因為納斯卡線條中最寬的一條即指向安地斯山脈最先下雨的地方，所以，最早發現地畫的保羅‧科索克認為，有很多圖形是用來指示水源的。於是有人認為納斯卡線條是一條條的道路，而那些放射形圖案，主要集中於雨水流入大草原邊緣的河谷地方。

有人認為是納斯卡人為憑弔死者時行進的路線和標誌，有人認為，它們可能指向一些祭祀的場所，如山脈等。也有人認為，這些線條是當地根深柢固的政治、社會和宗教現象。

但瑪利亞‧賴希和祕魯考古學界的大多數學者認為，這些圖形與某種天文曆法有關。因為這些圖形中有幾條直線極其準確地指向黃道上的夏至點與冬至點，還有的指向春分點和秋分點。

還有人指出，某些動植物圖形是某些星座變形的複製品，如我們在前面介紹的蜘蛛圖被認為是獵戶星座的縮影。某些長短不一、形狀各異的線條，則被解釋為星辰運行的軌道。

更有人認為這些巨畫實際上是一幅巨大的曆法圖，這種圖形表示哥倫布以前時代的黃道十二宮。不過這一說法也很難被接受，因為如此巨大的圖形，必須從空中才能看出來，如果真是這樣，那麼這些巨畫的製作者就應該是精通星象的天文學家。而當地的土著居民，對這些高深的天文學知識並不理解。要說他們早在近兩千年前就創造出這些作品，實在是無法令人相信。

有一點是確鑿無疑，且得到所有考古學家公認的是，即使在二十一世紀的今天，人們在地面上絕對無法看出納斯卡巨畫的形貌。根據美國太空人在太空梭上拍下的照片，在百萬公尺的高空中即可看到納斯卡巨畫的線條。而只有從三百公尺以上的高空中才能看清這些巨畫的全貌。因此，無論如何，納斯卡地畫必定是為從空中向下觀看它的人所繪製。但在遙遠的古代，納斯卡地畫的創造者怎麼能欣賞自己的傑作？又有誰能從高空或太空中觀看這些巨畫呢？

38

玻利維亞｜蒂瓦納科古印第安文化遺址

神祕消失的史前山城

英文名　Tiwanaku
所在地　的的喀喀湖東南方約13英里處

　　蒂瓦納科遺址位於的的喀喀湖東南方約十三英里處，是遠古時代蒂瓦納科文化的中心。在古印第安語中，蒂瓦納科爲「創世中心」之意。二〇〇〇年，聯合國教科文組織將其定爲人類文化遺產，列入《世界遺產名錄》。

　　的的喀喀湖是南美洲第二大湖，位於玻利維亞和祕魯邊境的安地斯山脈上，面積八三〇一平方公里，湖面海拔三八一二公尺，平均水深一百公尺，最深達三百多公尺，是世界上最高的可通航大湖。印第安人一向把該湖奉爲「聖湖」，這裡是南美洲印第安人古文化的發源地之一。

　　蒂瓦納科遺址位於的的喀喀湖南岸，是個星散在長約一千公尺、寬四百五十公尺的臺地上的大建築群。整個建築群都用岩石築成，這些岩石大多被加工成長方形，壘砌整齊。從殘存的遺跡還可看出，這原是一座堅固而龐大的城池，建築宏偉而又謹嚴，四面都有巨大石塊砌成的高牆，寬闊的石階通向雄偉的城門，每個城門都用一整塊大石鑿成，裡面有梯級通向地下的內院。

　　如今，城門之內早已一片空寂荒涼，巨大石像兀立在崩塌的臺地上，好像用力托著青天。廢墟之上，只有石砌的神廟牆壁上鑲嵌的百餘顆紅砂岩人頭像，一顆顆從牆上凸出來，個個表情怪異，千古以來，他們一直守護著這些不明古代民族的祕密，作爲歷史的見證。還有那些用整塊岩石雕鑿的碑柱，它們是那麼巨大，那麼笨重，但又被切割得那麼整齊，雕鑿得那麼精美，使得每一個站在這些巨石面前的人，都不得不被它們的宏偉氣勢和神祕氣氛所震撼，並時時喚起人們的驚歎與困惑。

　　十六世紀來到這裡的西班牙人發現，

▷ 的的喀喀湖是世界上可通航的最高湖泊，湖內島嶼星羅棋布，最大的爲太陽島。

在當地生活的印加人曾到那些排列整齊的龐大石像面前去獻祭。他們從這些印加人口中得知，這座古城已被廢棄很久了。但在印加人的傳說中，遠古時代的蒂瓦納科是一座聖城，從安地斯高原到太平洋沿岸各民族都曾成群結隊地來此朝拜。

面對這巨大的空城，人們不禁要問：「是誰建造了這座宏偉的石城？它是什麼時候建造的，又爲什麼被廢棄了呢？」

事實上，自從西班牙人發現這座遺址以來，圍繞著蒂瓦納科遺址起源、建造年代、建造者等的疑問，儘管已討論了四百多年，但許多疑問，至今仍沒有解開。

關於蒂瓦納科的起源，當地的印加人說，早在一百多年前他們來時，那裡就早已成了廢墟，所以他們對在此之前就已經消失的蒂瓦納科先民同樣一無所知，唯一能知道的，就是從祖輩流傳下來的一些古老傳說。據說蒂瓦納科是在古代大洪水退去之後，由來歷不明的巨人在一夜之間建造起來的。因爲這些巨人不聽太陽會升起的預言，所以遭到太陽光線的毀滅，連他們的宮殿也被摧毀。

▷ 這堆好像天空中扔下來的亂石，是普瑪奔庫的遺跡。

▷ 1903年，法國考古隊挖掘出這座廟宇，凹陷的天井中央立有三塊雕刻過的紅砂岩石塊，相傳遠古時曾在此舉行露天祭祀。

另一個傳說是：在很久以前，一場大洪水持續了六十個晝夜，淹沒了所有的城市和村莊。洪水過後，安地斯山脈的造物主維拉科查來到蒂瓦納科，建造了這座古城。

當然，這樣的傳說只是神話故事，但它是否多少也提供了一些這座古城的背景資料呢？

一九○三年，一個法國科學考古隊在對遺址進行挖掘時，挖掘出一所小廟，一半建在地下，牆上點綴著不少人頭像，都是用血紅色砂岩刻成，每個頭像都用大石釘在牆上。

一九三二年，一支美國考古隊在遺址中發現了蒂瓦納科最大的神像——一尊近二十四英尺高的巨人，埋在地面下十英尺的地方。身旁躺著另一尊神像，僅八英尺高，也是用紅色砂岩雕成，但第二尊神像微露笑容，其神態風

廟宇上掛著用紅砂岩石塊刻成的古怪人頭像。

格與蒂瓦納科較後期那些大雕像嚴肅的風格迥然不同。在第二尊雕像腳下的平臺裡，還發現埋著一個與小廟牆上石刻人頭相似的石人頭，儘管有了這些驚人的發現，還是無法斷定這個廢城的年代。

一九五八年以來，經過多年的發掘，考古學家發現，在蒂瓦納科遺址地下曾先後有五個城市相繼興衰，一城疊在另一城之上。但因為有關這五個城市的資料極少，所以只能說，它們重疊交埋在地下，只有最後的這個城市那些龐大而神祕的巨石留在地面上。

那麼，這些巨石建築的用途是什麼呢？

有一個廣泛流傳的說法認為，蒂瓦納科是高原上的一座聖城，為當時的朝聖者所建。但有人認為，如果當初果真有成千上萬的朝聖者，他們一定會留下一些朝拜的器物，可是考古學家在目前所有經過鑑定的出土文物中，並沒有找到證據。

還有人認為，蒂瓦納科可能是座宗教城，只住著一小批大祭司，而沒有普通百姓。透過後來從空中拍攝的鳥瞰照片發現，在蒂瓦納科四周的郊區，好像有些工匠，如陶工、織工、金匠等民宅，以前之所以沒人注意到郊區，是因為郊區的房屋不是用石塊建造，而是用曬乾的土坯砌成，一旦被人荒棄，經過漫長的歲月，土坯便散碎成灰塵和泥土，因此無從辨認。

還有，在乾冷荒涼的安地斯高原，附近既看不到山岩，又看不見石礦。那麼，當初的建築材料從何而來？

透過岩石樣本比較，後來的人們終於發現，遺址中的那些巨大石塊，包括火山凝灰岩、石灰岩、紅砂岩、玄武岩和安山岩等所有供應石料的礦場，就在離城六十至兩百英里的一帶地方。

每個親眼看到蒂瓦納科遺址石像和石塊的遊客都會暗自驚訝，遺址上那些一百噸到一百五十噸重的巨型石塊，被加工得非常精細，有些還經過打磨和拋光，還有些巨石是用金屬栓串聯在一起。即使在今天，假如不用現代化的工具，沒有預先精確設計的圖紙和模型，要想製作這樣的巨型石製構件，也是不可能的。但當初的蒂瓦納科先民是怎麼加工這些奇特的石塊呢？

蒂瓦納科文化中心另一處宏偉的遺址是卡拉薩薩亞廣場。在當地印第安人艾瑪拉族的語言中「卡拉薩薩亞」的意思就是「石頭豎立的地方」。這是一座長二一○公尺、寬一一八公尺的大平臺，周圍有一道巨石牆，石牆中每隔相等的一段距離，就豎立著一根四公尺多高的石柱。有人研究後認為，這座石牆是用來測定曆法的。牆中的某些設施，包括牆本身，實際上是配合天上的某些星座而建造的，用以測量四季太陽出沒的方位點陣圖，這也是人類最古老的測量制度。

著名的玻利維亞學者亞瑟‧波士南斯基曾以畢生精力研究蒂瓦納科達五十年之久，他從天文學角度計算出卡拉薩薩亞廣場興建時，黃道與赤道的交角應為二十三度八分四十八秒。而現代專家們發現，與該天象對應的日期應是西元前一萬五千年。

這顯然是一個令人震驚的數字，因為此前歷史學家一直認為蒂瓦納科城建造於西元前兩百年。為了審慎起見，一支由波茨坦天文臺、梵蒂岡天文臺、波昂大學等多處科研機構和大學的著名學者組成的審查組，經過三年的審核作出鑑定，認為波士南斯基對蒂瓦納科城興建日期的判斷基本正確。

這樣的觀點固然與眾不同，但同時也遭到有些人的質詢，他們說，如果真是這樣，那麼蒂瓦納科應是地球上最古老的史前文化遺址，而它的建造者──維拉科查和祂的門徒，又是一些什麼樣的人呢？

在蒂瓦納科城的地下神廟中，至今還保存著維拉科查的雕像。令人不解的是，這位在印第安人傳說中，將文明和教化帶給南美的聖賢，有著高高的鼻樑和翹起的鬍子，與土著印第安人的外貌很不相同。在當地的古老傳說中，也說維拉科查是個留著鬍子的白人。

在卡拉薩薩亞廣場的西南角，矗立著一尊被稱為「修道士」的巨大的雕像，人們猜想它可能是一位大祭司。歲月的風霜已使它的面目變得十分模糊，它手中拿著形狀不明的器物，衣飾上刻著難以辨別的符號。它究竟是什麼身份，人們一直查不出頭緒。

據當地印第安人傳說，在的的喀喀湖底存有部分古城的廢墟。為了證實這個傳說，一九六七年，在玻利維亞的一支考古隊中，由蛙人潛進湖底，真的發現了一些被湖水侵蝕、滿布泥汙的高牆。同時，在離岸不遠的地方，他們還辨認出一些堤岸和鋪面小路，還有細工琢磨的石塊，接縫精密，排在湖底，一共大約有三十個這種平行建築，由

↗ 男修道士的石像

A.玻利維亞的考古學家正竭盡所能保存蒂瓦納科的部分建築物。其中一項是卡拉薩薩亞石階,它是以嵌入地底的大石塊構成。

B.維拉科查的石像,祂是傳說中的造物主,來自聖湖的的喀喀。這個神像豎放在現代蒂瓦納科教堂旁。

C.太陽門附近的寬闊石階,映在天邊,線條格外分明。

D.舉世聞名的太陽門。

一個新月形的底部相連起來。這是不是一列棋盤形的碼頭呢？

二〇〇四年八月二十三日，據國際線上消息：義大利著名考古學家羅倫佐‧艾比斯於八月二十二日宣布，他發現在的的喀喀湖底下隱藏著一個神祕的古代文明遺址。

羅倫佐‧艾比斯表示，在過去的二十多天裡，他和他的考古研究小組在的的喀喀湖地區進行了一系列研究探索工作，並利用機器人深入到湖面以下一百公尺的地方進行拍攝。從拍攝到的照片顯示，在的的喀喀湖底下隱藏著一座已經殘破的古代建築群遺址，估計這個城鎮於一萬年前消失。照片還拍到了一些陶瓷器皿以及一座高四十公分左右的鍍金雕像，這表示當時在此居住的人們已經達到了相當高的文明程度。

有人認為，根據一些仍殘留的港口設施、碼頭、堤防和散亂的石材表示，蒂瓦納科城當初本是建立在的的喀喀湖畔的一個港口。那時候的的喀喀湖水平面比現在要高三十幾公尺，今天蒂瓦納科城的位置正是那時的湖濱。後來地震引起湖水暴漲，為古城帶來了一場大災難。而根據地質學家們估計，這場災難大約發生在一萬兩千年以前。此後洪水雖然消退，但隨著地殼的升高，的的喀喀湖的水平面日漸下降，湖面逐漸縮小，最後湖岸遠離城市，使蒂瓦納科城失去了港口的意義，也失去了它的經濟命脈。

同時這一地區的氣候也逐漸開始惡化，變得日益寒冷，不再適宜莊稼的生長。在這種情況下，史前蒂瓦納科的先民不得不放棄了長期建設的家園，遠走異鄉。

他們到哪裡去了呢？誰也說不清。

如今的蒂瓦納科城早已是一片空蕩蕩的廢墟，只有湖中島嶼上居住的印第安人，還在划著蘆葦紮成的小船，在湖中飄蕩。奇怪的是，這種小船，不論在編紮技術還是在形狀上，都與古埃及金字塔時代用蘆葦編紮的「太陽船」極其相似。如此類似的船舶設計，為什麼會出現在兩個相隔如此遙遠的時間和空間？對此，學者們迄今還提不出一個令人滿意的答案。

在蒂瓦納科遺址的西北角，有一塊非常重要的超巨型石雕，它就是南美大陸最負盛名的遠古文明奇蹟——太陽門。

太陽門由一塊完整的巨型安山岩鑿成，高三‧〇五公尺，寬三‧九六公尺，重十多噸，雖曾遭雷擊，今天依舊矗立。每年秋分即九月二十一日，黎明的第一束陽光總是從這石門的中間射入大地。這也是「太陽門」名字的來歷。

凡是看到太陽門的人，無不為它的精美壯觀驚歎不已。太陽門不僅高大

太陽門上的維拉科查畫像

宏偉，而且上面還雕刻著極其精美的圖案。其中最著名的，是雕刻在石門楣上方的「日曆橫飾帶」。在這條橫飾帶中央，刻著一個謎一般的人物，據說就是大神維拉科查，肖像中的維拉科查頭上戴著威嚴的王冠，手中握著飾以禿鷲的節杖，神情卻十分嚴肅。其兩旁平行雕刻著三排共四十八個較小的神像，其中上下兩排是長著翅膀的勇士，中間那排則是某種人格化的飛禽。門楣橫飾帶的底部，雕刻著一種「回字」圖形，一系列階梯金字塔式的幾何圖形，連綿不絕地排列著。此外還有眾多至今仍難完全弄清楚其涵義的圖案和符號。

面對著太陽門，驚歎之餘，人們不禁要問：「古代蒂瓦納科的居民為何要建造這巨大的石門？它究竟是作什麼用的呢？」

從太陽門在秋分時節射入第一道太陽光這點來看，太陽門顯然是一個巨型的曆法標誌。很多學者都認為，太陽門上銘刻的眾多圖形和符號都具有曆法功能。但這些符號究竟是如何表達曆法的？遠古的蒂瓦納科人又是如何測算秋分時節太陽光線與太陽門位置關係的呢？

有些美國學者認為，在太陽門圖案與符號的研究上，記載了大量的天文知識，其記載的天象最早可追溯到兩萬七千年前，而這些知識是建立在地球為圓形的基礎上。

英國學者中文卡克在考察太陽門時，意外地發現太陽門上還雕刻著一些奇異的史前動物圖案。這種動物體型肥胖，四肢短粗，尾巴肥腫，舉止笨拙，好像是犀牛和河馬的雜交品種，現代動物中早已沒有這種動物，但古生物學家卻一眼認出，原來，這種其貌不揚的動物是一種早已滅絕的史前動物——箭齒獸。

古生物學家研究的結果表示：箭齒獸生活在一百六十萬年前的晚上新世至一萬兩千年前的更新世，它可能是一種半水棲類動物，生活習性相當於現今的河馬，可能是當時南美洲大陸上最普遍的大型有蹄類動物。它身長約二‧七五公尺，高一‧五公尺，腳寬而短，具有三趾，似犀牛而低矮無角，門齒之間有寬大的縫隙，這也是它被稱之為「箭齒獸」的原因。但這種動物早在一萬兩千年前就

完全滅絕了，今天人們對它的瞭解是從南美各地發現的化石中得到的。

那麼，早已滅絕的史前動物怎麼會被描繪在太陽門上呢？值得一提的是，雕刻在太陽門門楣上的箭齒獸形象共有四十六處之多，而且這種醜陋的動物不僅僅出現在太陽門上，在蒂瓦納科古城出土的陶器碎片上也隨處可以看見，好幾種雕刻品上還有其完整、立體的身影。

其實，太陽門上的古代動物圖像並非僅有箭齒獸。在太陽門橫飾帶的圖案中，還有一隻露出長牙、外型如象的長鼻類動物。但據生物學家研究，在史前時代的南美洲曾經有一種類似大象、學名為「居維象亞科」的長鼻類動物，活躍於安地斯山脈南端的蒂瓦納科等地區。這種動物也是早在西元前一萬年左右就已經滅絕。

然而，一萬多年前已滅絕的動物，怎麼會反覆地出現在蒂瓦納科古城中呢？

有人據此推論，也許當初蒂瓦納科的建造者們見過這種動物，他們顯然是依據實物而非化石來雕刻太陽門上箭齒獸圖像。據此判斷，建造蒂瓦納科城和太陽門的年代絕不會晚於更新世末期至西元前一萬年。

這樣一來，一個更大的疑惑又擺在我們的面前。因為人們一般認為，人類移居美洲的歷史，大約是在西元前一萬年左右，而到達南美洲的時間就要更晚一些。那麼是誰建造了宏偉的蒂瓦納科城和奧妙無窮的太陽門呢？

遺憾的是，蒂瓦納科的居民似乎沒有留下文字，也有人認為，那些石像上的溝紋可能是某種象形文字，可惜至今還沒有人能夠解讀，所以直到今天，人們對蒂瓦納科太陽門的真正瞭解還是很少，這一切也都沒有答案。

39

智利｜復活節島國家公園
神祕的孤島巨石人像

英文名　Rapa Nui National Park
所在地　太平洋東南部，西距皮特凱恩島2000多公里，東距智利3000公里

▷ 復活節島石像深思凝重的神態，像是監視著遠方的哨兵，千百年來，它站在每一個遊客的面前，卻無人能解開它心中的祕密。

　　復活節島位於太平洋東南部，島上以神祕的巨石人像聞名於世。一九九六年，聯合國教科文組織將其定為文化遺產，列入《世界遺產名錄》。

　　小小的復活節島獨處地球偏僻的一角，孤懸於東太平洋，遠離其他島嶼。西距皮特凱恩島兩千多公里，東距智利西海岸三千多公里。島長二十二‧五公里，面積一百一十七平方公里。

　　一七二二年四月，由荷蘭探險家雅各布‧羅格文率領的三艘戰艦，在南太平洋的狂風巨浪中顛簸了數月之久。暮色中，他突然發現前方出現一個小島，這個小島的四周竟然站立著黑壓壓的一排排參天巨人，走近一看，原來那是數百尊碩大無比的巨人雕像。

　　因為這一天正好是基督教的復活節。所以他們把這個小島命名為復活節島。

　　復活節島形狀宛如一個等腰三角形，大約由一百萬年前海底的三座火山噴發形成。澎湃的波浪、陡峭的懸崖、高聳的火山，和星羅棋布的小火山錐，構成了島上奇特的風景。

　　隨著十八世紀的探險熱潮，一七七○年，西班牙航海家岡薩雷斯、一七七四年英國探險家庫克船長等相繼來到過復活節島，不過他們都只稍作停留，沒有較深入的考察。

　　自從探險家們登島之後，奴隸販子接踵而至，開始到島上抓捕拉帕努伊人當奴隸，一八○五年，他們擄去了二十二名島民。一八六二年，更大的災難再次降臨，祕魯人圍捕了島上的一千多名島民。島上的男性幾乎被一網打盡，包括酋長、祭司及島上顯赫的要人，把他們運往祕魯去挖鳥糞。他們所掌握的那些世代相傳的特殊知識和技能也隨之失傳。最終只有十五人活著返回島上，同時還帶來了可怕的天花。天花的迅速流行再一次帶給復活節島沉重的打擊，島民病的病、死的死。到一八七七年，島上竟然只剩下僅有的一百一十人。

　　正如當年的羅格文登上這個小島時所記載：「島民們住在

茅屋裡，身上刺滿花紋，穿孔耳垂長及肩膀。耕地有限，僅足糊口。我們起初從遠距離觀察，把復活節島設想成一塊沙地，因為我們將枯萎的野草和密布的蔓草都當成了沙土，它的荒涼和貧瘠讓人印象深刻。」

事實的確如此，復活節島貧瘠而乾旱，島的中部是風沙橫行的沙漠，糧食作物根本無法生長。島上幾乎不能生長任何樹木，全島沒有高於三十公尺的樹木，只有矮小的灌木和雜草。沒有飲用水，沒有河流，島民只能靠挖池塘儲存雨水度日。除了老鼠，島上沒有其他野生動物，甚至沒有本土的蝙蝠和鳥類，家畜也只有雞。居民既無法種糧，也無法狩獵，只能用最原始的方法，靠用簡陋的木製工具打洞栽種甘薯和甘蔗，聽天由命地艱難度日。難怪有人說，這裡的島民長年累月目所能及的除了大海、太陽、月亮和星星，實在是別無他物了。

然而，就是這樣一個乾旱、荒涼，只有少數土著居住的孤島上，卻遍布著八百八十七尊巨大無比的巨石人像。這些石像全部是用整塊的火山岩雕鑿成，其中豎立起來的有六百尊，大多整整齊齊地排列在四公尺多的長形石臺上。島上共約一百座石臺，每座石臺上一般安放四到六尊石像，最多的達十五尊。這些巨人石像高約七到十公尺，最大的一尊高達二十二公尺，約四百噸重。更加令人驚訝的是，這些巨大的石像有些還頂著巨大的紅石帽子。一頂紅石帽子，小的也有二十來噸，大的可重達四、五十噸。這些巨石像幾乎都是長臉，雙耳又長又怪，下巴凸出有力，雙眼深陷，濃眉凸嘴，鼻子高而翹，一雙長手放在腹前，面朝無邊的大海昂首凝視，神色茫然。

那麼，這個地球上最為偏僻、孤獨的小島，為什麼會有這麼多的石像呢？

▷ 1960年，靠近復活節島西岸的阿基維祭壇，有7尊摩阿儀恢復了原位，每尊約重16噸。

▷ 看看在摩阿儀上嬉戲的兒童，我們可以想像出這些石像有多大。

從十九世紀末葉起，歐洲的探險家、傳教士、考古學家、人類學家等開始對島上的石像之謎念念不忘，對那些令人不敢逼視的巨人開始了越來越多的關注。美國人、英國人、法國人、比利時人、德國人、挪威人等不同國籍的人們相繼登上了復活節島，試圖揭開島上的石像之謎。一九一四年，科學家們開始對復活節島進行全面的考察和測繪，並逐一統計了島上的石像的分布情況。一九五五年，有關專家對該島的考古調查進入了一個新階段，他們開始了對島上地層進行挖掘研究，獲得了第一批放射性碳素定年法測定的年代資料以及花粉樣本，找到了島上許多珍貴古物，並加以分類，並在雕刻、搬動和豎立雕像方面進行了一系列很有價值的實驗。

　　根據放射性同位素法的測定，復活節島上大約在西元四百到七百年間開始有人類活動。

　　我們知道，對花粉分析可以推測古代植被的情形，因為沼澤地中的沉澱物是按時間遠近沉積，而每一層沉澱物中所包含的花粉種類、數量及絕對年齡都可以用放射性同位素法測定其植物分布的情況，據此，考古學家認為，早期的復活節島一度遍布著雨林，可謂是物產豐富、青蔥翠綠、美麗豐饒的人間天堂。當時島上主要樹種是大棕櫚樹，它類似智利的酒椰樹，是世界上最大的棕櫚樹。

▷ 在這個地球上最偏僻、孤立的小島上，為什麼會有這麼多石像呢？

透過對動物骨骼的挖掘，考古學家還發現，在人類到達之前，復活節島沒有鳥類的天敵，成了海鳥最適宜的繁殖地。曾經至少有二十五種海鳥在這裡築巢繁殖，可能是整個太平洋中最繁盛的鳥類繁殖地。考古學家在古代垃圾中發現了至少六種鳥類的骨頭和一些海豹骨頭，表示復活節島可能曾經也有海豹。

考古研究表示，復活節島上的物質文化在發展過程中曾有過一次斷裂。現在一般認為，因為復活節島處於地球上最偏僻的一角，移民們一旦定居在島上，就被禁錮在那裡，小島便成了他們的整個世界。隨著人口的急遽膨脹和無節制地開發及使用島上的資源，花粉分析表示，西元八百年，島上森林開始遭到毀滅，地層中的大棕櫚樹和其他樹木的花粉越來越少，到十五世紀時，島上絕大部分樹木（包括大棕櫚樹）最終在島上滅絕。島上所有的陸

▷ 復活節島西南端海面的岩石小島努伊，該地奉行「鳥人」儀式，當時島上勇敢的島民需通過激流的考驗，躲過鯊魚的威脅，游到小島對岸尋找燕鷗蛋。誰先把蛋帶回來，誰的主人就成為當年的「鳥人」。

地鳥類和半數以上的海鳥種類也全都滅絕。而森林的滅絕，使島民再也找不到用來造船的木頭，再也無法出海捕捉海豹，並最終由漁民變成了農民。據當初登島的羅格文估計，當時島上人口不足兩千人，整個島上只有三、四條簡陋的小船，長僅三公尺，最多乘兩個人，用小木板簡單地綁在一起，這樣的小船只能在岸邊行駛，根本不可能到深海去。

那麼，人們不禁要問：「既然復活節島資源匱乏，居民食不果腹，那島上的這些巨石人像又是怎樣製造成的？這麼巨大的石像又有什麼用途呢？」

對此，有些科學家曾在島上進行過實地的實驗，結果證明，雕刻一尊中等大小的石人像，需要十五個工人，一年的工時。照此計算，一千尊石像就需要一千五百個工人整整工作一百年。但這還只是雕鑿，而製作完工後還要運輸，由於島上沒有家畜，只能完全靠人力移動。實驗結果是：三百二十個勞動力產生的拉力，可以拉動一尊八噸重的石像。而很多石像重達十噸、二十噸甚至八十噸，那麼拉動一尊八十噸重的石像就需要三千兩百人，照此推算，僅僅移動這一千尊石像所耗費的勞動數量之多簡直無法想像。而要維持這些石像工人的日常生活需求，就必須要有更多的人來種植農作物、生產糧食、打造工具等等。因此，有人按照保守的預算，最少也得有五千名身強力壯的勞動力連續工作一百年才有可能完成這麼巨大的工程量。

▷ 這尊飽受侵蝕的石像，半埋在拉諾拉拉
庫火山石場下的斜坡中，除了眼窩處未
完成外，大致已成型。

▷ 這尊名叫土庫土利的石像是拉諾拉拉庫石
場中唯一與傳統摩阿儀不同的石像。

　　據統計，這個島嶼最多只能勉強維持兩千人的基本生活需求，而
假如製作石像的勞動力真有五千人，那將遠遠超出小島的承受能力，
即使不考慮雕鑿石像，他們靠什麼來維持最基本的生存呢？

　　人們找到了島上的九處採石場，只見採石場內那些堅硬如鋼的岩
石像蛋糕似的任意割開，幾十萬立方公尺的岩石已被鑿成初步的模
樣。還有三百多尊石像，有的尚未完工，有的加工了一半，有的已加
工好放在遠處等待運走。有一尊石像最奇特，它的臉部已雕鑿完成，
只有後腦勺的一點還和山體連接，只要再加上幾刀就可和山體分離，
然而它的製作者卻突然停工了。這裡的一切似乎都是突然停止的，到
處是石斧、石鎬、石鑿，大石料上深刻的鑿痕還分明可見，四處布滿
石屑，好像人們突然接到一個無法抗拒的命令，頃刻間捨棄一切匆匆
離去。這是怎麼回事？小島上到底發生了什麼重大的事情？

在離復活節島五百公尺的海面上，有三座高達三百公尺的小島，分別叫做莫托伊基、莫托努伊、莫托考考。他們四周是懸崖絕壁，任何船隻都無法靠近。然而島民們清楚地記得，原來有幾尊巨人石像就高高聳立在這危崖的頂端。法國考古學家馬奇埃爾證實，過去聳立在這裡的幾尊石像儘管已跌入海中，但石像的基座石壇確實還穩穩坐落在危崖絕頂上。

考古學家面對著這三個小島上的石壇，真可謂目瞪口呆。因為他們清楚地知道，別說是在史前的原始社會，就是文明社會中掌握著高科技領先技術的現代科學家們，除了用最先進的直升直降的飛行器，誰也無法把這些巨人石像運到這險象環生的懸崖絕頂。

那麼，石像製造者究竟是誰呢？根據該島土著的傳說，島上原來住著「長耳人」和「短耳人」兩個不同的種族。長耳人統治著短耳人，也是石像的製造者，但後來短耳人反抗長耳人的統治，發動了起義，除一個長耳人倖免外，其餘的都被燒死。而雕鑿石像的工作也從此中止，再無人問津了。

這個傳說背後的史實已不可考，但島民人種不一卻是確鑿的事實。據第一個到達島上的羅格文在回憶錄中寫道：「當時的島民有的皮膚為褐色，也有皮膚顏色較深的人，還有皮膚帶紅色的人，而另一些完全是白皮膚，小小的島上只有數百口人，卻分為多種膚色。」

有些研究太平洋的學者認為，復活節島的巨人石像，應屬於玻里尼西亞文化，因為島民所使用的話語保留著南太平洋的音韻。持這一說法的一部分人認為最早居民就是現在島上生活的玻里尼西亞人的祖先。大約西元八至九

拉諾拉拉庫下面雜草叢生的山坡上，排列著無數摩阿儀，看來就像守護在神殿門口的神像一樣。此處是島上最壯觀的大石遺跡，共有300尊左右的石像，有的接近完成，有的初具輪廓。

✍ 復活節島上刻有文字的木板，又叫做說話板。其上密密麻麻地刻滿細小的表意符號，一行刻完後轉頭再刻第二行時文字倒置，即顛倒回轉書寫法。

世紀，他們歷經艱辛，飄洋過海來到此荒島。他們帶來了石刻文化和玻里尼西亞語言。至今島上居民仍以該語言作為通用的語言。

也有人認為，玻里尼西亞人本來就是島上土著居民，不是外來的。因為星散在太平洋四周的玻里尼西亞群島原是整塊大陸，由於地殼變動，主大陸沉入洋底，剩下零星一些島嶼，而復活節島上的玻里尼西亞人就是劫後倖存者。

而以挪威著名人類學家、探險家海爾達爾為代表的一些學者則提出了相反的看法。他們認為復活節島巨石人像的建造者們不是來自西方的玻里尼西亞，而是來自東方的南美大陸。為了證明自己的觀點，海爾達爾等六人於一九四七年四月二十八日乘坐木筏，從祕魯出發，依靠風和洋流漂流十天，到達了太平洋上的土莫阿土群島。那裡比復活節島離南美大陸還要遠，他以此證實古代南美人可能靠洋流漂流到復活節島。

還有人提出了另一種解釋：在遠古時代，太平洋中有一塊巨大的陸地，名叫太平洲，那裡生活著具有高度文化的居民。而復活節島就是當時太平洲最東部的一座小山，太平洲人把此地當做墓地。這些巨大的石像就是太平洲人雕刻的，它們表現的實際上是太平洲歷代統治者的尊容。後來太平洲在一場地震引發的地殼變動中沉沒，只剩下如今的一些太平洲島嶼，復活節島就是其中一個。這也就是為什麼這個人口稀少的小島上矗立著這麼多巨大石像的原因。但是太平洲的存在並未在海洋地質學上得到充分的證明，因此這種觀點也還只是一種假設。

要想破解這些疑問，最好的辦法是找到島上的文字記載。復活節島人口雖然很少，卻有一種獨特的文字，刻有這種文字的木板叫「說話板」，當地人稱之為「科哈烏‧朗戈朗戈」。這是一種深褐色的木板，形狀有點像木槳。板上密密麻麻地刻滿了象形文字，這種文字與世界上已知的任何一種文字都不相同。有的符號形似一些動

物、植物或月亮、星星，其他更多的符號仍屬未知。有些學者曾把「說話板」與澳洲土著的石刻圖畫、古埃及的象形文字、印度河谷的原始銘刻放在一起比較，但也找不出任何答案。

這種文字的讀寫順序也很特殊，是所謂的「顛倒回轉書寫法」，即一行從左到右，下一行則從右到左，再下一行又從左到右，每一行對前一行來說都是顛倒的寫法。而自從一八六二年祕魯奴隸販子從復活節島綁走了島民首領後，近百年來，島上就再也找不到能夠解讀這種文字的人了。至今人們只收集到二十一塊說話板和幾件刻有這種文字的手工製品，它們分別被保存在倫敦、柏林、維也納、彼得堡、華盛頓、火奴魯魯和聖地牙哥的博物館裡。世界各國許多文字學家、語言學家、人類學家運用了一切現代科學手段對它進行研究，卻仍然無法破譯。

令人驚訝的另一點是，復活節島的居民把自己居住的地方叫做「世界之臍」。一開始人們對此並不理解，直到後來太空梭上的太空人從高空鳥瞰地球時，才發現這種叫法完全沒有錯——復活節島孤懸在浩瀚的太平洋上，確實跟一個小小的「肚臍」一模一樣。然而，這對現代人來說也是只有在飛機上才能看到的景象，復活節島上的島民怎麼會早就知道得一清二楚呢？

復活節島上最近重修的祭祀場所。

而更令人驚異的是，「世界之臍」這個名字，和另一個帶有神祕色彩的地方名稱相同。南美安地斯高原上著名的大湖——的的喀喀湖，湖畔居住的土著居民把這個湖也叫做「世界之臍」。這兩個地方相距四千公里以上，一個是大海中的孤島，一個是高山中的湖泊，卻同樣取了這麼奇怪的名字，難道這僅僅是偶然的巧合，還是兩個地方有著某種文化上的聯繫？

　　復活節島上那些巨大石像至今沉默無語，到底是誰製造了這些石像？又是怎樣把它豎立起來的？一個神祕的文化怎樣在這個與世隔絕的孤島上演化而又失落？迄今為止的任何一種解釋都不能使人們真正信服。我們對此幾乎無法猜測，但又只能猜測。復活節島的歷史真相，可能在今後相當長的一段時間內仍然是個謎。也可能是個永遠都解不開的謎。

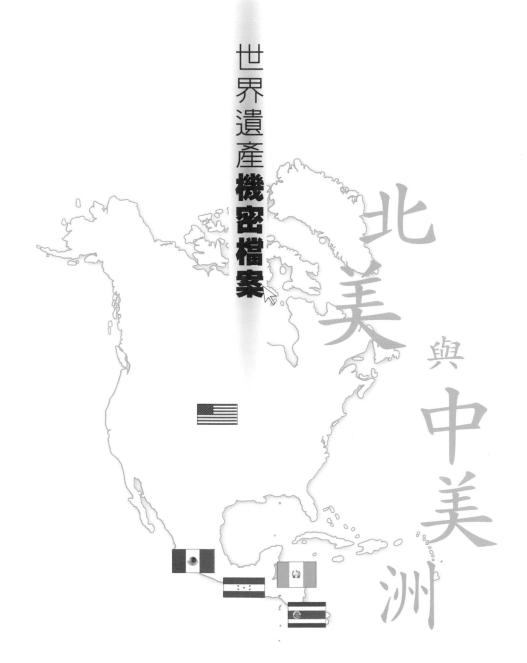

世界遺產 **機密檔案**

北美 與 中美洲

英文名　Cocos Island National Park
所在地　加勒比海中的小島

▷ 神祕的科科斯島

　　科科斯島是位於加勒比海中的一個小島，原來是印第安人的居住地。自從一五〇二年九月十八日哥倫布發現這裡後，淪為西班牙的殖民地，直到二十世紀中葉才獲得獨立，現屬於哥斯大黎加領土。一九九七年，聯合國教科文組織將其定為自然遺產，列入《世界遺產名錄》。

　　相信很多人看過美國導演史蒂芬史匹柏製作的電影《侏羅紀公園》和《失落的世界》，雖然他講的都是恐龍的故事，但是他把這兩個故事的發生地點都放在了這個孤懸太平洋中的小島上。

　　和中美洲其他國家一樣，哥斯大黎加也稱得上是火山的國度，從東南到西北，有七座火山橫貫了整個國家。哥斯大黎加的火山幾乎囊括了所有各種火山的類型。而科科斯島本身，則是海底三千公尺處的海底火山群出露於海面以上的唯一一塊巨大岩層。因為島上地勢崎嶇，在大自然鬼斧神工的「創作」中，島上礁石千姿百態，瀑布、陡崖和迷宮似的地下暗洞處處可見。有的瀑布相對與水面的落差高達一百八十三公尺，遠遠聽去，隆隆的濤聲如雷貫耳，飛霧沖天，可謂「未見其面，先聞其聲」，讓每個遊客都會切身感受到「飛流直下三千尺，疑是銀河落九天」的壯觀景象。由於哥斯大黎加地處北回歸線與赤道之間，一邊是風光旖旎的加勒比海，另一邊是波瀾壯闊的太平洋，因為垂直氣候的緣故，加之複雜多變的地形地貌，使哥斯大黎加有熱帶、亞熱帶、暖溫帶到寒溫帶的各種動植物分布，因此使得這個地區成為一個理想的生物進程實驗室，在不及全世界萬分之一的土地上，孕育出占世界百分之四以上的物種。所有這些大自然的恩賜，使哥斯大黎加政府一連在這個小小的國

度建立了三十多座國家公園和保護區，使無數的哺乳動物、鳥類、兩棲動物、爬行動物、淡水和鹹水魚類，及大量珍稀植物免遭滅絕。

科科斯島的水下世界被公認為世界上觀看遠洋生物最好的地方，透明的蔚藍色海域裡生長著大量的海洋生物，如鯊魚、鰩魚、鮪魚以及海豚。而島上的珍稀動植物群，更是每年都吸引了來自世界各地的遊客。據統計，島內有九十七種鳥類、兩種瀕於滅絕的爬行動物、五十七種甲殼類動物、五百多種海洋軟體動物、五百多種昆蟲、三百多種鹹水魚、五種淡水魚。這裡的珊瑚礁更是色彩斑斕，處處五彩繽紛。

一九七八年，哥斯大黎加政府作出了一項令人震驚的決定：「為了保護科科斯島的生態環境，決定封閉該島，嚴禁任何人挖掘！」

為什麼哥斯大黎加政府要封閉該島，島上的生態環境與「嚴禁任何人挖掘」又有什麼關聯呢？

原來，對有些人來說，這個小島早在十六世紀和十八世紀就早已名揚四海，因為它曾經是猖獗於南美洲太平洋沿岸一帶海盜的老巢和最重要的據點。

一五二六年，西班牙航海家約翰‧卡韋薩斯作為第一個歐洲人，踏上了荒無人煙的科科斯島。一五七八年，歷史上著名的英國海盜探險家及航海家德雷克爵士登上了科科斯島，十年後，在有關這個小島的第一張木刻畫中，它就被描繪為海盜的武器庫和倉庫。隨後，海盜們不僅把小島用做劫掠太平洋中西班牙人黃金帆船的最佳出發地，而且還把它當做後勤基地。

因此，科科斯島也被認為是世界上海盜埋藏珍寶最多的地方，在尋寶者的眼裡也叫「寶藏島」。看來，哥斯大黎加政府之所以作出這項決定，是針對這些海盜們隱藏的寶藏。

據說，從十九世紀起，哥斯大黎加政府就派出一支專門的軍隊負責保護這個小島傳說中的「寶藏」，並與那些想登岸尋寶的人簽訂了條約——假如他們尋寶成功，哥斯大黎加政府將獲得其中的一半所得，用以支付這支軍隊的軍餉。

那麼「寶藏島」上到底埋有多少海盜的寶藏呢？

據說，歷史上著名的三個大海盜：英國海盜愛德華‧戴維斯、葡萄牙海盜貝尼托‧博尼托船長、蘇格蘭海盜威廉‧湯普森船長，都在這個小島上埋藏下寶藏。

有關愛德華‧戴維斯的生平，我們瞭解的不多。據說，從一六八四年起，戴維斯船長率領著他的海盜艦隊，多次在加勒比海和太平洋打劫來往的商船。凡是被他看中的獵物都幾乎無法逃脫他的魔掌，尤其是從美洲開來的

西班牙商船。

　　為了保護自己的經濟利益並保證海上航路的安
全，西班牙官方決定派出戰艦，沿途打擊那些伺機搶
奪財寶的海盜船。面對強大西班牙戰艦的攻擊，海盜
們決定為搶掠的寶藏找個安全的地方，於是戴維斯船
長把他的戰利品運到偏遠的科科斯島上。據說他在那
個雜草叢生、亂石密布的小島深處一共埋藏了七百三
十三塊金子，那是一筆再也沒能重見天日的寶藏。

　　多年之後，戴維斯船長退隱牙買加。偶爾，他也
會駕船出海，沿著一條祕密的路線，帶著他特製的藏
寶圖前往科科斯島，從那兒取出一點財寶。但在此後
的一百五十年裡，由於多次地震和沖蝕，使科科斯島
上的地形和地貌發生了巨大的變化，尋寶者們始終無
法找到他的寶藏。

　　據說，戴維斯船長手下有幾個得力的部下。一個
是大名鼎鼎的英國人萊昂內爾‧韋弗，另一個是舉世
聞名的「海盜學者」威廉‧丹彼爾。

　　目前，只有從兩個小海灣能夠登陸科科斯島，一
個是根據英國航海家喬治‧范庫弗的一艘船命名的查
塔姆海灣，而另外一個就是根據韋弗命名的韋弗灣。
直至今日，這個小海灣仍是除了查塔姆海灣之外另一
個安全的停船地點。

　　告別了海盜生涯的威廉‧丹彼爾是《新環球旅行
記》的作者，並由此一舉成名。

　　一六九九年，丹彼爾再次出航，受命考察南太平
洋，發現了一塊真正的新大陸。他以女王的名義宣布
這裡為大英帝國的領土，並命名為「新大不列顛」，即
今天的澳大利亞。

　　科科斯島上另一批寶藏的所有人是葡萄牙海盜船
長貝尼托‧博尼托。據說他是科科斯島藏寶最多的海
盜，其埋藏的財寶總計竟高達七噸黃金。

　　貝尼托‧博尼托原來是英國海軍軍官，後來不知
何故，成了海盜。

一八二〇年，一直受西班牙戰船追蹤的博尼托登上了科科斯島，在島上埋藏了自己的黃金，還畫了一張藏寶圖。傳說他把這七噸黃金藏在一個峽谷中。沒想到博尼托和他的部下剛離開科科斯島，就被英國皇家艦隊攔截並擒獲。在牙買加，博尼托和他的八十餘名追隨者被絞死在帆船的橫杆上。

傳說博尼托把那七噸寶藏藏在一個峽谷和兩處瀑布之間的某個岩洞處。那個岩洞離一棵棕櫚樹很近，知道內情的人，還能從一個向前伸出的寶塔狀岩石上看見這個洞口。

雖然博尼托在藏寶圖上標記得十分清楚，但他的部下湯普森及家人並沒有找到那批寶藏。

這是什麼原因呢？我們只要看看哥斯大黎加的國徽就明白了。

中美洲地峽是多火山的地區，而面積很小的哥斯大黎加就有十一座火山。因而，火山成為這個國家的象徵之一，熱氣翻騰的火山、森林茂密的山峰是它最鮮明的標誌，以至於在其國徽上竟畫著三座火山的圖案。

所以，即使原來有標記，但由於火山噴發常常引起地貌變動，形成新的山峰和峽谷。熔岩和火山灰也會覆蓋地表，岩壁和山巒被改頭換面，使地形變得無法辨認。

科科斯島上另一批最大的寶藏是「利馬寶藏」。據說，這批寶藏是博尼托的手下，也是逃脫出來湯普森所埋藏的。

那麼，什麼叫「利馬寶藏」，湯普森又是怎麼把它埋藏到科科斯島上呢？

祕魯是南美洲的文明古國，在尋寶者的眼裡，也是傳說中的黃金國。對世界各地的遊客來說，提到祕魯，人們會馬上聯想到舉世聞名的馬丘比丘、庫斯科、昌昌古城、利馬大教堂、黃金博物館、的的喀喀湖、菲力浦城堡等名勝古蹟。

據說，利馬寶藏是祕魯幾十座教堂的財產，包括大量的聖物盒、金燭臺和祭儀用品，珍貴圖書、檔案和藝術珍品，僅黃金飾品就達二十多噸。

一八二一年，當西蒙‧玻利瓦爾指揮的南美解放軍逼近利馬時，當時的利馬總督為了這批金銀珍寶的安全，決定把它們全部轉移到利馬城外的雷‧菲力浦城堡中。

城堡建造得極為堅固，其建築風格也別具特色。城堡呈不等邊五角形，每邊上建有碉堡，分別命名為「國王」、「王后」、「聖費里佩」、「聖卡洛斯」和「聖荷西」，每個碉堡上有倉庫，用於儲藏火藥。只有前兩個堡壘上有塔樓，稱為「騎士」塔樓，各有一座吊橋供出入用，兩塔樓間有一二二公尺寬的環城路。

▷ 祕魯的市區一景

從防禦能力上，雷·菲力浦城堡的城牆厚度竟然達到十二到十四公尺，而且全部用堅固的石塊砌成，足可抵擋炮火。從攻擊能力上，雷·菲力浦城堡曾設置了一百八十八門青銅炮、一百二十四門鐵炮，開火時從幾十公里外就能聽到震耳欲聾的炮聲。自城堡建成後，它幾次擊退了海盜的攻擊，從沒有被攻克過。

然而，當聖馬丁將軍率領軍隊兵臨利馬城下時，總督覺得就連固若金湯的雷·菲力浦城堡也不再安全了。於是，西班牙人不得不再次轉移那批寶藏，並且不惜用重金租下了湯普森船長的船。沒想到湯普森船長在查塔海姆灣停船後，命令手下的人用小船將利馬寶藏運到當時還鮮為人知的科科斯島，藏匿在一個偏僻的山洞中。

為了以後能重新取出這筆寶藏，海盜們擬定了周密的計畫，還畫了一張晦澀難懂的藏寶圖，商定等時機成熟時，取出並平分這筆

寶藏。

　　然而，當他們從科科斯島返回英國的途中被西班牙戰船發現，海盜無一漏網，被絞死在巴拿馬，只有湯普森船長和他的大副福布斯被免於處死，作爲俘虜，他們需要在返回科科斯島後帶領西班牙軍官去指認利馬寶藏的藏匿地點。

　　據說，湯普森和福布斯在島上乘機逃脫。數月之後，有艘英國捕鯨船在科科斯島前停船，發現了他們，於是把他們帶到了阿迪納斯角。福布斯在那裡患黃熱病死去，而唯一瞭解利馬寶藏下落的湯普森從此杳無音信。

　　一八四四年，湯普森在紐芬蘭露面，後來還結識了一個患難之交，他病重時，告訴了朋友這個祕密。但是他的朋友卻沒有找到埋藏的寶藏。他在臨終時，也把那張藏寶圖留給了他的一個恩人，無奈這個人並不熱衷尋寶，只把藏寶圖和俯瞰圖擱置在家裡。

　　十九世紀末，有對夫婦不知以什麼方式拐彎抹角得到了湯普森的藏寶圖。他們在科科斯島大肆挖掘，還在島上的一座山中挖了一條二八〇英尺長的隧道，但最終一無所獲。

➷ 精美的宗教聖物

　　後來，他們把藏寶圖轉讓給一個德國人，這個德國人爲了尋找寶藏，在島上一待就是二十年。爲了尋寶，他幾乎挖遍了島上的每一寸土地，但始終兩手空空。最後，他痛下決心，離開了這塊傷心地。據說在二十多年來的尋寶生涯中，他只找到幾十塊金幣等。

　　那麼，科科斯島上的寶藏究竟埋藏在哪裡呢？

　　其實，隨著環保意識和美學需求的不斷提高，許多有識之士已經意識到，對人類賴以生存的這個地球來說，眞正的無價之寶不是海盜們埋藏的寶藏，而是地球上獨一無二、永遠不可再生的科科斯島本身。

41

瓜地馬拉 | 蒂卡爾國家公園
南美雨林中的金字塔城

英文名　Tikal National Park
所在地　瓜地馬拉北部佩騰湖畔的原始熱帶密林

▷ 一片原始熱帶密林中的蒂卡爾城

蒂卡爾城聳立在瓜地馬拉北部佩騰湖畔的一片原始熱帶密林中，爲瑪雅文化時期的古城邦遺址，曾是瑪雅人諸城邦之中最重要、或許是最大的城邦之一，也是迄今爲止所發現歷史最悠久、規模最大的一座瑪雅古城。一九七九年，聯合國教科文組織將其定爲人類文化遺產，列入《世界遺產名錄》。

蒂卡爾昌盛繁榮了一千多年，在它的鼎盛時期，人口有六萬多，占地面積達一百三十平方公里。大約有二十九個君王，從西元三百年起統治蒂卡爾一直到西元九世紀。但它於西元九百年前後被瑪雅人廢棄，比西班牙征服者接管周圍地區早了好幾百年。此後的蒂卡爾城，在原始森林中，默默地度過了幾百年的光陰。

一八九三年，美國探險家約翰・史蒂文斯在南美洲的熱帶叢林中艱難跋涉。密密的樹枝和懸空巨大藤條簡直使他寸步難行，不得不常常在灌木叢中繞來繞去。無意中，他感覺自己好像踏上了一個石砌的臺階，並且一步一步隨著臺階不斷地攀登。職業的敏感度使他馬上意識到，這裡也許是人類文明的遺址。果然，沿著叢林的這條路通向一座巨大的精美石像。這是瑪雅神殿的遺址，是座規模宏大的金字塔。只是千百年來被四周的密林和巨藤遮擋得密不透風，人們即使在離它一百公尺遠的地方也難以發現。

這座金字塔和古代城市遺址的發現引起舉世震驚，各國的考古學家和探險家蜂擁而至，他們的足跡踏遍了瓜地馬拉、宏都拉斯、墨西哥的瑪雅各處遺址。

隨後，人們終於發現了蒂卡爾，這座湮沒在原始林中的古城邦。整個古建築群被一望無際的濕熱原始森林包圍著，不難想像，當探險家們披荊斬棘，穿過雨林，第一次訪問這座瑪雅遺址時，當他們發現這幾座上面刻著圖畫和象形文字的美洲最高金字塔時，會是何等的驚訝。

根據一九八○年瓜地馬拉公布的考古調查報告，在這座被瑪雅人遺棄的蒂卡爾城，古代瑪雅人用石頭和石灰作建築材料，建成一座座巍峨的金字塔。這裡大小金字塔共有三百多座，它們一般為斜截錐形，由高大的台基及其頂端的神殿構成，其外觀十分勻稱。有石碑兩百塊，石柱八十根，古墓十二座，墓葬文物中有玉鐲、美洲虎玉雕、玉管項鍊等奇珍異寶，各種工具和生活用品多達十萬件。為此，瓜地馬拉政府撥出專款在其周圍五七六平方公里的土地上開闢建造了一座蒂卡爾國家公園，每天迎接大批到此觀光的國內外遊客。

▷ 探險家們發現之初的蒂卡爾城廢墟

蒂卡爾古城核心是約一百二十公尺長、七十四公尺寬的中心廣場，各個建築都矗立在周圍。像同時期瑪雅人所有的儀式建築物一樣，廣場是用石灰岩修建的。人們猜測，在蒂卡爾鼎盛時期，這處巨大的廣場可能是個舉行壯觀儀式的所在。

在廣場的一面，「北衛城」便成為統治蒂卡爾的眾王豎立墓碑的地方。我們從這些王者的陵墓中瞭解到不少關於該城居民的生活情況，因為這些陵墓往往都裝飾著精心繪製、翔實豐富的壁畫。

▷ 蒂卡爾出土的陶罐，右邊的大陶罐描述一名商人跪著向自己的國王致敬。

我們從這些陵墓裡所保存的各種財寶中可知，蒂卡爾的國王們曾經過著十分豪華奢侈的生活。為了紀念自己的成就，國王們豎立起挺拔的石頭紀念碑。這些石碑現在成為提供資訊的重要來源。這些紀念碑都裝飾著精美的雕塑作品，它們不僅表現了統治者本人的形象，而且還載有他們在位當政的年月。在蒂卡爾發現的最早的石碑，建立於西元二九二年。

蒂卡爾有許多石灰岩建築物，這些宮殿和金字塔都以方形地基為底，一些就建築在原有建築的頂上。這些建築物的陡直線條，在地平線上顯得格外挺拔，它們大都建於西元八世紀。

西元八世紀前後，有一位名字叫「阿·卡考」的國王葬在位於中心廣場東端的第一金字塔內。這座宏偉的建築在國王的遺體放進去之後，就修建在王陵的上面，

▷ 巨豹神廟

▷ 這是俯瞰大廣場的第二神殿。廣場坐落在蒂卡爾的中心，原是舉行重大宗教儀式和遊行的場所。

它就是舉世聞名的「巨豹神廟」。這是一座臺階式的金字塔，總共有九級，塔頂建有尖型小廟，塔基坡度陡而直。瑪雅人認為，地下的冥界是由九層組成的，所以金字塔就表現了這種信念。有單獨的一道臺階直通塔頂上高達四十七公尺的神廟。巨豹神廟是蒂卡爾城保存得最完整的建築物之一。

與其遙遙相對的是二號金字塔，大概是為阿‧卡考的妻子修建的。塔四十六公尺高，底部建有三個大廳，牆上全是石刻壁畫，其中有兩幅尤為引人注目，一幅是一個戴假面具的祭司帶著一個即將成為犧牲品的奴隸向祭台走去；另一幅是一個衣著華麗的貴族正大把大把地將一串串珍珠拋向地面。與它相距半公里處就是最高的四號金字塔，塔高七十五公尺，站在塔頂可眺望蒂卡爾古城全貌。中心廣場東南面是中部衛星城，這是一群由六個庭院連成一片的長廊式建築，每個庭院四周有殿堂，以石碑銘文著稱的五號殿就在它附近。廣場南北各有一座衛星城，離南部衛星城不遠處是高五十七公尺的五號金字塔，向西不遠處是由七座神廟組成的「七殿廣場」。神廟石面上雕有死人骷髏和骨骼的圖案。

北部衛星城建築顯得豪華、壯觀，有連成一片的金字塔，刻著浮雕的石柱成林，在柱林後面是寬闊的石頭臺階，臺階最高處就是舉行活人祭儀式的聖壇。

其他一些規模較小的金字塔也是在西元八世紀建造的，其中有一些是成對建造的。專家們認為，建造它們是為了慶祝瑪雅人稱之為「卡頓」時期的結束。一個卡頓由二十個「頓」組成。為了對時光的流逝表示敬意，人們就以二十年為週期建造起成對的金字塔建築群來作為標誌。

目前，在蒂卡爾已經找到了三千多座分散的

建築物，而更多的建築物還隱藏在它們的下面。說來奇怪，這座城市周圍並沒有任何防禦設施或是堡壘，只是北面有一條乾涸的護城河。

西元九世紀，蒂卡爾開始衰落，瑪雅人遺棄了這座有著輝煌建築物的古城，而重歸於茫茫叢林之中，只留下了那好幾千座的建築物，就像是一個神祕的民族睥睨著周圍那一大片森林，讓它們作爲瑪雅人曾經統治這個地區幾個世紀之久的一個歷史的見證。

就像人們不知道瑪雅人是如何建造了這些金字塔一樣，我們也同樣不知道瑪雅人爲什麼要廢棄蒂卡爾。像瑪雅人的其他城市一樣，早在哥倫布發現美洲大陸之前，這個神祕的民族早已消失得無影無蹤，他們那異常璀璨的文明也突然中斷，留下了巨大的困惑。

有人認爲，蒂卡爾的衰落大概是因爲和其他城邦之間產生了破壞性的戰爭。但從挖掘的結果來看，這裡並沒有發生過大規模戰爭的痕跡。有人認爲是氣象驟變，但經氣象學專家研究，在西元八到九世紀，並沒有中美洲發生災難性氣候驟變的證據。還有人認爲像蒂卡爾這樣的城市建設在密林裡，而不是建在河流或海岸附近，會有供水的困難。爲了解決供水與航運問題，瑪雅人不得不尋找更符合生活需求的地方。但如果是這樣，那他們理應擴充新的領地，建起新的城市並保持和發展他們的文化，而不是這樣莫名其妙地中斷和消失。

在這座宏偉的古城面前，各種解釋它被放棄的理由都顯得有些牽強附會，難以自圓其說。一種偉大的文明突然消失了，只留下了它在世間存在過的遺跡，如果不能從根本上解開瑪雅文化的失落之謎，蒂卡爾被廢棄的原因也永遠無法揭曉。

42

宏都拉斯 | 科潘瑪雅遺址
破譯「象形文字階梯」

英文名 Maya Site of Copan
所在地 宏都拉斯境內與瓜地馬拉相接壤處

　　科潘位於宏都拉斯境內與瓜地馬拉相接壤處。科潘遺址占地十二英畝，高達一百二十五英尺，用去了將近五百萬噸建築材料，這樣的建築物規模實在令人驚歎。在瑪雅文化中，科潘的地位非常重要，是瑪雅文明中最古老、最重要的古城遺址。一九八○年，聯合國教科文組織將其定為人類文化遺產，列入《世界遺產名錄》。

　　在中美洲的心臟地帶，即今天墨西哥的尤卡坦半島、瓜地馬拉、貝里茲、宏都拉斯、薩爾瓦多等部分地區，在阿茲提克和印加時代之前的許多個世紀，一個瑪雅人在墨西哥和中美洲建立起的輝煌文明似乎從天而降，但在最為輝煌繁盛之時，又戛然而止，這其中也包括了他們建造的科潘古城。

　　科潘是瑪雅文明最重要的地點之一，早在十世紀初期的時候，這座城市就被遺棄了，直到十九世紀才被挖掘出來。對科潘嚴肅正規的發掘工作於一八九○年代開始，經過多年的考察，如今，考古學家已對這座古城有了比較全面的瞭解。

　　科潘是瑪雅王國的首都，也是當時的文化和宗教活動的中心。遺址的核心部分是宗教建築，主要有金字塔祭壇、中心廣場、六座廟宇、石階、三十六塊石碑和雕刻等。大金字塔在內的最重要建築雄踞於土石砌成的平臺之上，小型的金字塔、廟宇、院落及其他建築散布於大金字塔的周圍，週邊是十六組居民住房的遺址。國王和他的親屬居住在自己城市中心的王宮裡，身邊聚集著大臣和奴僕。貴族和教士也住在城中，最接近宗教建築的是瑪雅祭司的住房，其次是部落首領、貴族及商人的住房，最遠處則是一般平民的住房。

　　科潘王朝的衛城比科潘河高出大約三十公尺，基本上呈正南、正北走向的矩形。它的建築體積總計達二二四萬立方公尺，考古學家認為它原先比這還要大得多。

▷ 尤卡坦半島上的瑪雅宮殿中供奉的雨神

在廣場附近，一座廟宇的臺階上立著一個非常碩大、代表太陽神的人頭石像，上面雕刻著金星。另一座廟宇的臺階上，有一尊瑪雅人雨神查克的石雕像，雨神手裡握著能夠帶給他降雨神力的火把。在山坡和廟宇的臺階上，聳立著一些巨大、表情迥異的人頭石像。

另一個長一‧二二公尺、高○‧六八公尺的祭壇上，刻有四個盤腿對坐的祭司，他們身上刻有象形文字。在這個祭壇的雕刻群中，還有用黑色岩石碎片鑲嵌成花斑狀的石虎和石龜。

在廣場的中央，有兩座有地道相通、分別祭太陽神和月亮神的廟宇，各長三十公尺、寬十公尺，牆壁和門框中有豐富多彩的人像浮雕。在兩座廟宇之間的空地上，聳立著十四塊石碑，這些石碑建於六一三年至七八三年之間，所有的石碑均由整塊的石頭雕刻而成，高低不一，上面刻滿了具有象徵意義的雕刻和數以千計的象形文字。

最有趣的是，在科潘瑪雅遺址中，有座面積約三百平方公尺的長方形球場，球場的四面有高高的、呈斜坡狀的看臺，四周圍牆環繞，球場的地面鋪著石磚，兩邊各有一個坡度較大的平臺，現在臺上仍有建築物的痕跡。從瑪雅文字記載來看，科潘球場約建於西元七七五年。遠處的邊緣有石階為界，每一邊都有一道斜坡，斜坡上的房子都有拱形的屋頂。每一道斜坡的最高處都有三支記分石標。

考古人員發現，球場是瑪雅城市活動中心的重要特徵。球賽由兩隊球手進行，雙方都奮力擊打一個直徑大約二十公尺的堅硬橡皮球，使球穿過設在高牆上的石圈。球手們要穿上護墊，其中包括可能是用皮革做的寬大腰帶。他們擊球時不准用手或腳，而要用前臂、肘部

▷ 這個瑪雅小塑像是一個打球的人。他頭戴安全盔，腰束寬大腰帶，球員不能用手擊球，而要用前臂、肘部或臀部推球。

▷ 科潘球場約建於西元775年，球場邊緣有石階為界。

△ 科潘球場全景圖

或是臀部向前推球。 雖然我們把這種遊戲稱為「比賽」，但歷史學家認為，瑪雅人把它當成宗教活動中的神聖儀式。有研究發現，有些比賽之後，輸掉比賽的球手要被祭司砍下頭，他們的鮮血和屍體要祭奠神靈。或許，有些比賽可能是本地城市的最佳球手和另外一座被攻陷的城市的首領或貴族之間進行的一場鬥士式的競賽。有些球場周圍環繞著一排排的骷髏，有些球裡面也包裹著人頭。

瑪雅人最大的球場在當今墨西哥境內的奇琴伊察，它有一四六公尺長、三十六公尺寬，高達八公尺的牆，比大多數瑪雅人的球場都要大好幾倍。但隨著歲月的侵蝕，大多數球場都已消失，科潘球場是現今保存最為完好的瑪雅球場遺址。

我們今天之所以能夠瞭解到古代瑪雅人的一些情況，是因為他們研發出了自己的一套文字體系。瑪雅人的文字體系是由象形文字的符號構成，這些符號代表著音節和聲音的組合。在當時，可能只有少數上層社會的人才能全部讀完這些象形文字。當時抄寫這些文字的人，是用火雞的翎毛製作的管狀筆在無花果樹的樹皮上寫字。有時候，他們在一張長條的樹皮上畫寫字，然後把它折疊起來成為書頁。現今，瑪雅人的書籍被稱作「古抄本」。不幸的是，現存的這種抄本只有四本。幸虧瑪雅人還把象形文字鑴刻在用來覆蓋城市的建築物石塊上，紀念碑、瓷器、石碑、門楣和其他石質建築上都雕刻下他們的文字和符號，並在石碑上記錄下重要人物生平中的重大事件和日期，並把某一位國王的生平以及他在位執政的大事記錄下來。

一九八九年，一隊宏都拉斯和美國的聯合考古小組成功地在科潘發掘了第一座皇家陵墓，墓體掩藏在大金字塔的石階梯之下，陵墓的地道兩邊是由紅色黏土和灰色石塊砌成的牆壁，位於地下十五公尺深處， 在泥土地面上有一個黑色的洞口，穿過由泥土和石塊築成的墓室入口，再通過裡面的另一個洞口，可以看到一塊色彩繽紛的古代灰泥石板，進入洞口，在這塊石板的下面，有具裝飾著玉石和其他飾物的人體骨架，被埋葬者是個中年人，屍骨早已散架。陵墓的隨葬品中有科潘有史以來發現到最豐富的玉器裝飾品和耳飾收

藏品。而灰泥石板上面雕刻的符號最近也被解讀出來，有人認爲，此人是科潘的第一代國王。

一九九二年，賓州大學的考古隊又在同一金字塔的中心部分挖掘出另一座皇墓，被葬者可能是科潘六世紀時的一位國王。

在科潘遺址廣場的山丘上有一座祭壇，廟宇建於西元七五五年，高三十公尺，共有六十三級臺階，它是由兩千五百塊石頭疊砌的階梯，臺階五十英尺寬，每級一英尺半高，其中每塊石頭上都刻有一個象形文字，梯級豎板雕刻有一千兩百五十個象形文字，它們共同構成了世界上最長的象形文字長卷之一，象形文字階梯上的長卷記錄自古科潘到西元七五五年的全部歷史、科潘王國統治者的故事，也記載了其間重大事件的發生日期，比如，它記錄著第十三代國王是如何被殺等。同樣，這座象形文字階梯又成爲後來的王朝用於統治子民，並宣揚自己業績的「宣傳看板」。有人認爲，這是全美洲最長的石刻故事。不幸的是，象形臺階毀於一八〇〇年，僅有三十個梯級豎板遺留下來。在象形文字階梯下面挖掘出一個祭壇，有人認爲，這個被稱爲「摩摩記號」的祭壇銘文顯示，它是由第二代科潘統治者建立的。

不過，要想破譯瑪雅人的這些文字絕非易事。事實上，當最初的歐洲人把瑪雅折疊式的書本帶回西班牙後，最先看到這些字跡的人幾乎不可能想到在幾百年後的某一天，這些文字將揭露中美洲歷史和宗教當中一個早已不爲人知的時代。一八一〇年，巴龍·亞歷山大·漢伯爾特在他的《美洲山區景色與土著居民的古物》一書中，首次用五頁篇幅發表了德雷斯頓的抄本。十九世紀後半葉，阿爾弗雷德·莫德斯雷在他出版的書中，收入了三份瑪雅文抄本以及對蒂卡爾、科潘等其他遺址拍攝的精確照片和碑銘繪畫。

十九世紀末，對瑪雅文字的解讀工作成就斐然。俄國學者余里·羅索夫於本世紀五〇年代採用了一種全新的方式來研究瑪雅文字，而另一位學者塔約娜·普羅斯科拉亞科夫則識別出瑪雅碑銘的句法，這對研究瑪雅文字具有很重要的作用。在科潘古城中心，有一座邊長爲一·二二公尺的紀念碑，它的四周雕刻著十六個謎一般的人像。過

這是在科潘找到的許多大雕刻石板之一，這塊石板上刻著一位瑪雅國王，面部表情十分逼真。

去，人們對這些神祕的雕刻，只能認出其中百分之十的象形文字，而才華橫溢的碑銘學家大衛‧斯塔特，透過與瑪雅人後裔今天所使用的語言對照，已經破譯了其中百分之八十的文字，他對瑪雅文本的新研究已開始揭示出瑪雅文本神祕的內涵，並終於讀懂了紀念碑上面描繪的十六個故事。那些人像所代表的人正是瑪雅國王，他使人們初步認識了瑪雅城市的朝代史，使得瑪雅文明有了一個歷史的框架。

翻譯出的文字記載顯示，科潘王朝的最後一位國王，大約於西元七六三年登基。儘管他下令修建了許多紀念碑和祭壇，把自己描繪成一個強大的君主，但仍然無法挽救已走上頹勢的科潘。隨著這位國王的去世，科潘的輝煌到此結束，科潘石碑上刻著最後的年代──西元八三○年。在以後三到四個世紀中，此一河谷地區，人口持續銳減，再沒有修建新的石碑和祭壇等建築。大約在西元一二○○年，除了少數一些農民和獵戶外，科潘已無人居住，熱帶森林開始無情地吞噬已開墾出來的河谷地區，用樹林、樹葉、枝蔓和雜草覆蓋掉所有石碑和廟宇。

科潘的衰敗反映了瑪雅文明的整體衰退。當西班牙人於十六世紀入侵時，瑪雅文明已經衰敗不堪，它的鼎盛時期已經是幾個世紀以前的事了。

瑪雅人刀耕火種的方法如今在中美洲依然使用著。玉米是他們最主要的農作物，成為主食。瑪雅人用玉米製作成一種拌著辣胡椒的稀粥。瑪雅人用玉米釀造成一種叫做「巴爾契」的酒精飲料，用蜂蜜和樹皮增加甜味。瑪雅人沒有金屬可用，沒有馬或牛可馱運沉重的物品，他們只能使用石頭和木頭工具；而從事農耕的家庭，大都三代聚集在一起，居住在靠近自己農田的簡陋住房裡。住房是用豎立在一起的木樁建成的，它的屋頂是用棕櫚葉和茅草鋪成，坡度一般很陡，以便雨水流下。房屋一半用來做飯和用餐，在塗了灰泥的地面中央有一個火坑，家人都睡在房屋另一半用木料和樹皮架起的床上。

歷史學家們至今仍然弄不明白是什麼力量終止了瑪雅文明，使之從衰敗走向消亡，許多人都以為瑪雅人的消亡是十分神祕的事。雖然對科潘遺址中部分瑪雅象形文字的破譯使人了解這個城市走向衰敗的情況，但它走向衰敗的原因卻仍然是一個謎。

更令人困惑不解的是，並不是只有一個科潘，而是所有的瑪雅城市，幾乎都是在西元九世紀前後就全部被廢棄了。這不只是一個城市的衰亡，而是一個民族、一種文明的整體性衰亡，瑪雅文化一定是遇到了某種不可抗拒的危機。

　　瑪雅人那些宏偉的古城遺跡處處都使人感到這是個多麼不平凡的民族，而建在這些精美古建築廢墟旁邊的印第安人，如今仍居住在茅屋和草棚中，與之又是那麼不成比例，令人難以置信。

　　有人把瑪雅文明的消亡比喻成「人類歷史上最徹底、全面的一次文化失落」。但他們的文化為什麼會失落，卻是今天仍然困擾人們的話題。

英文名　Pre-hispanic City and National Park of Palenque
所在地　墨西哥東南沿海平原，坐落在恰帕斯州首府梅里達西北

　　帕倫克古城及歷史公園，位於墨西哥國境東南沿海平原，坐落在恰帕斯州首府梅里達西北約四百八十公里處。這裡有舉世聞名的「銘文神殿」，這座神殿自西元六八九年被封閉之後，直到一九五二年才重見天日，它對深入研究瑪雅文明具有重大的歷史意義。一九八七年聯合國教科文組織將其定爲文化遺產，列入《世界遺產名錄》。

　　帕倫克從前是瑪雅人建造、有許多座神廟的都城，但早在西班牙人入侵前幾個世紀就不知何故被突然棄置了。其古城遺址處在崇山峻嶺之中的一個山坡上，環繞四周的是密不透風的原始森林。古城自東向西沿河谷地帶平緩地延伸十一公里多，奧托羅姆河從市中心緩緩流過。城內的神廟、宮殿、廣場、民舍等依坡而建，錯落有序，形成雄偉壯觀的古代建築群。但從西元九世紀以後，這座城市被人廢棄，一座座精美絕倫、高大宏偉的石頭建築被莽莽原始叢林湮沒，變成了杳無人跡的廢墟。一五○二年，當西班牙將領高戴斯帶著一批西班牙征服者進入尤卡坦時，曾在帕倫克附近三十英里的地方與其擦肩而過，就連當時西班牙人雇用的本地印第安嚮導都不知道有這麼一座棄城，直到十九世紀，這座沉睡了近千年的古城才被重新發現。

　　帕倫克古城遺址的歷史可上溯到西元前三百年左右，此六百到七百年間，帕倫克古城發展到了最高峰。經過挖掘發現的八平方公里區域內的古城建築，多建於這一時期。

　　帕倫克的主要建築是一座宮殿和五座神廟，人們把這些建築稱爲帕倫克宮、太陽神廟、獅子神廟、碑銘神廟等，這些都是現代考古學家所取的名字。事實上，古代瑪雅人的思想、信仰和古老的記憶，其中大部分已經遺失，再也無法找回。

　　建造在梯形土台之上的帕倫克宮像一個八陣圖，裡面有無數庭院、門廊和房間。宮殿底座的土

▷ 猶如八陣圖的帕倫克宮，中央矗立著
　一座可能是用來觀測天文的高塔。

台底邊長一百公尺，寬八十公尺，高十公尺。在帕倫克宮殿，還有個可能是用來觀測天文的四層石塔矗立當中，石塔高十五公尺，所以被稱為「天文觀測塔」。帕倫克宮殿內部裝飾著風格華麗、技巧精湛的壁畫和浮雕。在宮殿通道的浮雕上，不僅描繪了帕倫克國王巴卡爾加冕的情景，也有描繪其生平事蹟的畫面。

太陽神廟內壁刻有一百四十六個瑪雅象形文字，至今保存完整。金字塔地基上是氣派恢宏的長方形皇宮，據說那是古代瑪雅祭司觀測天象的場所。

帕倫克的金字塔

碑銘神廟是帕倫克遺址最雄偉的建築，它是一座金字塔、廟宇和墓葬合一的建築。這座建築因藏有一大塊的銘刻石而得名，其中的一座金字塔有九層高，千百年來，默默地聳立在原始森林之中，顯得那麼飽受風霜、古老而永恆。碑銘神殿的底基邊長六十五公尺，連同神殿高二十一公尺，西元六七五年起動工，西元六八三年建成。遊客們爬上最後幾級階梯，可以進入「碑銘神廟」的主廳。後牆嵌著兩塊灰色大石板，上面鑴刻著六百二十個瑪雅象形文字，排列得十分整齊，如同棋盤上的一顆顆棋子。這些文字有些看起來像人的臉龐，有些像怪物的面孔，還有一些彷彿是蠢蠢欲動的某種神話怪獸。

帕倫克金字塔是在中美洲發現的第一座類似古埃及王陵的陵墓，此為金字塔的結構圖。

這兩塊碑銘到底敘述著什麼？至今還沒有人解開，因為它的文字是由圖形和音符混合組成，至今猶未被完全破譯。有人認為，碑上的一些文字提到幾千年前參與過史前重大事件的民族和神祇。

象形文字碑銘左邊，用大石板鋪成的神殿地板上，有一個樓梯口，下面架設著一道陡峭的階梯，直通到隱藏在金字塔深處的一個房間。而這個樓梯自從西元六八三年被封閉之後，就再也沒有人知道它的存在。那麼這個房間裡到底隱藏著什麼祕密呢？

儘管美國人史提芬斯已於一八四○年對帕倫克古城遺址有過妙趣橫生的記載，但古城中最深幽、隱密的一處，卻是由墨西哥考古學家阿爾維托‧魯

▷ 這塊巨石雕刻是帕倫克雕刻風格的代表作，刻著一個頭戴克沙爾鳥羽毛王冠的瑪雅統治者，他穿戴講究，身著胸甲、項鍊和腰帶，此外鼻樑很高，一看側臉就知道是瑪雅人。

▷ 圖為神廟下隱藏的拱形樓梯，通過這裡便進入了一個與世隔絕千年的房間──帕倫克國王巴卡爾的墓室。

茲於一九五二年發現的。這就是巴卡爾國王的石棺，它在這座碑銘神廟底部的墓室中被發現。

　　阿爾維托·魯茲看到神廟的地板有些奇怪，不像帕倫克其他神廟的地板，它是用切割良好的大塊石板鋪成。在後面一間屋子裡，有塊石板有兩排圓形凹陷，裡面嵌著石栓。魯茲認為這可能是供搬開地板之用。他還注意到第二間屋子的後牆一直延伸到地板下面。更令人不解的是，地板中間的一塊石板上還有兩排人工鑿出並被石塊堵住的孔洞，莫非這地板下暗藏天機？

　　有一天，魯茲突然注意到石板上好像有個把手，於是他斷定這石板下肯定還隱藏著什麼。隨後他便移開了石板，眼前的情景簡直令他不敢相信，在石板下面，他看見了一條塞滿沙石的樓梯，並很快發現這是一口樓梯井。對魯茲來說，最為艱難的任務，就是如何能儘快地挖掘和清理這個樓梯。他們花了三年時間，才將瓦礫全部清除，直到一九五二年，才徹底打通這道階梯，魯茲和他的同事們終於挖掘到塞滿沙石的樓梯井底。魯茲在這裡發現了一個石盒，裡面裝著陶碗、滿是顏料的貝殼、玉耳環、玉珠和一顆珍珠。在這些物品的旁邊放著另一個箱子，箱子裡面有六具個人類骨架。

他意識到此處可能離某位瑪雅權貴的墓室不遠了，而考察隊員卻又發現了被一塊三角形厚石板堵住的入口。他們花費了極大的力氣，終於把這塊厚石板移開到剛夠一人通過的縫隙。這時，他看見了一扇敞開的大門，大門通往神廟中軸線下的一個密室。終於，一九五二年七月，魯茲懷揣著萬分不解的心情，側身擠進了內室，走下最後五級臺階後，進入了這個與世隔絕千年的房間，這是一間拱頂密室，密室內陳放著巴卡爾的石棺，石棺被架在六根石柱之上。

這是瑪雅考古史上最令人震驚的發現——他們發現了帕倫克國王巴卡爾的墓室！這也是在中美洲發現的第一座類似古埃及王陵的陵墓。

直到這時，魯茲和他的考古隊員才明白，原來連接帕倫克碑銘神廟和巴·卡爾墓室那條拱形樓梯，其階梯并共有六十七級臺階，待墓門封好後，當初建造這座墓室的瑪雅工匠，為了不讓外人干擾這位國王的長眠，刻意用數以噸計的沙石將其填塞。在此後一千三百多年間，從來沒有人知道它的存在。

據考證，巴卡爾從西元六一五年到西元六八三年是帕倫克的統治者。他的墓室長九·一四公尺，高七公尺，拱形屋頂用石柱支撐，四周的牆壁裝飾著浮雕，描繪的是昂首闊步的「九神」——統治黑夜的九位瑪雅神祇。墓室中央，在九神的俯視下，是具巨大的石棺。巴卡爾石棺的長方形蓋子是一塊重達五噸的巨大石板，石板長三·八公尺、寬二·二公尺，上面刻著無與倫比的浮雕。石棺中躺著一具高大的骨骸，臉上罩以兩百塊玉片鑲嵌的翡翠面具，身上堆滿各種珍貴的玉器，還戴著無數的護符和手鐲。這就是西元七世紀時，帕倫克的統治者。

有一根蛇狀黏土管子從石棺通向墓室入口，然後，再沿著階梯通到頂部。因為這座被封閉一千三百年的樓梯共有六十七級臺階，因此有人認為，這是巴卡爾透過一種「心理管道」和活人世界連結在一起。

在巴卡爾石棺腳下，還發現了兩具灰泥雕塑頭像。有

▷ 巴卡爾石棺旁的灰泥雕塑頭像。

▷ 巴卡爾石棺上的精美浮雕，圖案描繪一個半躺著，上身向前傾斜，眼睛凝視著前方，伸出兩手的男子。

人認為，在瑪雅的雕刻藝術中，最傑出的一件作品，不是石雕，而是這兩具灰泥塑像，它集中了瑪雅文化的全部優點：處理體積的技巧，平衡以及猶如充滿著寂靜的威嚴，不僅把人像雕塑得十分逼真，還把人物內心深處那種抑制住的恐慌、嚴峻和內在力量都表現得淋漓盡致。它們如今保存在墨西哥國家博物館內。

　　儘管密室非常潮濕，但刻在這塊平滑堅硬石棺上的精美浮雕仍保存得很好，剛開始人們發現這個石棺上的浮雕時，只是被它的雕琢精美、氣派高貴所震撼，然而，當石棺上描繪的圖案清楚地顯示在世人面前時，當人們看到這個半躺著、上身向前傾斜、眼睛凝視著前方、伸出兩手的男子時，不由得如墜迷霧之中，並對石棺上的浮雕提出了種種不同的解釋。

　　有人認為，它表現巴卡爾在彌留之際掉進一個陰間怪物嘴裡的情景。

　　也有人認為，這是巴卡爾以一種胎兒的姿勢降入地下世界的情景，而從他的屍體上長出了一棵世界樹和一隻神鳥，整個畫面被一隻雙頭的弓形蛇斷開。在宇宙的中心可以看到巴卡爾，儘管他像太陽下山一樣沉入了地下世界，但在石棺兩旁刻畫的形象卻暗示著一種重生的輪迴。

　　但到了六○年代，人們乘坐太空船進入太空後，那些瞭解太空船構造的人們卻提出了另一種看法 。他們認為，石棺上鐫刻的人身上穿著緊身衣，頭部的弧形物和管子，是一種類似天線的頭部裝置。再看他如此奇怪的姿態，彷彿在操縱著某種人們至今無法知曉的設備上的變速桿或飛機的操縱桿，他的那輛「車」前面呈尖錐狀，車體的尾端是急速噴射的火舌。看來，這個人是坐在一台裝設著各種儀表板、按鈕和管線，類似太空船的機械裡，他在操作某種機器。

　　的確，直到現代社會，熱帶原始森林中瑪雅人的後裔都沒有馬或者馬車，瑪雅人可能連「輪子」都不知道，那麼，這個操縱著某種飛行器的人，到底是誰呢？

墨西哥 | 特奧蒂瓦坎古城
眾神之城

英文名　Pre-hispanic City of Teotihuacan
所在地　墨西哥城以北約40公里處

1.是誰建造了「眾神之城」？

　　特奧蒂瓦坎古城是印第安文明的重要遺址，位於墨西哥首都墨西哥城以北約四十公里處，是西元一世紀至七世紀建造的聖城，有著「眾神之城」的稱呼。古城以幾何圖形和象徵性排列的建築遺址及其龐大規模聞名於世。一九八七年聯合國教科文組織將其定爲文化遺產，列入《世界遺產名錄》。

　　特奧蒂瓦坎古城遺址坐落在墨西哥波波卡特佩爾火山和伊斯塔西瓦特爾火山山坡谷底之間，面積二百五十公頃。據留存的建築遺址和出土的文物判斷，在西元五世紀的全盛時期，特奧蒂瓦坎是墨西哥的聖城，是西半球最大、最重要的城市，也是當時世界上屈指可數的大城市之一。西元六到七世紀，該城居民可能多達二十萬左右，他們創造了光芒四射、輝煌燦爛的文化，擁有高聳的金字塔、華麗的宮殿、宏大的建築、排列整齊的寬闊街道和高度發達的文化。舉世聞名的太陽金字塔和月亮金字塔，更是對當地後來的建築產生了深遠的影響。

▷ 太陽金字塔臺階陡峭，底部近似正方形，琢磨平滑的石塊鋪面，顯出建築物整齊光潔的線條，而塔頂上有座神廟。這座大約建造於西元1世紀的宏偉建築，據專家估計，全部工程需要動用幾千名工人，費時50年才能完成。

北美與中美洲 ▼ 墨西哥　特奧蒂瓦坎古城

在阿茲提克人控制中美洲之前，特奧蒂瓦坎就已經成了廢墟，圖為古城原貌假想圖。

城市原來的名字已經無從知曉。西元十二世紀時，阿茲提克人到達這裡，發現它已是一座空城。他們把這片廣闊的廢墟叫作「特奧蒂瓦坎」。在印第安語中意指「眾神信徒得道之地」，或者「眾神之城」。在他們的神話傳說中，只有神才能建造如此雄偉的城市，而諸神就在這裡升起了第五個太陽，世界就是在這裡被創造出來。

如今遊客們看到的遺跡，也只不過是特奧蒂瓦坎當年壯麗面貌的一小部分。其實，整個城市的十分之九仍然埋在泥土中。特奧蒂瓦坎的電腦復原圖，即使與當代最先進的大都市設計圖相比也毫不遜色，以至於領導該城挖掘多年的女考古學家勞瑞特‧澤約涅也不禁驚歎：「這非凡的智慧從何而來，何以完成如此偉大的規劃？」

而且，對考古學家來說，他們有待挖掘的，不僅僅是一個特奧蒂瓦坎，因為在這個「眾神之城」的建造過程中，其建築物每當經過大約一百年左右，當時的居民們便重新建造一次。自一九〇五年墨西哥政府開始組織挖掘工作以來，差不多花了近一個世紀的時間，耗費巨額資金，才讓古城遺址的風貌展現出來。到目前為止，四層廢墟已經掘出三層，從挖掘層可以看出，其建築物都是一層層地疊建上去。

令人迷惑的是，在西元六五〇年到七五〇年左右，特奧蒂瓦坎的文明突然中斷，此後全是一片衰落的景象。這座當時世界上首屈一指的大城市突然被廢棄。不知是由於什麼原因，「眾神之城」的居民和它的文化好像一下子都消失了。西元一〇〇〇年，托爾特克人占據了城市部分地區。當隨後的阿茲提克文化在美洲中部高原興起時，特奧蒂瓦坎古城已經變成了一片廢墟。特奧蒂瓦坎神祕毀滅的八百年後，當十六世紀西班牙人來到這裡時，他們見到的，是仍然生活在石器時代的阿茲提克人。

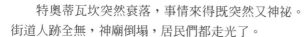
特奧蒂瓦坎著名的神祇——火神。

特奧蒂瓦坎突然衰落，事情來得既突然又神祕。街道人跡全無，神廟倒塌，居民們都走光了。

考古學家經過了一百年的研究，至今還並不瞭解特奧蒂瓦坎人使用的是什麼語言。在整個中美洲，沒有人能說清究竟是誰建造了這座眾神之城，也不能確定它是如何建造的。人們不知道特奧蒂瓦坎人從哪裡來，又去了什麼地方。

至今，人們對特奧蒂瓦坎古城的居民種族來源還是找不到絲毫線索。十九世紀，當考古學家挖掘出了這座古城遺跡的一小部分時，把它當作托爾特克人的城市。不過，後來的研究結果顯示，托爾特克人的歷史始於西元十世紀後半期，而那時的特奧蒂瓦坎早已成了廢墟，而且托爾特克人的首府在更北的圖拉一帶。

我們不僅不知道這個「眾神之城」是誰建造的，甚至也無法說清這座古城的建造年代。

一般學者認為，埃及的吉薩大金字塔大約是在四五〇〇年前興建的。對於特奧蒂瓦坎城建立的年代，學界卻沒有一致的看法。學者大多認為，這座城市興盛於西元前一百年年到西元六百年之間；最近，在考古學家利用碳十四對古城內的灰燼和木塊進行測定的過程中，有人認為整座古城的歷史年代，應比目前斷定的還要早幾百年；也有人認為，特奧蒂瓦坎城的崛起，時間應該更早，約在西元前一五〇〇年到前一〇〇〇年之間。還有的學者根據地質資料，將特奧蒂瓦坎建城日期推到西元前四〇〇〇年之前。

特奧蒂瓦坎建築的宏偉、巨大和它建造年代的久遠，都遠遠超出了人們的想像。而它莫名其妙的衰亡，更是令人無法理解。這座神祕的「眾神之城」留給後世一個巨大的問號。

圖為寬敞的黃泉大道，北端的盡頭是月亮金字塔，左邊是太陽金字塔，大道兩旁還有100座小型的宗教建築物。黃泉大道這個名稱是阿茲提克人所取，因為當他們初到此地時誤以為兩旁的宗教建築物都是墳墓。

2.通往新世界的天路指標？

阿茲提克人把特奧蒂瓦坎的建造者稱為「偉大的工匠」。根據阿茲提克人文字記載的解釋，這些「偉大的工匠」建立眾神之城是為了紀念「第五個太陽」，或者說是紀念世界的第五次復興。阿茲提克人，太陽從特奧蒂瓦坎升起，徐徐升到宇宙的中心。而那座屹立城中心的太陽金字塔就是通往新世界的天路指標。

經過一百多年的挖掘，考古學家把特奧蒂瓦坎崛起、興盛以至衰亡的過程大致分為六個時期。

西元前八百年左右，這一地區即有人類聚居。西元前二百年，在特奧蒂瓦坎的山谷裡大概只有些小村落，他們分布在各自獨立的村落裡。西元二百年左右，特奧蒂瓦坎已經有居民五萬多人，他們建造了中美洲第一座城市。這一時期的主要建築有太陽金字塔、黃泉大道及其兩側的二十餘座建築，並開始了第一座月亮金字塔的建造。此後，又修造了奎紮爾科特廟，太陽金字塔神廟、月亮金字塔的塔前附屬建築。西元五到六世紀為特奧蒂瓦坎的巔峰時期，人口增加到二十萬左右，城市發展達到鼎盛，西元六五○年到七五○年，這座城市突然衰落並被遺棄。

我們都知道，許多的古代城市大都是自然形成的，即使是像羅馬或長安那樣舉世聞名的大都市，也處處可以看見雜亂無章與城市布局不合理之處，然而特奧蒂瓦坎的建築卻處處經過精心設計，全城採取網格布局，構成一個巨大的幾何形圖案，整座城市氣勢磅礴、規模巨大、中心突出。

該城的布局特點是：主要建築沿城市軸線黃泉大道布置；各建築群內部對稱；形體簡單的建築立於基座之上；以五十七公尺為城市的統一模數；居住建築內部有庭院採光通風。

特奧蒂瓦坎建築的主要代表是太陽金字塔建築群，包括月亮金

字塔及羽蛇神廟，都保存至今。中心廣場上兩條大道垂直相交，三公里長、四十公尺寬的黃泉大道縱貫南北，兩旁的建築錯落有致，街道的坡度巧妙地設定爲三十公尺，在三公里的街道上，每隔若干公尺即建六級臺階和一處平臺。這樣，從北向南望去，臺階隱沒在坡度差之中，看上去是一條筆直的街道；而從南向北望去，街道上的臺階與三公里外月亮金字塔的臺階融爲一體，沒有盡頭，給人直逼雲霄之感。從設計到施工，每一處臺階和平臺的尺寸及間隔都要經過精確的計算，不能有任何偏差，即使是使用了先進儀器的現代城市建設也很難做到這一點，還處在石器時代的特奧蒂瓦坎建設者又是怎樣做到的呢？

需要說明的是，「黃泉大道」這個名字也是阿茲提克人取的，他們以爲街道兩旁的建築是諸神的墳墓，其實並非如此。

黃泉大道東面是太陽金字塔，塔高六十五公尺，底部面積爲二二二乘以二六五公尺，它的體積要比舉世聞名的埃及胡夫金字塔更大。更令人驚訝的是，它的底邊周長與塔的高度比爲 4π，而埃及大金字塔的底邊周長與塔高之比爲 2π。這裡 π 的使用，不僅表現了其建造者高深的數學智慧，而且使人想到這兩座遠古時代偉大建築設計者的某種相通之處。它們是來自於同一種遠古智慧的傳承嗎？塔的設計採取了古代印第安人視爲神聖符號的五點形，即在正方形四角各置放一點，而把第五點放在代表生命的中心，使所有相互對立的力量在此合而爲一。因此有人認爲，太陽金字塔的建造是代表宇宙的中心。在阿茲提克人的傳記中，也有「太陽從特奧蒂瓦坎升起，徐徐升到宇宙的中心」的說法。

每年的五月十九日中午和七月二十五日中午，太陽就會到達頭頂上。同時，金字塔的西面也會準確地朝向日落的位置。而每當春分和秋分時節（三月二十一日和九月二十二日）這兩天，陽光從南往北移動，在中午時金字塔西南的最下一層會出現一道筆直而逐漸擴散的陰影。從完全的陰暗到陽光普照，所花的時間不多不少總是六十六・六秒。有人曾在春分那一天，在太陽金字塔頂上向南眺望，太陽在一塊標有記號的石頭下墜入地平線，分毫不差。

太陽金字塔和月亮金字塔都用沙石泥土壘砌而成，表面覆蓋石板，再畫上繁複豔麗的壁畫。經考古學家鑑定，太陽金字塔大約完成於西元二世紀，其總體積約爲一百多萬立方公尺。但它始建於什麼年代，卻無人知曉。

可以說，特奧蒂瓦坎所有的建築物，包括宮殿和民房，都與太陽金字塔的方向一致，坐東朝南，表示太陽在天上的運行軌跡。它告訴我們，這座城市的建造者擁有豐富的天文學、數學和測量學知識，並應用於建造金字塔。

月亮金字塔位於黃泉大道北端，與太陽金字塔形狀相似，但規模較小，塔基長一百五十公尺，寬一百二十公尺，塔高四十三公尺，是祭祀月亮神的地方。據記載，當時這兩座金字塔金碧輝煌，塔內分別供奉著太陽神和月亮神，當太陽從東方升起照在鑲嵌著金銀飾片的神像上時，便放射出神聖的光輝。

在太陽金字塔不遠處，人們發現了一處地窖。地窖內有許多石頭房子，在這些屋頂和牆壁上，都鋪設著一層十五公分厚的雲母，不難發現，這些雲母是被細心、有意地鋪設。當初的興建者，顯然對雲母有著特別的需求。專家們對這些雲母層的作用說法不一，有人認為是為了產生絕緣作用，有人則認為是陽光反射器。地質學家們鑑定後確定，特奧蒂瓦坎的這些雲母來自莫斯科。古代的特奧蒂瓦坎人是如何知道雲母的性質和產地，又如何千里迢迢跑到遙遠的東歐把它們運到這裡來呢？

◁ 從太陽金字塔遠眺，特奧蒂瓦坎廢墟直伸往天際，給人參天的感覺。雖然這座世界最神祕的聖城還有大部分至今仍然被埋在土中，但基本輪廓仍然清晰可見。如今，雖然考古學家知道這座城市的建造異常精確，但卻不知道是誰建造的。

3.玄妙的羽蛇廟，華美的鳥蝶宮

沿黃泉大道南行，大道的另一端終點是古城第三座紀念性大建築物——城堡。城堡內有神廟、住宅、凹陷的廣場及其周圍的十五座金字塔式平臺，顯然是舉行宗教儀式的地方，著名的奎紮爾科特神廟就坐落在廣場中心。

其實，所謂的「奎紮爾科特神廟」，是後來考古學家為這座建築取的名字。「奎紮爾科特」即阿茲提克語中的「羽蛇之神」，而這座建築物最鮮明的特徵是西面牆上的羽蛇頭像，為了凸顯這些羽蛇頭像，就為它取名為「奎紮爾科特神廟」。

羽蛇是印第安人崇拜的神話動物，因為身體是蛇，但長著克沙爾鳥羽毛而得名。但在印第安人的古代傳說中，奎紮爾科特又是一個來自遙遠太空的神靈，據說祂身穿白袍，長著長鬍子，降臨在特

奧蒂瓦坎，向人們傳授各種知識和律法。祂教會人們這些知識之後，就坐上一艘飛船，返回神祕的星空去了。印第安人相信，將來祂還會重新回來。

有人認為，特奧蒂瓦坎整個城市的建立，可能是為了讚美羽蛇神創造了一個天地聯繫更密切的新世界。根據阿茲提克人的納瓦特爾文字記載，羽蛇神的原文由兩個詞拼合而成。一個是鳥名，表示上天和精神活力，一個本義是「蛇」，表示大地和物質力量。羽蛇神是一個代表宇宙的創造，說明天地交會、精神與物質融合的象徵。

人們猜測，正如當初的阿茲提克人把這座古城命名為「特奧蒂瓦坎」的想法一樣，阿茲提克人也許相信，那些建築特奧蒂瓦坎的人以及生活在這個城市的人，都相信知道自己在宇宙間的明確任務、自己的來源以及死後升天的命運。

羽蛇神廟是城堡內最雄偉壯觀的建築，可是它早已倒塌，只剩下神廟的底座——一座六層造型優美的稜錐形建築，但僅僅這一個底座的豪華精美和雍容華貴就已使專家們驚歎不已，它的每一層都有眾多的羽蛇頭像和雨神頭像石雕間隔排列，據說每個重達四○六四公斤。蛇身是淺浮雕，蜿蜒在石板上。雕刻風格粗獷，形象栩栩如生，其工藝的精緻就像一個模子鑄出來的一

▷ 羽蛇神廟是城堡內最雄偉壯觀的建築，基上還刻著許多精美的圖案和怪異的象形文字，該文字至今仍未破譯。

樣，使人無法相信這些是僅僅靠使用石製工具加工的產品。廟基上還刻著許多精美的圖案和怪異的象形文字，但至今學者們仍然無法譯解那些象形文字的意義。

很久以來，人們一直以爲羽蛇神廟是座單純的宗教建築。然而，一九八○年代對這座建築物的考古發現，改變了人們的想法。有人認爲，它也許是特奧蒂瓦坎的強大軍事祭祀中心。

當時墨西哥國家人類學與歷史學研究所在對其進行多次挖掘時發現，建築物的下方和前面有墓坑，這些墓坑裡共葬有一百多人。這些人好像是爲了獻祭活動而死，死者都穿著相似的士兵服裝，屍體被堆在多個墓穴裡，扭曲著身體，雙手被捆綁在身後，其中有的佩戴一串串類似人牙的貝殼項鍊，其後腰處則有用黃鐵礦石裝飾的圓石板。人們發現，幾個世紀之後的阿茲提克士兵們也佩戴這種用黃鐵礦石裝飾的圓石板。

月亮廣場以西，聳立著古城最豪華的建築——「鳥蝶宮」，此宮從前是祭師的住所。宮殿裡的壁畫完整無損，保持著原來的鮮豔色彩。中央大廳的圓柱上刻著蝶翅鳥身的浮雕。兩邊圓柱上雕刻著一隻美麗飛鳥，雙翅齊展，彷彿迎面飛來。鳥蝶宮的住房結構典型地反映出當時特奧蒂瓦坎城的建築特點：每幢房子都是四方形，正對東南西北四個方向，房子中間都有一個四方形的天井。

鳥蝶宮下面還挖掘出另一座廟宇，是迄今發現特奧蒂瓦坎城中最古老的建築，稱爲「羽螺廟」，其牆上畫有許多用美麗羽毛裝飾的海螺。在離羽螺廟不遠的地方，是「美洲豹宮」，它的門口牆上畫著兩隻蹲在地上的美洲豹。美洲豹頭飾羽毛，虎視眈眈，前爪握著一個海螺，放在嘴邊吹奏。

有人認爲，特奧蒂瓦坎的正統藝術，除了發揮裝飾功用以外，同時還想表達出一套有關宇宙創造的宗教信仰。很可惜，現代學者還無法解譯那些象形文字的意義，所以，對在古城中發現的幾百幅

壁畫，還是感到無法理解。目前能夠肯定的是，這些壁畫的設計和製作過程，肯定花費了驚人的精力，但對於他們的意義，我們的所知依然有限。

城內有一座叫作特勒米密勞蓬的住宅，其中至少有一百七十五個房間，分別圍住二十一個天井和五個大院。考古學家在挖掘這些住宅時，時常在天井或房間的地面上發現一些小圓坑，直徑和深度都是一碼左右。這是一些墳墓，裡面還保留著骸骨。有些燒得半焦，有些洗得很乾淨，有些不按人骨的原型，另行排列。

4.歷史名城為何突然衰落？

也有人把特奧蒂瓦坎稱為「陶工之都」。特奧蒂瓦坎古城的主要經濟活動是手工業，其手工藝品美觀大方，富有超凡的想像力。鼎盛時期的特奧蒂瓦坎城已不僅是個宗教首府，同時也是一個朝氣蓬勃的製陶工業中心，出產大量陶罐、火盆等各類陶器，以品質純美、花樣繁多著稱。此外又用模子製造成千上萬的小塑像，使用浮雕、直接上色和類似景泰藍的琺瑯彩釉等不同製作方法。特奧蒂瓦坎最具特色的產品是鼎狀陶罐，有三隻扁足，罐口有蓋。他們的這種陶器手工業，使中美洲各地的貿易廣泛發展起來。同時，該城的農業也有相當水準，能修築梯田，挖渠灌溉，種植玉米、番茄、南瓜、可可、棉花和煙草等作物。由於城市日益繁榮，商業也隨之發展起來。外地的棉花、紡織品、玉石、朱砂和黑曜石等商品在市場上隨處可以買到。有人認為，特奧蒂瓦坎壟斷了黑曜石製品的生產和買賣。黑曜石是一種火山岩石，很像綠色或黑色的玻璃，硬度很高，可以作為武器使用。對當時的中美洲人來說，黑曜石就像現代人的鋼鐵。

然而，這樣一個生氣勃勃、繁榮富足的名城，為什麼會慘遭廢棄，突然衰亡了呢？

千年時光的流逝，並未能驅散籠罩在特奧蒂瓦坎上的神祕和懸念，面對著重重迷霧，最簡單的一種說法是遭到了外敵入侵。但是，特奧蒂瓦坎的社會發展水準——諸如組織能力、科學技術、經濟實力等方面，都遠遠領先當時美洲的其他民族。如果說這樣一種文明會被某些尚

◁ 彩色的赤陶面具，具有明顯的宗教風格。

△ 特奧蒂瓦坎時期的小雕像。

△ 特奧蒂瓦坎時期的鼎狀陶罐。

未開化的原始民族入侵而衰亡，那實在令人難以置信。

另一些考古學家勘察了一些遺跡後認為，特奧蒂瓦坎後期曾發生過大火災，有些大火好像還有人為的痕跡。他們相信，火災就是這座古城衰落的原因。那麼，縱火者是誰？為什麼？是敵對的入侵者，還是特奧蒂瓦坎人自己？

還有人認為，特奧蒂瓦坎的衰亡是內部鬥爭所引起。但是從內亂到崩潰、衰亡，總要先引起整個社會內部的巨變和陣痛，總要有一個從量變到質變的時間和過程，絕對沒有一下子就衰亡的道理。還有，特奧蒂瓦坎衰亡後，那麼多卓越非凡的智者、菁英、能工巧匠以及幾十萬的居民都到哪裡去了呢？如果說他們融入周圍其他民族中，那他們掌握的高度科學技術，怎麼也隨之消失得無影無蹤了呢？

隨著特奧蒂瓦坎挖掘和研究的不斷深入，使得考古學家們陷入更多的謎團，變得越來越迷茫。其中眾多的證據都可以使人得出互相矛盾的結論。倒是最先見到特奧蒂瓦坎遺址的阿茲提克人說得最簡明而又清楚：「神建造了特奧蒂瓦坎，又離開了特奧蒂瓦坎。」

真的嗎？我們期待著正確的答案……

45 墨西哥｜奇琴伊察古城遺址
羽蛇神的故鄉

英文名　Pre-hispanic City of Chichen-Itza
所在地　距墨西哥尤卡坦州首府梅里達100多公里處

1.羽蛇神的故鄉

　　奇琴伊察古城遺址，位於墨西哥東南部的尤卡坦州，離尤卡坦首府梅里達一百多公里。它被認爲是「瑪雅—托爾特克時代」最重要的城市，現存數百座古代建築物，是尤卡坦半島上最大的瑪雅文化遺址，有「羽蛇神的故鄉」之稱。一九八八年聯合國教科文組織將其定爲文化遺產，列入《世界遺產名錄》。

　　學者一般認爲，西元前三百年，可稱爲瑪雅文明的形成期。在其後的六百多年間，瑪雅文明達到了登峰造極的境界，直到西元九世紀後期才

▷ 托爾特克人精美的建築雕刻。

一蹶不振。有人認爲，瑪雅人最後刻在建築物上的日期，可能就是當地開始衰落的時間。科潘所刻的最後年代爲八三〇年、帕倫克八三五年、蒂卡爾八八九年、烏斯瑪爾九〇九年。

　　然而在奇琴伊察，有些考古學家卻發現，自九八七年開始，有個來自墨西哥中部高原叫作托爾特克的部落，征服了這裡並隨即在當地定居下來。而當地的瑪雅人雖然戰敗，但很快就以文化的力量吸收了他們的征服者，結果托爾特克和瑪雅兩種文化融合在一起，形成了一種混合型的文化。這使瑪雅文明在中美洲這個角落再次發揚光大，又存在了兩個世紀才告衰亡。

　　需要說明的是，關於托爾特克人究竟是否征服過奇琴伊察，歷史學家們對此的看法也不一致。

　　西元六世紀和七世紀，在現今稱爲墨西哥的北部和中部高地聚居著一些游牧部落。西元七〇〇年左右，這些部落有些定居在距今墨西哥城以北大約七十公里的一個村落周圍，他們後來被稱爲「托爾特克人」。這個村落逐漸發展成了小鎮，隨後又發展成大城市，名叫「托蘭」，意思是「蘆葦之地」。今天，人們提到這座古城的時侯，把它叫作「圖拉」。在西元九〇〇年到一〇〇〇年期間，圖拉曾經是托爾特克帝國的首府。

　　對考古學家來說，托爾特克帝國依然蒙著神祕的面紗，我們對它的規模和組織瞭解得比較少。但考古發現，對托爾特克人來說，偉大的羽蛇神「奎

紮爾科特」非常重要，祂被尊爲大地的兒子，許多托爾特克人的君主也把自己比做這位神祇的化身。因此祂的形象大量出現在圖拉。

「奇琴伊察」在瑪雅語裡是「伊察人的井口」之意。這是因爲在距離奇琴伊察城不遠的地方，有兩個天然泉瀑布，早在五或六世紀時，伊察人就在靠近兩口泉水的地方定居，從此這裡就叫奇琴伊察。他們用其中一個水井的水灌溉農田和飲用，而把另一個奉爲「聖井」，用來祭祀雨神。

距奇琴伊察遺址約五平方公里，散布著金字塔式的神廟、千柱廳、天文觀象臺、球場、堡壘等數百座瑪雅人建造的建築物，其中最著名的建築是建於西元九八七年的庫庫爾坎金字塔和武士神廟。

庫庫爾坎金字塔是爲了祭祀奇琴伊察主神「庫庫爾坎」而得名。在瑪雅人的傳說中，庫庫爾坎神被認爲是他們遠古時代的教誨者，傳說曾教導人們天文、數學和工藝，並制定和頒布了法律。當瑪雅人獲得了知識並建立起國家之後，庫庫爾坎神登上蛇變成的飛船，回到了天外的故鄉。

庫庫爾坎金字塔由塔身和神廟兩部分組成，塔高三十公尺，塔底面爲正方形，四方對稱，底大上小，四邊稜角分明。台基每邊長五十五‧五公尺，共九層，向上逐漸縮小至梯形平臺，上有高六公尺的方形神廟。塔的四面各有九十一級臺階，四面共有三百六十四級，加上最上層的平臺，正好是一年的天數。塔的每個側面都整齊排列著五十二塊雕刻的石板，「五十二」這個數字也正對應著瑪雅人的曆法週期。

庫庫爾坎金字塔不僅是神廟，還是天文台，可以觀測太陽、月球、金星的運行角度。

「庫庫爾坎」在瑪雅語中意為「帶羽毛的蛇」，即「羽蛇神」。正因如此，瑪雅人許多建築物的周圍均飾有這種帶羽毛的蛇。在庫庫爾坎金字塔底部也刻有披著羽毛、張著大嘴的蛇頭，頭高一・四三公尺，長一・八七公尺，寬一・○七公尺，長長的舌頭從張開的嘴巴中吐出來，形象生動逼真。而蛇身則隱藏在金字塔的階梯斷面內，在每年春分（三月二十一日）和秋分（九月二十二日）時，當陽光照射在金字塔東側，人們便可以看到在金字塔的階梯兩側呈現出光和影組成的羽蛇圖案。它沿著階梯緩緩向下移動，像一條巨蛇從天而降，最後融入一片光明之中。這種「光影蛇形」的神祕奇觀，這種融天文、地理、物理和建築學為一體所造成的藝術幻覺，至今令人驚歎。它不僅充分顯示了瑪雅人的宗教感情，也顯示出瑪雅古建築的曆法意義。

▷ 庫庫爾坎金字塔底部刻有披著羽毛、張著大嘴的蛇頭。

一九六八年，一批科學家企圖測試這座金字塔的內部結構。令人費解的是，他們在每天的同樣的時間，用同一設備對金字塔的同一部位進行X射線探測，得到的圖形竟然無一相同。

奇琴伊察的武士廟，建有一千根圓柱，被稱為「千柱廳」。比起瑪雅人早先建造的那些古城，奇琴伊察的建築雖然稍晚，但別具特色，也可以說，這座舉世聞名的武士廟是當時世界上最前衛的傑作。該廟建於西元十一世紀，以內部占地廣闊著稱。穹窿形的石房頂用木楣支持，木楣則置放在石柱之上。現在，房頂和木楣都已不見，只有石柱和石牆仍然留存。武士廟刻有極其豐富的浮雕裝飾，大門上有兩根纖細的蛇形柱，蛇頭雕刻精美，兩邊牆面雕有龍頭蛇身的浮雕，梯道兩邊的頂端立有武士小雕像，在從武士廟中通到聖殿的階梯頂上，有座稱為「恰克莫爾」的人像。考古發現，托爾特克人在尤卡坦半島上留下許多這種石刻人像。而當時奇琴伊察的祭師可能把活人祭品的心臟擺在這個斜倚的人像上。

▷ 奇琴伊察的武士廟，建有1000根圓柱。

骷髏平臺位於武士神廟的東側，是長六十公尺、寬十五公尺的建築，其側壁上刻滿骷髏，可能是陳列被獻祭者首級之處。

奇琴伊察的祭師可能把活人祭品的心臟擺在這個稱為「恰克莫爾」的斜倚人像上。這個人像設立於武士廟中，在通往聖殿的階梯頂上。

奇琴伊察的球場非常壯觀。巨大的球場有著兩堵長八十三公尺、高八·二公尺的平行牆。兩牆中間相隔二十七公尺，球場的兩端分別建有廟宇。球場競賽究竟具有何種宗教意義，至今仍是個謎，但牆上浮雕顯示著一些被砍了頭的競技者，這說明比賽往往是以一方的死亡告終。

瑪雅人對雨神極為崇拜，每到春季都要舉行盛大的祭獻儀式。每當祭獻的日子，國王都要將挑選出來的一名十四歲的美麗少女投入這口通往「雨神宮殿」的聖井，派她去做雨神的新娘子，向雨神乞求風調雨順。在獻美女的同時，祭司和貴族們也把各種黃金珠寶投入聖井，以示誠意。

在瑪雅人突然消失得無影無蹤之後，傳說中這口聚集著巨大寶藏的聖井也漸漸被荒野叢林所湮沒。

十九世紀，有個名叫湯普遜的美國人試圖尋找這口聖井，他在這座羽蛇神廟發現了一處神祕的人造洞穴（有人猜測是座鮮為人知的神廟）。據說，有次湯普遜在聖井旁的神廟中巡視時，無意中發現神廟地板中間的一塊大石板敲打時有空洞聲。他將石板撬開，發現下面是一個寬敞的地下室，室中有一個大石墩。他使勁將石墩挪開，下面露出一個巨大的洞口，洞裡有條四公尺長的巨蛇盤繞在一個正方形的石室中間。湯普森打死了巨蛇，然後跳進洞裡。他發現，洞裡的地板上還有兩具被大蛇咬死的人類屍體。死人的骨骸下面還鋪著一塊大石板。他把石板撬開，下面又是一個豎洞。就這樣湯普遜一連撬開了五塊石板。當他撬開第五塊石板時，下面露出一條鑿在岩石上的階梯。從階梯一直走下去，就通向一間人工鑿出來的石頭房子，階梯和房子裡到處都是木炭，湯普遜把這些東西清理乾淨後，發現地板上蓋著一塊非常大的石板，他憑藉著全身的力氣把石板挪開，結果下面又露出一個大約十五公尺深的豎洞，豎洞的地板上有無數用玉石和寶石雕刻的花瓶，用珍珠製成的項鍊和手鍊。

一九〇三年，湯普遜把神廟中發現的寶藏公諸於世，他雖然找到了離聖井不遠處的這個人造洞穴，也發現了一些洞中隱藏的珍寶，卻並未找到真正的瑪雅聖井。

不過，需要說明的是，奇琴伊察的庫庫爾坎金字塔、武士廟和天文臺至今巍然屹立，但對考古學家來說，瑪雅聖井卻依然「深」不可測。

2.高不可測的天文臺

瑪雅人對天文學有著狂熱的愛好和深刻的造詣。他們建於奇琴伊察的天文觀象臺是世界上最早的天文臺。

奇琴伊察的天文觀象臺是瑪雅建築中極為重要的一座建築物。這座圓塔過去是瑪雅人的天文臺，塔高十二·五公尺，天文臺建在兩層高大平臺之上，高臺上面的臺階位置是經過精心計算後才決定的，與重要的天象相配合。臺階和階梯平臺的數目分別代表了一年的天數和月數。五十二塊雕刻石板象徵著瑪雅曆法中五十二年為一輪。這座建築物的方向定位也顯然經過精心考慮，其階梯朝著正北、正南、正東和正西。塔內有一道螺旋形樓梯直接通到位於塔廟的觀測室，室中有一些位置準確的觀察孔，供天文學家向外觀測，可以十分準確地算出星辰的角度。

雖然我們今天看到的只是瑪雅人的天文臺殘跡，但近代考古學家仍然可以核對瑪雅人的計算結果。瑪雅人測量的偏差角度，最多只有兩度，而事實

這是坐落在奇琴伊察的一座圓塔，過去是瑪雅人的天文臺。

上偏差通常不超過○‧○○五度。如此準確的成就並不靠觀測儀器，對於古代人來說，怎麼可能呢？

　　隨著對這座天文臺和庫庫爾坎金字塔的深入研究，人們對瑪雅人的曆法和天文知識也越來越感到迷惑不解。人們發現，自古埃及以後，世界上沒有一個民族比瑪雅人更為時間這個問題所困擾了。

　　那麼瑪雅人的曆法又是怎樣的呢？

　　瑪雅人的曆法是古代各民族中最精確的。瑪雅人的曆法究竟精確到什麼程度呢？他們把一年分為十八個月，每個月二十天，年終加上五天禁忌日，共三百六十五天。他們測算的地球年為三六五‧二四二○天，而現代人的準確計算為三六五‧二四二二天，誤差為○‧○○○二天（即二十四‧四八秒），也就是說五千年的誤差才僅僅一天。

　　瑪雅人用一套非常複雜的方法來記錄重要事件的日期。這套方法以三種不同的計時法為基礎：除了使用陽曆之外，他們還有金星曆和佐爾金曆。他們計算出金星曆年為五百八十四天，而現代人測算的金星曆年為五八三‧九二天，兩者差別每天只有十二秒。至於佐爾金曆更是一種特殊的宗教曆法，這種曆法一年分為十三個月，每月二十天，每年共二百六十天。這種曆法從何而來，實在令人不解。因為這種計年法不是以地球上所能觀察到的任何一種天體運行為依據。前蘇聯學者卡紮切夫等人認為，佐爾金年曆法是瑪雅人的祖先依據另一個至今我們尚不知道的星球運行規律制定的。

　　在著名的瑪雅古籍《德雷斯頓古抄本》中，有十一頁手稿的

▷ 走進瑪雅天文臺，會發現它經過精心計算建造而成，與重要的天象相配合。塔內有一道螺旋形樓梯直接通到位於塔廟的觀測室，室中有一些位置準確的觀察孔，供天文學家向外觀測。

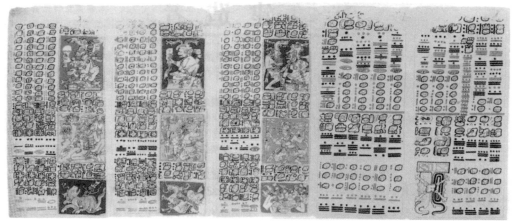

▷ 1810年首次發表的古代瑪雅人德雷斯頓五頁抄本。

內容是關於金星運動的軌跡的，有兩頁手稿是關於火星軌道，四頁是關於木星軌道，其他部分涉及土星、北極星的運動規律，還有一張獵戶座、雙子座和昂星團的星圖。瑪雅人也瞭解單憑肉眼無法看見的天王星和海王星，這兩顆行星是現代人在十九世紀依靠高倍數天文望遠鏡才發現的，但瑪雅人卻不可能有這樣的望遠鏡。人們不禁想問，他們是怎麼得到有關這兩顆行星的知識呢？

▷ 瑪雅人精細的天文表，圖為德雷斯頓古抄本，其中的點、畫符號，都是他們的算術符號。

對研究瑪雅曆法的考古學家來說，最難解的謎團就是瑪雅人彼此的時間不相合，即如何把瑪雅年代與西元年代對照起來。瑪雅的建築師以一個日期作為計算起點，在大多數建築物上記下天數，註明落成的日期。計算這些天數的紀錄我們現代人都能看得懂，因為表示數目和日子的瑪雅文字已解譯出來了。所以一個記載瑪雅歷史大事的年表可以準確地編出來。可是，怎樣把這些大事與我們自己的歷史對照起來?怎麼把瑪雅人在數學、天文和曆法與他們的實際生活聯繫起來？

▷ 這是一個圓柱形陶瓶上繪製的古瑪雅文字。

天文和曆法，都需要大量的計算，瑪雅人的數學知識也同樣非常驚人。他們是世界上最早掌握「０」這個數字觀念的民族，至少在西元前四

世紀已運用了「0」的概念，這比中國人和歐洲人都要早八百年至一千年。世界上大多數民族採取十進位計算法，而瑪雅人卻採獨特的二十進位計數法。他們使用一種由「1」「‧」和「0」組成的數位記號。瑪雅人最大的計時單位叫「亞托屯」，一亞托屯等於六千四百萬年。在瑪雅人的數學和曆法中，處處充滿了這樣龐大的天文數字。對現代人來說，這樣的數字只有在星際航行和測量天體距離時才用得到。而古代的瑪雅人刀耕火種，用可可豆為媒介以物易物，這樣的數學演算他們用得著嗎？

有位研究瑪雅文明的專家寫道：「在瑪雅人的思維中，瑪雅人的思維一步一步邁向地老天荒，時間進行的路線一直延伸到遠古的時代──融入千年期，千年期融入萬年世，最後到遠古人類的心靈無法想像和理解的永恆深處。」在瑪雅人的一塊石碑上，他們計算出九千多萬年前的日期。而這些都是實際的演算，精確地標明日月的位置。面對著瑪雅人的天文數字，現代人無法不感到茫然。

人們在驚訝於瑪雅人所掌握的天文與曆法知識的同時，又不禁會產生這樣的疑問：這樣高深的天文與曆法知識是如何獲得的？其用途又何在？瑪雅人的曆法可以維持到四億年之後，而瑪雅人存在的時期尚未達到六千年，因此他們甚至無法確認他們的曆法計算能否經受住時間的考驗。很明顯，這些知識已經遠遠超過了瑪雅人的實際需要，而變得令人不可思議。

瑪雅文化的突發性，遠遠超越實際需要的非實用性以及在不同領域發展程度的懸殊性，使人百思不得其解。在那個全世界各民族都處於蒙昧的年代，又有誰能掌握這些高深的知識呢？而當年奇琴伊察天文臺上的瑪雅祭司們，在那高高的圓塔之上，在眺望著遙遠的星辰時，心裡到底想著什麼呢？

46

墨西哥 | 埃爾塔欣古城

世界上最獨特的「壁龕金字塔」

英文名　El-Tajin, Pre-hispanic City
所在地　墨西哥中部的維拉克魯斯州，距首都墨西哥城東北約200公里

埃爾塔欣古城位於墨西哥中部的維拉克魯斯州，距首都墨西哥城東北約兩百公里。古城由雄偉宏大的中心廣場和金字塔組成，其中最著名的金字塔被稱爲「壁龕金字塔」。埃爾塔欣遺跡在藝術和建築價值上都獨具特色。一九九二年聯合國教科文組織將其定爲文化遺產，列入《世界遺產名錄》。

在中美洲的熱帶森林和灌木林中，矗立著成千上萬座金字塔，透過考古學家多年的努力，那些纏繞在金字塔周圍的灌木叢大多已被清除，有的已被揭開其籠罩千年的面紗。不過還有許多的金字塔掩藏在周圍的野草和灌木叢中，從遠處遙望，它們看似不起眼的山丘和土墩，默默無語地沉睡於地下，偶然露出的石頭雕像也正一片片的崩裂和脫落，無人問津，所以有人認爲，在整個墨西哥境內，大約還有十萬座尙未挖掘的金字塔。

▷ 舉世聞名的「壁龕金字塔」，金字塔基底呈方形，共有7層，7層塔身內含365個方形壁龕，正是太陽曆中一年的天數。

比起那些被湮沒的古城來說，埃爾塔欣古城算是比較幸運的，如同其他的古代遺跡，這座古城的周圍，到處是一望無際的莽莽林海，所以該城遺跡直到十八世紀末期才被人們發現。迄今爲止，該城大約百分之五十的建築已被挖掘出土，在兩英里見方的土地上還發現了一系列廣場、宮殿和行政建築。

研究顯示，作爲維拉克魯斯地區的最大和最重要的城市，該城爲古代印第安人遺跡，約起源於西元一世紀，在西元三〇〇年到六〇〇年間已經初具規模，西元九〇〇年左右它迅速擴張，盛極一時，是當時宗教、藝術、建築和工程等方面的中心。但在西元九〇〇到一一〇〇年之間，最大的建築落成不久，隨即又被毀於一旦。埃爾塔欣古城作爲當時重要的城市中心，對其周邊地區有著極其深遠的影響。 如今，這座城市由托唐納克人掌管，托唐納克人依舊十分謹慎地保守著有關這座城市的祕密。

在印第安語中，埃爾塔欣是「雷電」或「暴風」之意。古城遺址坐落在

△ 埃爾塔欣城內氣勢磅礴的金字塔。

維拉克魯斯州北部帕潘特拉鎮附近的一個傾斜山坡上。需要指出的是，該城名字的由來是因現代的托唐納克人認為統稱為「塔希」的十二位掌管風雷雲電的神人住在這裡。據此也有人認為，這座古城可能在當初修建時，是用來供奉神的宗教城市。

埃爾塔欣的建築以其獨具特色的斜坡以及帶簷口的建築群成為中美洲建築史上的紀念碑。在現今的維拉克魯斯地區，在托唐納克人居住的原始森林中，矗立著世界上最獨特的古代建築——壁龕金字塔。

壁龕金字塔建造在方形塔基上，在一望無際的熱帶森林中，氣勢磅礴，猶如托天之塔。更為玄妙的是，這座金字塔是帶龕的金字塔，塔基呈方形，每邊長約二十七公尺，高約八十英尺，共為七層，最上層已經毀損，每層排列著方形龕，在不同的光線照射下產生奇妙的變化。七層塔身共有三百六十五個方形壁龕。三百六十五這個數字是太陽曆中一年的天數，每個壁龕代表每年中的一天，金字塔正面有一條寬大的階梯通至塔頂。金字塔各層被布置得像樓房的走廊，上邊是寬厚的飛簷，下邊是凹進去的神龕，飛簷凸出在凹進去的神龕上，產生出不可思議的明暗對比效果。據推斷，壁龕金字塔具有祭祀和曆法意義。這麼高深莫測的天文曆法知識，在設計和建造中的精確和發達程度當之無愧地被人們視為人類天文史上的輝煌傑作。在壁龕金字塔上還可以看到殘留的紅、藍及黑色痕跡，這裡的許多金字塔大多曾經抹上這樣一層色彩豔麗的灰泥。

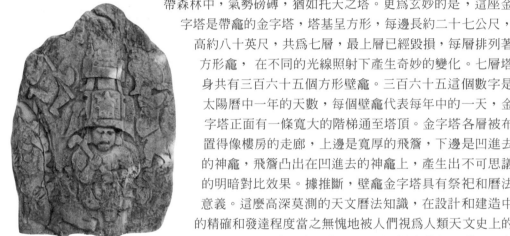

↗ 奧爾梅克的「帝王碑」

在埃爾塔欣城北邊，有一塊由數十座金字塔和宮室組成的建築群，其中有一座金字塔高達四十五公尺，塔前立著幾根直徑達一公尺以上的石柱，石柱上刻有表現人們工作場景的浮雕。

在埃爾塔欣古城遺址已經發現了十七個球場，南球場是其中最大、最美的一座。南球場石壁上的浮雕十分獨特，浮雕繪製的內容是一個祭司正在用刀剖開一個人的胸膛，場面殘酷怪誕。祭司的頭飾圖案十分複雜，身邊堆滿了奇形怪狀的羽毛等。

考古表示，維拉克魯斯州沿海在中美洲歷史上扮演了極為重要的角色。而對考古學家來說，維拉克魯斯這一地區，好像從來就是

個存藏著無數謎團之地。

一九四○年，考古學家在維拉克魯斯和塔巴斯科兩州的熱帶森林裡，一個名叫「特雷斯─薩波特斯」的小鎮中，挖掘出一個用玄武岩雕成的巨大人頭像。頭像高兩公尺，圓周長達六公尺，重量超過十噸。此後，在附近的聖洛倫索、拉文塔等地，陸續發現了十六尊這類的巨大石雕人頭像，其中最大的一尊高達三‧三公尺，估計重達三十到四十噸。據考古學家們檢測，這些頭像大多雕刻於西元前三百年左右，最早的大約完成於西元前一千年。最奇怪的一點是，這些巨大的石像都只有腦袋，沒有身體。

是誰雕刻了這些巨大的人頭像，它們表現的又是什麼人呢？

經過考古學家、歷史學家和人類學家多年的研究，現在人們已經略微知道這是一個比瑪雅人更古老、更神祕的民族──奧爾梅克人留下的遺物。

奧爾梅克文明的發祥地位於今墨西哥的維拉克魯斯州和塔巴斯科州。「奧爾梅克」這個詞原意是「住在橡膠林中的人」，因為奧爾梅克人的主要居住中心為低窪的橡膠林。這些遺跡湮沒於熱帶林莽中已達數千年之久。雖然附近地區印第安人的傳說中也講到過這個遠古時代的奇異民族，但直到本世紀四十年代，奧爾梅克文化的部分真相才開始呈現在人們面前。而至今人們還遠遠沒有真正揭開這個古代民族的全部祕密。

根據奧爾梅克遺址的年代記載和考古學檢測，人們已經知道奧爾梅克文化是中美洲最早的文化，其全盛時期大約在西元前一千三百年至西元前五百年之間。他們最初的歷史記載可以追溯到一個早得驚人的神祕日期──西元前三一一四年八月十三日。而在西元前四世紀，在他們東南方的瑪雅人和北方的特奧蒂瓦坎人興起之前，奧爾梅克人便早已銷聲匿跡，湮沒無聞。它可以是個道地的史前民族，他們的文化比瑪雅文化更古老而神祕。

奧爾梅克文化包括三個地點：聖洛倫索文化、拉文塔文化和特雷斯‧薩波特斯文化。三個文化的發展和繁榮期有先有後，相互銜接。聖洛倫索文化最早，大約出現於西元前一千兩百年到前九百年間；其次出現的是拉文塔文化，大約在西元前九百年到前六百年；特雷斯‧薩波特斯文化出現最晚，約為西元前五百年到前一百年。在這些地方發現了大量巨石頭像。奧爾梅克人的建築、雕刻、玉石藝術都遠遠超過同時代中美洲其他文化，其藝術影響遠達墨西哥和瓜地馬拉等地。中美洲其後出現的瑪雅文明、阿茲提克文明以及其他各種文明都與奧爾梅克文明有很深的淵源，它們在社會生活、建築藝術以及其他方面都有很多相似之處，表現出很強的一致性和歷史繼承性。

奧爾梅克人在熱帶森林中建造了規模宏大的城市和宗教祭壇，建造了美

⚀ 圖為羽蛇浮雕的石碑，羽蛇是古代中美洲神話中最重要的神祇，瑪雅人稱祂為庫庫爾坎。

⚁ 從拉文塔的宗教祭祀遺址中出土的蛇紋岩小人像，具有極似中國人的面孔和打扮。

洲最早的金字塔和巨大石雕人頭像。此外，奧爾梅克人還留下了眾多的浮雕石碑。發現於拉文塔的一塊羽蛇浮雕石碑上，表現一個人坐在羽蛇圍成的圈子之中。羽蛇是古代中美洲神話中最重要的神祇，瑪雅人稱祂為庫庫爾坎，特奧蒂瓦坎人、托爾特克人和後來的阿茲提克人則稱祂為奎紮爾科特。從這幅石雕來看，應該說羽蛇崇拜是從奧爾梅克文明開頭的。但是，這個「蛇中人」的頭上為什麼戴著一個奇怪的面罩？他手裡拿的是什麼東西？至今尚不清楚。

著名的拉文塔三號石碑上，可以看出這位神祇身披長袍，從天而降，教誨民眾的情形。

令人不解的是，奧爾梅克文明雖然從年代上說是中美洲最古老的文明，但在許多方面都顯得比後來的文明要更為先進。奧爾梅克人發明了用五個圓點和一條橫線的十進位制數學符號和一整套數學計算方法。這可以說是二進位發明以前世界上最簡明的數學符號，它比我們日常使用的阿拉伯數字更簡明、直觀，也更接近電腦數學語言。依靠數學計算和天文觀測，奧爾梅克人創建了自己的曆法。同時他們也發明了一套獨特的象形文字，遺憾的是，那些銘刻在奧爾梅克石碑和器物上的象形文字至今還沒有人能夠解讀。

奧爾梅克人發明的數學和曆法為瑪雅人所繼承，但他們的文字體系卻失傳了。瑪雅人另外發明了一套象形文字，遠比奧爾梅克人的象形文字更繁複。而等到瑪雅文化在西元九世紀消失之後，整個中美洲似乎又回到了原始狀態，那些精細高深的數學、曆法和文字已全都失落在歷史的長河中了。

奧爾梅克文化的超前性和它的失落令無數學者百思不得其解，但是最困擾人們的還是奧爾梅克人的人種問題：「這些中美洲文明的啟蒙者到底是一些什麼人呢？」

最先發現奧爾梅克巨石人頭像的考古學家認為，有些人頭像似乎有些非洲人的特徵。

但也有人認為，奧爾梅克人的象形文字與中國商代的甲骨文字非常相似。在拉文塔的宗教祭祀遺址中曾出土過一批用翡翠和蛇紋岩雕成的小人像，任何一個不抱偏見的人都不難認出，那是典型的中國人面孔、中國人扮相。而西元前十五世紀中國商朝的滅亡與奧爾梅克文化的突然興起，在時間上也有著密切關係。因此他們認為，正是中國商朝的流亡者們來到中美洲，才形成了奧爾梅克文化。

還有人認為他們帶有盎格魯薩克遜人種的特徵。

白種人？黃種人？還是黑種人？奧爾梅克人究竟來自哪裡？他們的文化形成以及他們與其他民族的關係如何？

人們不得不承認，奧爾梅克文化是最難理解的古代文化之一，目前這一切還都是未知數。

所以也有人認為，可能並沒有奧爾梅克人這一支民族。還有一種觀點認為，從奧爾梅克文化遺址發現的石雕人像或工藝品中，有一部分並非出於奧爾梅克人之手，而是他們從一個更古老、曾經對古代世界發生過重要影響而已被遺忘的遠古文明繼承而來。但是，這個遠古時高度發展的文明，又是什麼樣的呢？

還有，前面我們提到的那座獨具匠心的壁龕金字塔到底建造於何時呢？

有人認為，它們大概建造於西元五世紀左右，在這一時期，在埃爾塔欣地方建造金字塔的那些神祕印第安人，到底是哪一族人呢？是阿茲提克人叫作「危險地帶民族」的托唐納克人，還是從中部高原遷徙而來的另外一個民族？答案也許就在灌木叢林底下，人們相信，那裡還掩藏著許多金字塔，也許將來的某一天，當那裡所有的金字塔重見天日之時，就是我們揭開這些謎團之日。

47

墨西哥│烏斯瑪爾古城

失落的瑪雅都城

英文名　The Pre-hispanic Town of Uxmal
所在地　墨西哥尤卡坦半島北部，梅里達以南80公里處

▷ 烏斯瑪爾遺址代表了瑪雅人藝術和建築的頂峰，其「總督府」是古代美洲建築最美麗、宏偉的代表。

　　烏斯瑪爾古城屬古代瑪雅城市遺址，位於墨西哥尤卡坦半島北部，梅里達以南八十公里處，建築區面積達六十公頃。烏斯瑪爾遺址代表了瑪雅人藝術和建築的頂峰，是古代蒲克式建築藝術的代表，被稱爲瑪雅古國三大文化中心之一。一九九六年聯合國教科文組織將其定爲文化遺產，列入《世界文化遺產名錄》。

　　烏斯瑪爾古城是尤卡坦最大的城市和宗教中心，四周被茂密的熱帶雨林所環抱，在十一世紀之前曾有兩萬五千人口。該城建於西元九八七年至一○○七年之間，西元一○○○年以後，托爾特克人入侵尤卡坦，在受到托爾特克人文化侵襲後，建設中止，一四四一年遭到廢棄。

　　西元八至十世紀，瑪雅文化達到了鼎盛。在尤卡坦最能展現瑪雅文明的，是他們那一座座超凡的宏偉建築。有人認爲，在瑪雅文明的黃金時代，只有他們才有可能建造出一種稱之爲突拱或假穹窿的屋頂，其建築方法就是把石頭切割成拱形，上面的一塊比下面的一塊懸出少許。穹窿頂的內部形狀與今天仍住在尤卡坦半島的印第安人所住的草棚內部相似。當時，在瑪雅人建造的許多建築中，都可以看到這種結構。

　　在當時的尤卡坦有三種主要的建築風格：

　　在尤卡坦半島的南部流行里奧貝克式，其特徵爲沉重的裝飾，神廟立面有時處理成一個巨大的雨神肖像，帶犬牙的嘴作爲神廟的門，兩邊有高度抽象化的眼睛和耳朵。

　　另一種爲切尼斯風格，其特徵是廟宇的正面是豐富的灰泥裝飾物，而廟宇的入口處大都有象徵神靈的大嘴，形狀比較怪異。

流行於尤卡坦半島西部的蒲克式，是瑪雅建築藝術的頂峰，這種樣式最為傑出的典型當屬烏斯瑪爾古城，其建造風格顯示出超越時代的成熟、嚴謹、理智、華麗。建築的排列有令人吃驚的現代感，長長的平石板構成建築物的平臺，寬闊的階梯通向大建築物；方形門沿牆面形成有韻律感的排列；牆上部凸出的中楣上用磚石鑲嵌成幾何紋或幾何化的美洲虎面具。

　　烏斯瑪爾古城遺址上的建築是幾個大的建築群，每一群體都是一個有機整體，通常由四座宮殿排列成方形，但建築互不連在一起，方形的四角是開放的。宮殿由成排的拱頂房間組成，設有儀式性門廊。另外，所有的建築物都放在南北中軸線上，每座建築物本身又是左右相對稱，整個布局在均衡中求變化，巍峨壯觀。

　　烏斯瑪爾古城主要的建築群有「總督府」、「魔法師金字塔」、「女修道院」等。

　　有人認為，烏斯瑪爾的「總督府」是古代美洲建築最美麗、宏偉的代表。它具有尤卡坦建築所特有的蒲克式顯著特徵，整個總督府上方有一道鑲嵌的雕帶，圍住整個府第，刻的是蒲克式圖案；它另外一個特徵就是在裝飾設計中不斷重複使用簡單的幾何圖案，這也是古瑪雅文明中大規模生產的顯著實例之一；此外，連接總督府裡的主要部分和中央樓宇的短通道，也是用假穹窿頂或突拱的形式建造，總督府的中央大廳外鋪石片，房頂也是假穹窿頂。

　　烏斯瑪爾的總督府，長九十幾公尺，高十公尺，建築在一座一百二十公尺長、九公尺寬的高臺上。作為總督府的基台，整個總督府外簷上部由一道三公尺多寬的石雕鑲嵌帶組成，這道雕帶總面積是七百五十平方碼，上面雕刻有一百五十個蛇形神的面具，都有眼、耳、角和尖齒，每個都刻得一模

▷ 這一條短通道連接烏斯瑪爾總督府裡的主要部分通道。

▷ 總督府的中央大廳用三合土建成，外鋪石片，屋頂也是假穹窿頂，光線從三道門照耀進來。

▷ 這個雙頭豹形御座後面，是烏斯瑪爾總督府的
主要部分。

▷ 著名的「魔法師金字塔」。

▷ 這座金字塔的石頭臺階極為獨特，越
往上攀登，臺階就變得越狹窄，最後
只能踏上半隻腳掌。

一樣。每個面具由十八塊建築用的石料組
成。這些面具的圖案完全一致，它們砌成一
幅鑲嵌圖案，每一方碼有三十塊，光是面具
就用了兩千七百塊上有雕刻的石料，而整個
鑲嵌帶共由二二五〇〇塊石雕拼成精心設計
的圖案，這些石塊中有一大半組成一個十字
形圖案，圖案由同樣的石塊組成。每個石塊
的體積、形狀、大小都要絕對相同，絲毫不
差。因為如果有半寸之差，拼起來的結果就
不堪設想。所以在工廠裡把石塊預先修鑿成
形的工匠，技術都達到高度水準，其生產方
法可與現代工廠媲美。

有人試想，當初這座總督府的建造者，
可能先把石頭鑿削成千萬塊相同的石料，然
後交由下一道工序，這種分工合作的多道工
序，恐怕只有在由強大統治集團領導下組織
嚴密的社會裡，才有能力完成。

令人不可思議的是，瑪雅人要用四十五
萬立方碼的建築材料，才能先築起總督府的
平臺，整個工程，需用將近一百萬噸建築材
料。而整座建築物所需用的內部填充物以及
碎石和各種設備，都要完全依靠人力背負駄
扛，考古發現，對於這麼宏偉的巨型建築，
瑪雅人在建築時竟沒有使用有輪的車。

遺址的中心聳立著「魔法師金字塔」，
根據傳說，這座金字塔是位魔術師在一夜之
間神奇地建造出來。此塔呈橢圓形，而不是
一般的正方形；底部長兩百四十英尺，寬一
百二十英尺，塔身高聳在天地之間，達一百
二十英尺，俯瞰著周圍一望無際的曠野。塔
的正面從下往上共有八十九階陡峭的石頭臺
階。從下往上，中間沒有休息平臺，也沒有
斜橋，越往上攀登，臺階就變得越狹窄，遊

客們只能踏上半隻腳掌。有些研究中美洲臺階陡度
的學者認為，因為這裡是古瑪雅人舉行宗教儀式和
獻祭的中心場所，居民在廣場上集合，可以仰視金
字塔高臺上由祭司主持的祭禮，而這些臺階也是為
祭師們特別設計的，為的是方便祭師在塔頂上把活
人當作獻祭後，易於處置屍體。臺階兩旁裝飾著華
麗的圖案，也有人把它稱為「雕刻的鑲嵌拼花圖
案」。順著臺階一直往上攀登，可來到矗立於塔頂
端的神殿，神殿只有一間廟堂，拱形屋頂用石柱支
撐。

　　從神殿居高臨下鳥瞰整座烏斯瑪爾古城遺址及
其周圍的原始森林，遊客們會感到恍如隔世，似乎
遊歷於天地之間。從神殿向東北望去，便是氣勢磅
礴的古瑪雅建築傑作「總督府」了。

　　需要說明的是，烏斯瑪爾古城遺址的「總督
府」、「魔法師金字塔」、「女修道院」等建築物名
稱，都是當初來到此地的西班牙人根據建築的外形
而取，並不代表任何建築物的實際功能。

　　比如遺址中的女修道院，其命名僅僅是源於與
西班牙的女修道院有類似之處，實際上這座建築當
初可能是間學校。

　　考古發現，這座女修道院大概建於西元九世紀
或十世紀。該建築有一個氣派雄偉的拱門，寬敞的
梯級，一個中央庭院，還有四座寬而矮的宮殿式樓
房，有刻著幾何圖案的雕帶圍繞。裡面的房間都用
石塊間隔，上面是拱形的屋頂。其建築所表現的是
典型的瑪雅建築的蒲克風格，石板上的圖案彼此連
續，十分精確。女修道院西側雕刻帶上的圖案，有
瑪雅印第安平民用泥土或泥巴牆蓋成的住屋圖樣，
這些住屋高置在其建築物每一個房間的門上，作為
一種象徵，清楚地說明瑪雅貴族所使用的石建房屋
事實上就是他們的住所，而不只是舉行典禮的地
方。

「女修道院」和遠處的「魔法師金字
塔」，然而究竟這些建築是什麼用途，
已無從考證。

女修道院西側雕刻帶上的圖案。

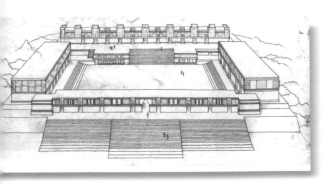

▷ 烏斯瑪爾女修道院結構圖，這些建築所表現的是典型的瑪雅建築，其建築風格在尤卡坦一帶曾盛極一時。

瑪雅人在建造總督府和魔法師金字塔時，多次把他們那神祕莫測的天文知識表現得淋漓盡致。每逢夏至時分，魔法師金字塔西面的石階正好對準西落的夕陽，極為準確地面對著地平線上金星到達最大南偏角的那一點。瑪雅人在建造總督府時，不僅在立面鑲嵌上數以萬計的精美圖案，其中還包含許多代表金星的符號。以至於有人認為，這座金字塔具有神奇的導向功能。

考古發現，烏斯瑪爾在瑪雅前古典時期已經存在，但在西元八百年至一千年間，才開始成為一座重要的城市。它達到瑪雅文明後古典時期的高峰時，許多地處低地的瑪雅文明已經開始走向衰落。儘管在所有的瑪雅古代遺址中，烏斯瑪爾古城是保存較完好的一座，但遺憾的是，人們對它的起源卻知之甚少。

尤卡坦的蒲克式建築，當時還採用了新的裝飾方法，即把立面裝飾完全用石磚鑲嵌，先用石磚雕刻成石雕磚，然後鑲嵌到牆面組成圖案，把它們用作永久性的表層。瑪雅人建造的總督府，僅是需要雕刻好的石料就達兩千七百塊，而整個鑲嵌帶共需二二五○○塊石雕，再把它們絲毫不差地拼成精心設計的圖案，然而，這麼浩大而複雜的工程，古代的瑪雅人是如何完成的呢？

瑪雅古代文明的遺跡，許多已在時間的長河中湮沒了。因現代人至今還無法弄清瑪雅人的語言，所以對瑪雅人的瞭解全靠他們遺留下來的古物、圖畫、石頭雕像、陶器、玉器和建築遺跡。人們相信，瑪雅人在保存了那些謎樣的石頭雕像的同時，也許還保存了一些更神祕、奇妙的東西。隨著考古學家對其不斷地挖掘，我們相信，總有一天，當我們來到瑪雅人的遺跡時，會不再迷茫，不再困惑……

英文名　Historic Centre of Mexico City and Xochimilco
所在地　墨西哥首都墨西哥城，坐落在墨西哥高原邊緣的湖積平原上

1.「仙人掌之鄉」──**特諾奇蒂特蘭**

　　墨西哥城歷史中心霍奇米爾科位於墨西哥首都墨西哥城。它坐落在墨西哥高原邊緣的湖積平原上，是阿茲提克王國首都特諾奇蒂特蘭城的原址。十六世紀西班牙人在此遺跡上建立了墨西哥城。由於墨西哥城曾在歷史上具有重大影響力，是獨特的印第安文化和西班牙殖民地文化的特殊證明，是歷史時期的典範，是難於保存的特殊例證，一九八七年，聯合國教科文組織將其定爲文化遺產，列入《世界遺產名錄》。

　　墨西哥城是世界上最大的城市，也是美洲著名古城之一。由於歷史的原因，墨西哥城現存古蹟多爲殖民地時期的建築。一九九○年代，市政當局爲保護古蹟，再度確定古蹟保護範圍和等級，其保護區包括六百七十一座古建築、七百三十一處重點建築、一百一十一處民居、十七處名人故居、七十八處廣場和花園、十三座博物館和畫廊、十二座裝飾有巨幅壁畫的建築和六座新修的寺廟。這其中包括有了五座阿茲提克寺廟、城南的霍奇米爾科建築遺跡，也是阿茲提克人獨特建築的證明。

　　前面我們已經提到，墨西哥城最早是土著阿茲提克人的首都特諾奇蒂特蘭，古城內建築可分爲三個時期：

　　第一期爲特諾奇蒂特蘭墨西哥城（1325～1521 A.D.）。墨西哥城所處地區最早爲印第安人阿茲提克部族聚居地。早期的阿茲提克人生活在今天墨西哥的北部地方，是以狩獵爲生的游牧民族，講納瓦特爾語，稱自己爲墨西卡人。根據阿茲提克人對自身民族的傳說，很久以前，他們在墨西哥西北部一個叫阿茲特蘭的神祕地方居無定所，四處游牧。後來，他們的

▷ 高樓林立的墨西哥城。

▷ 古抄本中描繪著阿茲提克人建立特諾奇蒂特蘭的起源，多年後他們終於發現神諭所指的一隻棲於仙人掌上的鷹，從此便定居下來。

神維特茲洛波奇特利命他們去尋找一個「爪抓長蛇棲於仙人掌之上的鷹」之處，經過多年的尋找，據說到了西元一三二五年，他們終於在特斯科科湖中的一個沼澤島上發現了一隻棲於仙人掌上的鷹，從此定居下來，建立了自己的村落，稱之為「特諾奇蒂特蘭」，在印第安語中的意思為「石頭上的仙人掌」。

然而，要想在這樣一個荒無人煙的島上生存下來，絕非易事。早期的阿茲提克人不得不為生存而苦苦掙扎。他們下湖捉魚、撒網捕鳥、開墾沼澤、圍湖造出，建造所謂的「浮島」，在上面耕種。漸漸地，阿茲提克人將一個個浮島連接成片，不斷地擴大特諾奇蒂特蘭城的規模。後來又修築了一條長十六公里的跨湖大壩。西元一四○○年時，阿茲提克人把這個地方發展成為一個非常強大的城市，即「特諾奇蒂特蘭城」。在西班牙人入侵以前，該城是西半球最大的城市。

不久，阿茲提克人與其盟友一起征服了墨西哥谷地的其他城邦。從一四四○年到一四六九年，新帝國在蒙提祖馬一世統治下疆域迅速擴展，征服了東部和南部的大片區域，十五世紀末，阿茲提克帝國進入了鼎盛時期，全國共有三十八個省，總人口約一千五百萬，首都特諾奇蒂特蘭城人口近二十五萬。

阿茲提克人有著高深莫測的天文曆法知識。西元一五一九年，出現他們的日曆上稱為「一根蘆葦」的年。是年天空中出現彗星，維特洛波奇特利神廟失火，而且根據一個古老的傳說，在這一年中，那位傳說中的羽蛇神奎紮爾科特爾，將從東方回來。當國王得知有白皮膚，留著鬍鬚的陌生人出現在東部沿海時，他認為其中大概就有羽蛇神本人。實際上這些是游埃爾南‧科爾特斯所率領的五百名西班牙士兵。儘管阿茲提克國王也心存疑惑，但還是接待了這些西班牙人。不久雙方交戰，阿茲提克人堅守了十個星期，首都特諾奇蒂特蘭城淪陷，隨即被西班牙人滅亡，變成了一片廢墟。後來的墨西哥城就建造在這片廢墟的原址上。

第二期為新西班牙墨西哥城（1521～1810 A.D.）。墨西哥城被西班牙人占領後，城市遭到嚴重破壞，西班牙人甚至縱火燒毀了這座城市，然後又在冒著餘煙的廢墟，也是阿茲提克人的中心祭壇上建立了憲法廣場，一五三五年，該地被定為新西班牙總督轄區的首府。

墨西哥大教堂是墨西哥最大的和最主要的天主教堂，它位於墨西哥城市中心，憲法廣場的北側，始建於一五七三年，一八二三年以後才正式完工，歷時兩百五十年。墨西哥大教堂爲巴洛克式建築，由黑色玄武岩砌成。其石牆很厚，並用很粗的鐵鍊加固，以達到增加抗震強度的目的。教堂呈傳統的拉丁式十字形布局，有一個中殿和兩個側殿。與中殿呈十字形交叉的側殿中，設有許多小祭壇和七個小教堂。

▷ 圖爲墨西哥大教堂，是拉丁美洲最大的宗教建築。

一五二三年，西班牙人又在廣場東側建造了一座宮殿，其正面門廊寬達兩百公尺。中門上懸掛一口巨大的自由鐘。目前，這座建築的北東西三面牆上繪有長達三百多公尺的壁畫，是著名畫家狄亞哥‧里維拉的傑作。壁畫內容再現了墨西哥各個時代的生活場景。在距憲法廣場不遠處，是著名的「三文化廣場」。在這個廣場上，薈萃了阿茲提克時期、西班牙殖民時期和現代的三種建築的不同特色。

坐落在廣場中心的阿茲提克大祭壇遺址，共有七個用紅褐色石塊砌成的平臺，東西一向排列。廣場東側是特拉爾特洛爾科大教堂，建於一五二四年。

墨西哥城較著名的建築還有聖法蘭西斯科教堂、聖奧古斯汀教堂、聖弗利普修道院、聖地牙哥加利馬亞宮（現爲城市博物館）和聖伊德豐索學院等建築，它們無一例外地展現了西班牙建築風格。

第三期爲獨立後的墨西哥城（始於1801 A.D.）。一八二一年，墨西哥城正式成爲首都。在墨西哥城革命大街的街心廣場上，屹立著一座高聳入雲的墨西哥獨立紀念碑。它是一九一〇年九月十六日，爲紀念墨西哥獨立一百周年而建造的。碑身呈圓柱形，底座四角形。碑身圓柱高三十六公尺，頂部兀立著一尊展翅欲飛的勝利女神鍍金銅像。在女神腳下豎立著莫雷洛斯、格雷羅、木納和布拉沃這四位爲爭取墨西哥獨立而獻身的民族英雄塑像，中間的雕像是「墨西哥獨立之父」伊達爾戈。

一九六〇年代以來，墨西哥城市規模急遽擴展，大量的現代建築和新修的公路將古城中心和市郊連成一片，僅霍奇米爾科少數地區還保留著過去的自然風貌和歷史文化傳統。霍奇米爾科位於霍奇米爾科湖畔，包括一片與外界隔絕的土地和湖田，在湖田裡發現了殖民時期之前的重要文物。

一九七八年二月二十一日，墨西哥城一個普通的電力工人，在挖掘電纜通道時，突然發現了一塊很大的圓盤石雕，石雕用玄武岩製成，雕刻精美但圖案嚇人，上面雕刻的是一位女神被大切八塊的情景。

祂是誰？

誰也沒有想到，就是這位被截肢的女神，當祂被深深埋在地下六百多年又重見天日之後，竟成為墨西哥城就是建立在原阿茲提克人首都原址上最有說服力的歷史見證者。令人驚訝的是，墨西哥的考古學家在弄清楚祂的來龍去脈後，在其引導下，發現了舉世聞名的大神廟，這到底是怎麼回事呢？

2.阿茲提克人究竟從何而來？

阿茲提克人究竟從何而來？他們的發源地到底在什麼地方？還有，所有關於阿茲提克這個民族的起源，都只能明確追溯到十三世紀初，他們可能自墨西哥北部遷移而來。但他們究竟起源於北方的哪個地方呢？十三世紀之前他們又來自哪裡呢？這些問題對考古學家來說，是至今懸而未決的歷史難題。

本篇開頭我們曾提到，在墨西哥發現的古抄本中，阿茲提克人記載了自己的歷史：很久以前，他們在一個叫作「阿茲特蘭」或「鷺之地」的神祕地方居無定所，四處游牧，然後經過長期漫遊，到

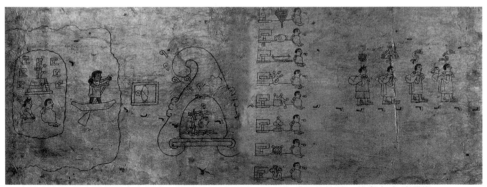

▷ 古抄本中記載的阿茲提克人歷史，描述他們如何從一個名為「阿茲特蘭」的島上向外遷移。

達墨西哥谷地的特斯科科湖定居地。在這個古抄本中，記載了具體的日期、地點和一切重要事件。古抄本的第一幅插圖中，出現了第一批來自一座小島的阿茲提克人形象，他們正在橫渡大湖。有人認為，這個叫作「阿茲特蘭」的神祕地方位於今墨西哥的墨斯卡系蒂坦島。

▷ 在墨西哥古代的建築遺址中，最為雄偉宏大的當屬阿茲提克人在特諾奇蒂特蘭城建造的大神廟。圖為特諾奇蒂特蘭大金字塔和雙殿。

一位研究中美洲歷史的學者指出，十三世紀初，在阿茲提克國家開始形成的時期，開始了屬於同一個種族系統的部落集團相互征戰的混亂年代，但是這些集團都有一個共同的起源地，據一個神話傳說，這個起源地叫做「奇科莫斯托克」，意思是「七洞穴」或「母親之地」。它位於庫盧亞坎，或庫盧亞人之地。根據推測，該地位於今墨西哥的尤里利亞和瓜納華托附近。

而墨西哥的一位考古學家則認為，「阿茲特蘭地區」是阿茲提克人的起源地，但是它不在今墨西哥境內，而是在美國的加州、新墨西哥州或佛羅里達州，甚至可能在亞洲。

上述兩種說法都是根據神話傳說來推測阿茲提克人可能的起源地的，所以至今人們還不能完全確定其實際地點。

在阿茲提克人中還有這樣一種傳說，十三世紀初，他們離開家鄉時，其首領是維特茲洛波奇特利（後來，維特茲洛波奇特利變成了神，即為太陽神和戰神），阿茲提克人在這位神的啟示下，去尋找「爪抓長蛇棲於仙人掌之上的鷹」，並在發現地定居下來。有關這位神靈，也極具傳奇色彩。據說，他的母親為女祭司，有個女兒叫科約爾哈烏基。有一天，她母親正在打掃神廟，一團羽毛忽然從天而降，她懷了維特茲洛波奇特利。維特茲洛波奇特利出生就是個力大無比的勇士，他以一條火蛇刺穿了姐姐科約爾哈烏基，並砍下她的頭。後來，維特茲洛波奇特利殺死了一個敵人的首領，將這個敵人的心臟扔進了湖邊的沼澤地裡，並在這個心臟落下的地方，建造了一座大神廟和特諾奇蒂特蘭城。

那麼，也許人們會問，關於阿茲提克人起源地的疑問，為什麼會眾說紛紜，至今無法定論呢？

這是因為在現存的各種歷史文獻中，關於阿茲提克人遷移出阿茲特蘭，

到他們抵達圖拉這個歷史階段的事件和日期記載與解釋都非常模糊，因此人們難以斷定其起源地的確鑿地點。而在西班牙征服之前，定居在墨西哥谷地的許多印第安部落集團，都是從北方的契契梅克地區遷移南下；他們屬游牧部民族，行蹤飄忽不定。此外，在記載阿茲提克人起源的不少文獻中，往往把歷史事實和神話傳說混雜或交錯在一起，這就造成事物的眞實性和虛幻性難以分辨。結果，關於阿茲提克人起源地問題，始終撲朔迷離。

那麼，阿茲提克人的神靈維特茲洛波奇特利殺死了祂的姐姐，又砍下她的頭，接著又在敵人的心臟落下的地方建造了一座大神廟和特諾奇蒂特蘭城，這也是神話傳說嗎？這個傳說到底有多大的可信度呢？

3.阿茲提克石盤──外星人留下的天文曆書？

一九七八年二月，一位墨西哥城的電工偶然發現了一塊直徑三‧二五公尺的圓盤形石雕，石雕上描繪的竟是個被大切八塊的女神，其場面令人怵目驚心。

這個浮雕上的女神是誰呢？

於是，他們又想到了阿茲提克人關於一個祭祀聖地的傳說。據說很早以前阿茲提克人在特諾奇蒂特蘭城建造了一座神廟，神廟中有兩個聖殿，它們都建在金字塔的平臺上，分別供奉維特茲洛波奇特利和特拉洛克神。於是有人認爲這塊位於臺階底邊的浮雕，表現的正是阿茲提克族的月亮女神被砍下雙手雙腳的形象。也就是說，這是維特茲洛波奇特利殺死祂的姐姐之後，又將其大切八塊的情景，看來傳說中的故事似乎和浮雕中所描繪的恰巧吻合。

那麼，這個發現石雕的地方到底隱藏著什麼祕密呢？

墨西哥政府爲了徹底揭開圍繞在特諾奇蒂特蘭城的謎團，決定在此地展開大規模的考古挖掘，挖掘之前，他們拆除了墨西哥城中心五千平方公尺範圍內的七座建築物。

一九八二年，一座雄偉的塔形神廟終於出現在世人面前。大神廟爲方形，基座邊長九十公尺，原高五十五公尺，最早時可能總共有七層。特拉洛克神廟在北邊，維特茲洛波奇特利神廟位於南部。

在墨西哥古代的建築遺址中，最爲雄偉宏大的當屬阿茲提克人在特諾奇蒂特蘭城建造的大神廟。神廟的主殿坐東朝西，建在一個

巨大的平臺上,基座由四個部分組成,其中包括分別通往兩個殿堂的兩道階梯。南邊殿堂供奉戰爭守護神維特茲洛波奇特利,北邊的殿堂則供奉雨水和豐饒之神特拉洛克。

考古學家從大神廟中挖掘出六層平臺。年代最早的遺跡出自第二層,人們據此推斷,塔的第一層始建於一三二五年,可能是在爲特諾奇蒂特蘭城奠基時建築的,落成於一三九○年。第二層的年代大約在一三九○年,有著保存狀況最好的聖殿,但塔頂原有的神廟現已不復存在。以後每一位國王都在前一位國王所建層級上再增建一層,表示他們對神的虔誠。

第三層平臺大約建於一四三七年,有八個眞人大小的石像立於通向維特茲洛波奇特利神殿的臺階上。第四層平臺的浮雕極爲精美細緻,其雕刻板上所載年代爲一四五四年和一四六九年。這層平臺裝飾著巨大的石蛇和火盆。

第五層平臺已經所剩無幾。第六層則包括神廟及大廳的一側,還殘留著一些大理石地板。第七層平臺上除了地基的痕跡外,沒有留下任何大神廟的遺跡。

令人疑惑的是,考古學家在特拉洛克廟門前,竟也發現了恰克莫爾,在瑪雅古城奇琴伊察遺址中,它曾以半躺半坐的姿態出現,而當地的托爾特克人就是把祭祀時活人的心臟擺在這個被稱爲恰克莫爾的石頭人像上。

而在維特茲洛波奇特利神廟前方,有一塊楔形石頭。有人猜測,它被用來將人畜的胸腔壓擠成拱形,假如果眞如此,那麼這可怕的石頭,也許正說明古代的阿茲提克人曾在這座神廟前舉行過祭祀儀式。

果然,在後來的挖掘中,人們在大神廟內和周圍的地下室中發現了一百多間貯藏室,不但挖掘出的文物達六千餘件,包括雕刻精美的有角神像、翎毛裝飾的石雕蟒蛇像、陶器、珠寶飾物,還挖掘出一些畸形的頭蓋骨、祭神的人畜骸骨等,這些人類的骸骨令人毛骨悚然,使人不由得聯想到阿茲提克石盤和鮮血淋漓的祭祀,究竟當初阿茲提克人爲了慶祝這座大神廟的落成,又採取了什麼樣的慶祝儀式呢?

考古發現,自從阿茲提克人建造的這座大神廟落成,以後的每一位國王都在前一位國王所建層級上再增建一層,以表示他們對神的虔誠。據歷史記載,大約西元一四八七年,阿茲提克王國的一位國王爲了慶祝他所增建的大神廟工程竣工,召集了全國的囚犯,命令他們排成四行,讓其捆綁著從祭司面前走過,祭司們大開殺界,花了四天四夜的時間才把這些囚犯全部殺死。據統計,僅是這一場祭祀儀式,有好幾萬名囚犯被殺,其中大概用了兩萬顆心臟祭神。

▷ 兩尊真人大小的鷹戰士陶像之一，發現於
大神廟以北的鷹廟。

阿茲提克人以勇猛好戰並嗜血而聞名，戰爭
對阿茲提克人來說，不僅是擴充領土、增加財富
的手段，也是他們俘虜祭品，以人血、人心祭神
的途徑。

在戰場上，阿茲提克戰士用浸過鹽水的棉衣
當盔甲，頭戴羽毛頭飾，手持獸皮包裹的柳編盾
牌，顯得十分威武。雖然他們沒有常規軍，但在
遇到戰爭時，所有男子都必須要棄農參戰。阿茲
提克人的武器大多是木製，他們沒有鐵器，但是
他們用一種名爲黑曜岩的光滑火山岩製成槍頭和
刀片，他們也使用投石器、弓箭和用木製投射器
發射的梭鏢等。

有人認爲，當時的阿茲提克人打仗時，每當
攻陷一座城市，首先要考慮的，就是擒獲成千上
萬的俘虜。爲此，在他們的士兵中，還有兩種特殊的戰士——雄鷹
武士和美洲豹武士。他們分別身穿由該動物皮毛製成的戰服，頭戴
鷹喙或豹爪頭飾。這兩種人在打仗時肩負特殊的使命不是殺死敵
人，而是盡可能包圍並活捉敵人，多擒獲一些戰俘，並把那些戰俘
運到特諾奇蒂特蘭城，以作爲祭祀時使用。

究竟阿茲提克人爲什麼如此好戰嗜血，他們這麼做，到底是爲
了什麼呢？

這個謎的要點，也許能在他們的石盤中得到答案。

在墨西哥國立人類博物館裡，陳列著一個重二十五噸，直徑
三·七公尺，用一整塊玄武岩雕鑿而成的「曆石」，這就是舉世聞名
的「阿茲提克石盤」。石盤上雕刻著一系列同心圓，每一個圓圈都蘊
涵著繁複的象徵涵義。

阿茲提克人相信，宇宙是以「大循環」的方式運轉。他們認
爲，自從創世紀以來，宇宙已經歷四個這樣的週期，而每個週期就
是一個「太陽紀」。根據他們的說法，西班牙人入侵之時，正值人類
進入「第五太陽紀」。

而爲什麼第五紀又被稱爲「動盪的年代」呢？因爲「這個時期
大地會移動，造成無數生靈死亡」。

阿茲提克人相信，太陽也會死，爲了延緩太陽的衰老，讓它不

斷地發光，必須每天給它餵食，它只有不斷地吃人的心臟和血液，才能保持神奇的威力，因此他們總是把活人的心臟放入一個供奉用的罐子裡，把它點燃後舉向天空。他們相信這時會有一個精靈從天空降下，抓住那顆心臟的靈魂，送給太陽吃下去，只有這樣，才能延緩世界末日的來臨。

那麼，這場「動盪」什麼時候會發生呢？按照阿茲提克文獻，第一太陽紀為四○○八年，第二為四○一○年，第三為四○八一年，第四為五○二六年。他們認為，第五太陽紀已經非常古老，它的週期已面臨結束，但又無法確定末日何時來臨。所以不得不以近乎瘋狂的方式舉行殺人祭神的儀式，延緩這場即將來臨的災禍。

不知是否算是一種巧合，在阿茲提克帝國興盛時期，其版圖橫跨遼闊的美洲大陸，人口達到近一千萬。十六世紀初，隨著西班牙人的入侵和對其野蠻殘殺，再加上他們帶來的天花、霍亂、痲疹等疾病，如此強大的阿茲提克帝國在此後的十幾年之內，竟很快地結束了他們的盛世，人口由一千萬銳減到不足兩百萬人。

有人認為，從阿茲提克石盤提供的資訊來看，可以說它蘊涵了極高對地球和人類發展歷史的認識水準。雖然它僅僅是一件平面的石刻，但它對世界的認識遠比近代科學興起之前其他民族對世界的認識要深刻更多，但也正是它這種極度的超前性，不能不引起人們的困惑。比如，在第二個太陽紀人類被轉化為猴子；第三個太陽紀的天火；第四個太陽紀的大洪水，這裡描繪的都是人類發展史上最關鍵的事件，沒有對整個人類進化歷程的深刻觀察，就無法得出這樣的理論，而阿茲提克人又是怎麼得出這些結論的呢？

有人認為，阿茲提克石盤對地球和人類歷史的描述，是一雙從太古洪荒時代起就注視著地球和人類的眼睛所看到的，是一個站在人類進化過程之外的高級智慧生命記錄下來的。因此，有人推測，阿茲提克人雖是這一石盤曆書的製造者，但絕不可能是石盤曆法思想的創造者。那麼，這個阿茲提克石盤的創造者到底是誰呢？難道它是外星人留下的天文曆書嗎？

◁ 阿茲提克石盤

安納薩吉人爲何遷移？

英文名　Mesa Verde
所在地　美國西部科羅拉多州境內的科羅拉多高原上

▷ 四周都是懸崖絕壁的梅薩山沃
德，其遺跡壁面上卻能發現許多
僅容手指插入的鑿洞。

　　梅薩山沃德印第安遺址坐落在美國西部科羅拉多州境內的科羅拉多高原上，海拔兩千六百公尺，占地面積二一〇‧七四平方公里。爲美國主要基於考古價值而開闢的最早一座國家公園。園內保存了美洲最古老的文明之一——北美印第安人文化的遺址。一九七八年，聯合國教科文組織將其定爲文化遺產，列入《世界遺產名錄》。

　　美國西南部科羅拉多州的梅薩山峽谷，一直到十九世紀後半葉還是一個荒無人煙、寸草不生的地方。然而就在這峽谷裡，舉世聞名的「懸崖宮」就坐落在這杳無人煙的懸崖峭壁之中。整座懸崖宮就像一座壯麗輝煌的城堡，一幢幢石築的多層建築物星散在城堡裡，矗立於峽谷中央，四周被高聳入雲的懸崖峭壁包圍著，猶如屏障般把它與外界隔絕開來。在六百多年的漫長歲月中，這座巨大的建築默默湮沒於塵世，鮮爲人知。直到十九世紀末才被人發現，從此安納薩吉人的史前文化才開始流傳開來。

　　梅薩山沃德也可以稱爲「懸崖村」，它是一座由農業聚落向手工業及商業聚落過渡的居住地，因爲它不同於現代城市，沒有相連的街道，沒有集中的工作坊和商店，沒有統治象徵的政權機構，只是一個房屋的聚落。但在占地兩百一十平方公里的懸崖上，集中如此多的村落房舍，因此開始有了手工業和以物易物的商業活動；幾萬人聚集在一起生活，從事農業手工業活動，並對付共同的敵人。

　　目前，尚存比較完整的聚落有三百多處，每處均以土磚牆圍住，內有成套的住宅。其中最大的聚落中心即懸崖宮。懸崖宮內有兩百二十個房間和二十三個大地穴，最大的地穴有七間房間之大，據稱是居民舉行宗教儀式的地方。長屋北邊有座「杯子房」，內藏四百三十個杯子、盒子、飯碗和缸甕，可能是祭器貯藏室。

　　懸崖宮被發現之後，遭到了一些冒險家和尋寶者的挖

掘，大批珍貴文物遭到無可挽回的破壞。一九〇六年，美國國會通過保護懸崖遺址的法令，對這塊土地嚴密看管，建立了名為「梅薩山沃德」的國家公園。

梅薩山沃德四周都是懸崖絕壁，野獸都難以攀登。壁面鑿出一個個小洞，僅可容手指和腳趾插入。普韋布洛人僅靠這些洞上下進出城寨。顯然這是為了對付外族和野獸的入侵。

在中美洲、南美洲，人們不斷發現瑪雅人、阿茲提克人和印加人的印第安文化遺址。但在北美洲，印第安人的文化似乎是個空白區。梅薩山沃德遺址的發現，證明北美印第安人也曾經有過燦爛的文化。

然而，安納薩吉人為什麼要在在深山峽谷中建造懸崖宮？如此一塊荒蕪之地，他們又是怎麼建造出如此卓絕的建築，又靠什麼來養活那麼多的人口呢？

西元前十二世紀中葉，安納薩吉人開始放棄傳統生活的居所，至於他們為什麼要放棄花費如此巨大工夫才建成的村落和崖屋而突然遷移？是什麼原因造成的？至今不詳。

然而，有一種說法認為，是從天而降的自然災害降臨到梅薩山沃德的頭上。西元一二七六年到一二九九年，這裡發生了連續二十四四年的大旱災，食水斷絕，人們開始向東逃亡，到水源充足的地方重建家園。懸崖城從此被湮沒。

也有人認為，是社會問題迫使人們遠離，這些學者指出，是人們對內亂、戰爭和暴力的恐懼，使他們放棄了建造懸崖峭壁之中的家園，去尋找更加安全的地方。還有人認為，在十三世紀的前十年間，那裡的氣候異常寒冷，嚴重縮短了植物的生長季節，地下水位嚴重下降，導致環境惡化，民眾開始挨餓、生病和死亡。

而根據普韋布洛人自己的口頭傳說，其觀點與所有人相反，他們認為，那只是普韋布洛人歷史上一系列持續不斷的遷移種的一個環節而已，當時人們的遷移有各種各樣的目的。

英文名　Chaco Culture National Historical Park
所在地　新墨西哥州西北部

▷ 這些岩屋中有120個房間與3個大地穴。從西元
1250年到1300年，裡面居住著安納薩吉人的
凱岩塔部落。

查科文化國家歷史公園位於新墨西哥州西北部。查科峽谷是西元八五〇年到西元一二五〇年期間的一個古印第安文化主要中心，也是史前四角地區的行政中心。 一九八七年，聯合國教科文組織將其定爲文化遺產，列入《世界遺產名錄》。

查科文化因爲它的紀念性、儀式性建築和它獨特的建築風格而聞名。它包括了大量西元一〇二〇年至一一一〇年間查科文化達到鼎盛時期的遺址，已具備城市系統結構，周圍擁有許多村莊和縱橫交錯的道路。

查科遺址是美國最大的考古廢墟遺址，也是保存得最完好的考古遺址。根據幾百年後第一批發現遺址的人記載，他們當時看到這個村落時，感覺當年村民們搬遷的決定似乎很突然，就像是剛剛被人遺棄的一樣，房間裡的一切猶如古代居民在前一天剛剛離去。木石結構的屋子安然無恙，屋子裡還有保存完好、用絲蘭植物做成的便鞋和工藝精湛的漆器，有的漆罐中還裝滿了玉米。

考古發現，早在西元前六世紀，北美西南部諸民族就在亞利桑那、新墨西哥、猶他州的南部和科羅拉多等地生活。雖然這一地區大部分都是沙漠，但少數局部地區的降水量卻可以用來種植農作物。從西元前三世紀到西元十五世紀期間，這些民族以種植玉米爲主，並逐步發展成三種各具特色的農業文化，即霍霍坎人、莫戈倫人和安納薩吉人。

在西元七百年到一千兩百年期間，這三種

文化都繁榮興旺起來，而且得到了發展，與此同時，整個地區都處於一個雨量充沛的時期。然而到了十四世紀，他們卻遺棄了大部分村鎮，他們創造的史前文化從此消失了。

霍霍坎文化大約在西元前三百年第一次出現在亞利桑那州南部的索爾特河和基拉河流域。早期的霍霍坎人居住在泥籬笆牆的房屋裡。建造這種房屋的方法是先把枝條編好，上面塗抹泥巴，為了保持涼爽，會把房屋建築在沙地的淺穴裡。因為沙漠非常乾燥，他們挖掘了溝渠，從河裡引水灌溉自己的莊稼。他們還獵取野獸並且採集野生植物來獲得額外的食物。霍霍坎人的擴展在西元五百年到一千一百年期間，有人認為，他們在此期間和墨西哥建立起聯繫。佐證這一史實的是發現了球場以及像是用天然二氧化鐵製作的鏡子和貝殼。

在西元一千一百年到一千四百年期間，霍霍坎人開始把安納薩吉人某些風格融入自己的建築藝術中。他們建造起密集的居住地，四周環之以很厚的石頭、粘土和沙子製成的磚牆。這些建築群當中有寬闊、多層的居民共同住房。霍霍坎人的主要居住地斯內克頓占地一百一十多公頃。當霍霍坎人最後遺棄了這些河流谷地的時候，他們留下了一套複雜的灌渠網，確鑿地證明了他們的工程技術；單單在索爾特河河谷一地，灌渠竟長達二百四十多公里。

莫戈倫文化在西元前兩百年前後出現在亞利桑那的莫戈倫山脈和新墨西哥（位於霍霍坎人居地以東）。像霍霍坎人一樣，莫戈倫人也居住在由挖地穴建成的房屋中。不過，他們不用溝渠來灌溉農田，靠的是天上降雨和河流氾濫來澆灌自己的莊稼。在本地區之內的各個民族中，他們首創了製作陶器的先例，可能是從墨西哥引進的工藝。他們製作的第一批陶罐清一色是土黃色。在西元七百年以後，莫戈倫人著手用石頭建造長方形、地下有分散單間的地窖式住房。

在西元一○五○年前後，安納薩吉人來到了這個地區，開始和莫戈倫人毗鄰而居。不久，莫戈倫人開始欣賞安納薩吉人多層的套房，因此廢棄了自己的地窖式住房。

以位於現代亞利桑那、新墨西哥、科羅拉多和猶他四州交界處的「四角」地帶為依託，安納薩吉人是北美西南部三種史前文化中最先進的。

考古學家把安納薩吉文化從西元一百年直至現在分成了幾個時期。他們的歷史開始於格蘭德河河谷。當時，他們都居住在洞穴和籬笆遮棚裡。大約在西元六百年前後，安納薩吉人開始定居，地下的貯藏坑窖變成了低於地表的住房，有相互連接的房間和舉行儀式的廳堂。安納薩吉人從原始文化到普

韋布洛人的文化變遷大概完成於西元七百年前後，在這一時期，石頭建築物開始替代籬笆遮棚，房屋建造在地面以上，並且也比較寬敞。農業興盛起來，不斷增加的人口很快向外擴展，進入了猶他、科羅拉多和新墨西哥。這些普韋布洛人居住在以大約一百人組成的小村莊裡。他們開始和墨西哥進行交易，用綠松石來交換貝殼、金剛鸚鵡羽毛和銅鈴。

考古發現，安納薩吉人在查科峽谷裡創造了輝煌的查科文明。安納薩吉人既經歷了查科文化的頂峰，也經歷了它的衰敗。它的建築技術、社會組織和群體生活反映出高度複雜的人類文明。

在四角地帶二十五萬平方英里的廣袤土地上，安納薩吉人建立了數以十萬計的村落群。村落群有三大分支，其中首推查科峽谷區的村落遺址最有名。

查科峽谷的普韋布洛人統轄著一百五十個安納薩吉人村莊。這些村莊構成了南北綿延四百公里的網路。這個網路很重要，因為查科峽谷能夠生產的糧食只夠供養其人口的一半，所以必須進口大量的糧食。

查科峽谷地區較小的文物遺址至少還有兩千四百多個，從幾千年前獵戶籌火遺跡到近期的安納沙茲峽谷村落和崖屋，多不勝數。這些區域的村落中，最宏大的當屬波尼托村落。

波尼托村落的修建前後大約持續了兩百多年左右，但有些在十九世紀中葉人們發現它時，有的建築已經崩塌了。從現存的廢墟上，考古學家們也能勾畫出它當初極盛時期的模樣。波尼托村落是查科普韋布洛人最大的村鎮，可能也是他們的行政和宗教中心。這是一片建在地面上的半圓形建築，占地面積一·二萬平方公尺，有砂岩城牆圍繞，是一座四層建築，其直立的後背朝向峽谷的峭壁。它有三層臺地，中間有相互通連的八百個房間和四十所會堂，都圍繞著一個寬大的中心廣場排列成半圓形。每一層的屋頂和屋內地上各開一個洞口，供做飯和製作手工藝品之用。房間一般呈圓形，屋頂為蜂箱形。安納薩吉人把屋頂的洞口當作通向外面人間世界的出口，靠梯子進出。

這座建築朝南開口，包括大小不同的三十六座地穴。有人認為，地下的洞口是安納薩吉人死後靈魂飄向陰間世界的入口處。因為沒有大門入口，進入房間都要爬梯子穿過屋頂。

這一座座大大小小的石屋，每座都用上萬塊石頭堆砌而成，僅僅做橫樑的松樹木、針樅木就多達兩萬多根。在牲畜和輪子等運輸工具尚未出現的年代，要從四十多公里外的採石場和伐木場將巨石和大樹運到險峻陡峭的山谷，確是一件令人讚歎不已的大事。有人猜測，這千間石屋可能花半個世紀才建成。

查科地區最使人困惑不解的特徵之一是它的「道路」。在這裡，人們發現了數百條寬九公尺的硬面路，條條路都直通懸崖頂，綿延長達三百二十幾公里，而且每隔十二到十六公里就建有一座普韋布洛，這些村鎮的遺址至今還殘存著。在懸崖峭壁上刻鑿著一些至今不得其解的圖畫。種種跡象都說明，這裡曾經是安納薩吉人的政治、經濟和宗教中心，估計那時大約有五千多人。安納薩吉人這段空前絕後的創造力突發期，在查科創造了不可思議的史前文化，引起眾多歷史學家和考古學家的讚歎和重視。

然而，令人不可思議的是，查科文化從十二世紀開始迅速衰落，到了西元一一五〇年崩潰，以至於到了一三〇〇年，查科峽谷的村落群裡已經沒有人居住了。

因為他們沒有留下任何文字紀錄，所以，有關查科文化為何突然消失這個歷史之謎，至今眾說紛紜。

儘管科學家沒有找到任何戰爭和瘟疫的痕跡，但是查科樹木的年輪卻告訴我們在一段時間的降雨之後，查科峽谷遭受了前所未有的乾旱威脅。據有關人員考證，發生於十二世紀和十三世紀的旱災使得那裡的居民越來越難以維持生計，安納薩吉人似乎再也無法在此生存。到了大約一二〇〇年，當地人砍光了該地區所有的樹木，這種大規模的毀林不僅使他們寶貴的農田迅速沙漠化，而且也進一步導致了乾旱的加速和土地資源的惡化，糧食和水源的短缺讓他們徹底面臨生存的危機，並不得不遠走他鄉，離開了他們賴以生存的家園。

也有人認為，他們遭遇了外敵的入侵。

我們相信，總有一天考古學家會揭開這個謎底。

2007年好讀強力主打新書系

人類文明的火苗，源自深邃的未知，
而漂移的痕跡，刻畫著我們獨有的印記。
不一樣的角度，就有不一樣的開始，
像是一間間收藏著神祕珍寶的密室，
怎麼看，怎麼精采！

最豐富多樣的圖片蒐集
最精緻易讀的版面設計

葡萄酒的故事

完整的把葡萄酒的歷史結集成冊，
所有葡萄酒愛好者必備的一本好書！
休・強森◎著／程芸◎譯
定價449元

愛因斯坦—百年相對論

收錄十一位各領域專家學者的文章，以及200張愛因
斯坦的珍藏照片，從其物理學家之路和個人生活兩
大部分來深入介紹這充滿矛盾性格的科學家。書中
深入討論愛因斯坦在空間與時間、機會與需求、宗教
與哲學、婚姻與政治、戰爭與和平、名聲與運氣、生命
與死亡的觀點。
安德魯・羅賓遜◎主編／林劭貞、周敏◎譯
定價350元

世界遺產機密檔案

本書精選全球最著名的50處世界遺產，搭配300張精
緻圖片以及最深入的古文明介紹。邀請讀者在欣賞
鬼斧神工的遠古建築奇蹟之餘，共同聆聽悠遠而神
祕的古文明之歌。
張翅、王純◎編著　定價339元

國家圖書館出版品預行編目資料

世界遺產機密檔案＝World Heritage, Top-Secret /
張翅，王純. ── 初版. ──臺中市 ：好讀，
2007[民96]
面：　公分，──（圖說歷史;08）

ISBN 978-986-178-049-8（平裝）

1.古蹟　　2.文化資產

718.4　　　　　　　　　　　　　96006438

好讀出版

圖說歷史08

世界遺產機密檔案 World Heritage, Top-Secret

作　　者／張翅、王純
總 編 輯／鄧茵茵
文字編輯／陳詩恬
美術編輯／彭淳芝
發 行 所／好讀出版有限公司
台中市407西屯區何厝里19鄰大有街13號
TEL:04-23157795　FAX:04-23144188
http://howdo.morningstar.com.tw
（如對本書編輯或內容有意見，請來電或上網告訴我們）
法律顧問／甘龍強律師
印製／知文企業（股）公司 TEL:04-23581803

總經銷／知己圖書股份有限公司
http://www.morningstar.com.tw
e-mail:service@morningstar.com.tw
郵政劃撥：15060393 知己圖書股份有限公司
台北公司：台北市106羅斯福路二段95號4樓之3
TEL:02-23672044　FAX:02-23635741
台中公司：台中市407工業區30路1號
TEL:04-23595820　FAX:04-23597123
（如有破損或裝訂錯誤，請寄回知己圖書台中公司更換）

初版／西元2007年5月15日
定價：339 元

Published by How-Do Publishing Co., Ltd.
2007 Printed in Taiwan
ISBN 978-986-178-049-8

原書名：世界遺產懸謎 / 張翅、王純編著
© 2005 中國花山文藝出版社
授權出版發行中文繁體字版

只要寄回本回函，就能不定時收到晨星出版集團最新電子報及相關優惠活動訊息
因此有電子信箱的讀者，千萬別吝於寫上你的信箱地址

書名：世界遺產機密檔案

姓名：＿＿＿＿＿＿＿＿性別：□男□女 生日：＿＿年＿＿月＿＿日

教育程度：＿＿＿＿＿＿＿＿＿＿＿＿

職業：□學生 □教師 □一般職員 □企業主管
　　　□家庭主婦 □自由業 □醫護 □軍警 □其他＿＿＿＿＿＿＿＿＿＿

電子郵件信箱（e-mail）：＿＿＿＿＿＿＿＿＿＿ 電話：＿＿＿＿＿＿＿

聯絡地址：□□□＿＿＿＿＿＿＿＿＿＿＿＿＿＿＿＿＿＿＿＿＿

你怎麼發現這本書的？

□書店 □網路書店（哪一個？）＿＿＿＿＿＿＿□朋友推薦 □學校選書
□報章雜誌報導 □其他＿＿＿＿＿＿＿＿＿＿＿＿＿＿＿＿＿

買這本書的原因是：＿＿＿＿＿＿＿＿＿＿＿＿＿＿＿＿＿

□內容題材深得我心 □價格便宜 □封面與內頁設計很優 □其他＿＿＿＿＿

你對這本書還有其他意見嗎？請通通告訴我們：

＿＿＿＿＿＿＿＿＿＿＿＿＿＿＿＿＿＿＿＿＿＿＿＿＿＿

＿＿＿＿＿＿＿＿＿＿＿＿＿＿＿＿＿＿＿＿＿＿＿＿＿＿

你買過幾本好讀的書？（不包括現在這一本）

□沒買過 □1～5本 □6～10本 □11～20本 □太多了，請叫我好讀忠實讀者

你希望能如何得到更多好讀的出版訊息？

□常寄電子報 □網站常常更新 □常在報章雜誌上看到好讀新書消息
□我有更棒的想法＿＿＿＿＿＿＿＿＿＿＿＿＿＿＿＿＿

你希望好讀未來能出版什麼樣的書？請盡可能詳述：

＿＿＿＿＿＿＿＿＿＿＿＿＿＿＿＿＿＿＿＿＿＿＿＿＿＿

＿＿＿＿＿＿＿＿＿＿＿＿＿＿＿＿＿＿＿＿＿＿＿＿＿＿

我們確實接收到你對好讀的心意了，再次感謝你抽空填寫這份回函
請有空時上網或來信與我們交換意見，好讀出版有限公司編輯部同仁感謝你！
好讀的部落格：http://howdo.morningstar.com.tw/

請填妥後對折黏貼，直接投郵即可，無須貼郵票。

好讀出版有限公司　編輯部收

407 台中市西屯區何厝里大有街13號

電話：04-23157795-6　傳眞：04-23144188

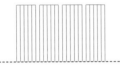

------ 沿虛線對折 ------

購買好讀出版書籍的方法：

一、先請你上晨星網路書店http://www.morningstar.com.tw檢索書目或
　　直接在網上購買

二、以郵政劃撥購書：帳號15060393　戶名：知己圖書股份有限公司
　　並在通信欄中註明你想買的書名與數量。

三、大量訂購者可直接以客服專線洽詢，有專人爲您服務：
　　客服專線：04-23595819轉230　傳眞：04-23597123

四、客服信箱：service@morningstar.com.tw